会計利益と課税所得

永田守男 著

東京 森山書店 発行

序　　文

　学部学生時代に不思議に思ったことがある。それは単純な疑問である。その疑問とは「会計はなぜ国によってこうも違うものなのか」である。学生時代の講義の多くがその学問あるいは研究対象の普遍性やその存在を見出すことを強調しているのに対して，会計科目の講義は必ずしもそうではないように感じられた。講義だけではなく，一般的な会計学のテキストにおいても同様であった。そこでは程度の差こそあれ他国との比較が登場する。これが筆者が会計の研究を志すきっかけであった。大学院に進学し，学部学生時代に会計に抱いた前述の誤解は氷解するのであるが，それでも国による会計の違いに対する疑問は解決したわけではなかった。むしろその疑問が本書のテーマへと繋がっている。

　当初の疑問は，その後「会計はなぜ国によって違う必要があるのか」と変化する。会計は利益を算定し，その利益をもとに配当や税等が決定されるプロセスを明らかにしている。このプロセスへの合意獲得手法が異なるにすぎないのではないか，そしてその本質は変わらないのではないかと思索するようになった。その時筆者の眼前に浮かび上がったのは，日米両国では税務会計と財務会計の関係性が大きく異なる，とする一般的な理解である。この関係性は一般には，わが国の税務会計と財務会計が確定決算主義と損金経理要件で強く結びつくのに対して，アメリカではそのような要件はきわめて限定的であり両会計は独立していると説明される。たしかに，アメリカの税法である内国歳入法典の条文を検討する限りにおいては，損金経理要件等に相当する規定はきわめて限定的である。ゆえに上記の理解を否定するものではない。むしろ本書の目的は，アメリカにおいて両者の関係性がどのように決まるかを，そして両会計が独立の関係性を纏いながらも相互に影響を及ぼしながら一体となって成立していることを明らかにするものである。

アメリカでは形式上は独立した制度でありながらも，両会計の関係性についてはつねに議論の対象となってきた。その議論はときに一致の方向へと進むときもあれば，逆に拡大の方向へと進むときもある。その議論は理論の発展というよりむしろその時々の社会状況に影響を受けた適切な距離感を探る議論であった。本書の前半部分（第1章～第5章）は税務会計における財務会計の浸透状況とその距離を探る議論を考察している。他方，財務会計では，税務会計とは異なり，両会計の距離に関する議論は直接的ではない。少なくとも，両会計の目的の相違を明らかにした最高裁判所判決以降，財務会計において両会計の一致を求める議論は後退している。それに代わって，距離感の議論は税効果会計として表出する。本書の後半部分（第6章～第8章）では，両会計の距離が広がれば広がるほど，財務会計の観点から両会計を繋ぐ税効果会計に制度上の補強が必要とされ，その距離に調整が図られる状況を考察している。

　さらに，本書ではエンロン事件を契機とした会計不信に対する制度的な対応を素材として両会計の関係を明らかにしている（第4章～第8章）。会計不信は財務会計だけでなく税務会計にも及んだ。両会計は独自の論理で対応しながらも一体となって制度的な補強が図られた。エンロン事件への対応が両会計の一体性を図らずも提示しているといえる。

　両会計に普遍の安定的な距離が存在しているわけではない。エンロン事件はこれまでの両会計の距離に変容をもたらし，多くの制度改正をもたらした。制度改正後の両会計の距離は確定したとはいえず，新たな距離を探る動きはますます複雑な様相をみせている。

　本書は，筆者が10数年の間に公表してきた研究に加筆修正し，研究の一里塚として取り纏めたものである。本書が上述の目的を達成できたかは心もとないが，拙いなりに本書を纏めることができたのは，これまでに筆者が出会った多くの方々のご指導およびご支援の賜物である。とりわけ大学院時代以来公私にわたってご指導いただいている加藤盛弘同志社大学名誉教授の学恩に感謝申し上げたい。ともすれば税務会計ではなく税法の研究に進みがちな筆者に対し

て，研究対象が会計であることを教え諭していただいた。先生のご指導がなければ会計を研究し続けることはできなかったであろう。思い起こすに，大学院進学が決まったときに急遽，ほとんど折り目のついていない先生の著作を繰り返し読んだ記憶がある。そんな力不足の筆者に対して懇切丁寧にご指導いただいた。大学で教鞭をとるようになった我が身に照らして，改めて加藤先生の研究者・教育者としての姿勢にひれ伏す思いである。心より感謝の言葉を申し上げたい。

また学部学生時代より今日までご指導いただいている松本敏史同志社大学教授の学恩にも感謝を申し上げたい。大学院進学にあたって，同じく進学希望の友人の下宿にまでお越し下さりご指導いただいたこともあった。今もって松本先生の情熱に頭が下がる思いである。鵜飼哲夫教授，瀧田輝己教授ならびに百合野正博教授をはじめとする同志社大学の先生方，さらに内川菊義同志社大学名誉教授には在学中のみならず，筆者の前任校である浜松大学において大学教員としての躾もしていただいた。先生方にはこの場を借りて深く感謝申し上げたい。また，数多くの研究上のご示唆とご教示をいただいている「企業会計制度研究会」の村瀬儀祐高知工科大学教授をはじめとする先生方，筆者の前任校である中村義彦教授をはじめとする浜松大学の先生方，ならびに佐藤博明元静岡大学長，佐藤誠二教授をはじめとする静岡大学人文学部経済学科の先生方にも深く感謝申し上げる。その他多くの先生方から教えを受けているが，個人名をあげることができない非礼をお許しいただきたい。

本書の研究成果の一部は2002年から2004年にかけてのバージニア工科大学 (Virginia Polytechnic Institute and State University) での在外研究にもとづくものである。客員研究員として滞在する機会を与えてくださり，また筆者の拙い英語力にも忍耐強く対応されご指導いただいたEugen W. Seago教授にも感謝申し上げたい。エンロン事件以降の会計変革の時期に研究の機会をいただいたことは筆者にとって幸運であった。

筆者にとって最良の思い出の地であるバージニア工科大学に2007年4月16日に銃乱射事件という悲劇が襲った。C. Bryan Cloyd教授のご令嬢もその被害者

の一人であった。ここに哀悼の意を表したい。

　本書は，財団法人産業経理協会の寄付による日本会計研究学会からの出版助成を受けて刊行されたものである。同協会ならびに同協会長渡邉泉氏，そして同学会ならびに同学会長斎藤静樹先生に謝意を表したい。また，出版事情の厳しい中で市場性の厳しい本書の刊行を快くお引き受けいただき，多大のご厚誼とご配慮を賜った，森山書店社長菅田直文氏ならびに編集部の菅田直也氏に対し厚くお礼申し上げる次第である。

　最後に，私事で恐縮ながら，この機会に筆者の研究生活を暖かく見守ってくれている父光男と母ヨシエ，そして妻和恵にも感謝を述べることをお許しいただきたい。

2008年9月

永　田　守　男

目　次

序　章　会計利益と課税所得の連携 …………………………… 1

 は じ め に ………………………………………………………… 1
 1　連結器としての一般要件 …………………………………… 2
 2　2組の会計帳簿 ……………………………………………… 4
 3　目的の相違を明確にした最高裁判所判決 ………………… 6
 4　財務会計と税務会計の距離 ………………………………… 8
 5　財務会計と税務会計の連携 ………………………………… 9

第1章　アメリカにおける税務会計と財務会計の関係 ………… 13

 は じ め に ………………………………………………………… 13
 1　発生主義会計の歴史的経緯 ………………………………… 15
 2　益金項目に関する実務 ……………………………………… 19
 3　損金項目に関する実務 ……………………………………… 24
 4　「所得の明瞭な反映」要件 ………………………………… 28
 お わ り に ………………………………………………………… 30

第2章　帳簿利益課税の論理 ……………………………………… 35

 は じ め に ………………………………………………………… 35
 1　1954年内国歳入法典をめぐる議論 ………………………… 36
 2　帳簿利益課税論の展開 ……………………………………… 38
 3　帳簿利益課税の論理 ………………………………………… 41
 4　帳簿利益課税への反対論 …………………………………… 46
 お わ り に ………………………………………………………… 50

第3章　対応原則と所得税の価値 ……… 55

　はじめに ……… 55
　1　所得税の価値 ……… 56
　2　対応原則と所得税の価値 ……… 59
　3　全事象テストの変質と税務上の価値 ……… 64
　4　所得税の価値と資本化 ……… 66
　5　前受所得と所得税の価値 ……… 71
　6　所得税の価値と時間価値 ……… 76

第4章　法人税申告書公開論の台頭とその方向 ……… 81

　はじめに ……… 81
　1　税情報の十全性 ……… 82
　2　法人税申告書公開の史的展開 ……… 84
　3　会計不信と法人税申告書公開論の台頭 ……… 88
　4　法人税申告書（情報）公開の賛成論 ……… 94
　5　法人税申告書（情報）公開の反対論 ……… 100
　おわりに ……… 105

第5章　法人税申告書明細書(Schedule M-3)導入の意義 ……… 111

　はじめに ……… 111
　1　課税所得と会計利益の乖離 ……… 112
　2　Schedule M-1の限界 ……… 114
　3　Schedule M-3第一次草案 ……… 123
　4　Schedule M-3最終草案 ……… 128
　おわりに ……… 141

第6章　税金負債の認識 ……………………………………………… *147*
　　　　　――FASB解釈案と実務の齟齬――

　はじめに ……………………………………………………………… *147*
　1　税ポジションの意味 ………………………………………………… *147*
　2　税ポジションの認識――FIN48以前の実務状況―― …………… *151*
　3　解釈案の公表 ………………………………………………………… *157*
　4　解釈案への批判 ……………………………………………………… *164*
　おわりに ……………………………………………………………… *167*

第7章　FASB解釈指針48号公表の意義 …………………………… *171*

　はじめに ……………………………………………………………… *171*
　1　税ポジションの内容 ………………………………………………… *172*
　2　FIN48公表の背景――実務の統一―― …………………………… *175*
　3　FIN48による税便益の認識と税金負債 …………………………… *176*
　おわりに ……………………………………………………………… *185*

第8章　偶発税損失負債から税金負債へ …………………………… *189*
　　　　　――FIN48適用後の税情報――

　はじめに ……………………………………………………………… *189*
　1　税ポジションの採用と偶発損失 …………………………………… *189*
　2　FIN48とSFAS5の相違 ……………………………………………… *192*
　3　財務諸表における税情報の開示 …………………………………… *197*
　4　Coca Cola社の開示状況 …………………………………………… *200*
　5　FIN48採用後の税金負債の変化 …………………………………… *206*
　おわりに ……………………………………………………………… *207*

参考文献 …………………………………………………… 211
索　引 ……………………………………………………… 223

序章　会計利益と課税所得の連携

は　じ　め　に

　アメリカ会計制度の特徴として，財務会計と税務会計が独立して存在していることがしばしば指摘される。たしかに両会計は，確定決算主義で強く結びついていたわが国の会計制度に比べ，それぞれが独自の論理のもとで制度構築されるという意味では独立したパラレルな関係であるといえる。財務会計は投資家への情報提供目的を論理の機軸に据え，他方税務会計は税収の確保と公平性等を論理の機軸に据えて基準や制度が構築されている。したがって個別の会計規定を詳細に検討するならば，同様の会計規定が存在している場合もあれば，まったく異なる会計規定が定められている場合もみられる。これをもって両会計の関係を語ることもできよう。この場合には両会計が独立した存在であるとの評価が下されるのが一般的である。
　しかしたとえ両会計が独立しているとしても，それぞれが単独で成立しているわけではない。財務会計は税務会計を必要とし，またその逆も同様である。ただし，両会計が楔形になって会計制度を構築し税，配当などの経済現象を合理化しているわけではない。経済現象を支える会計制度にとって重要なのは，財務会計と税務会計の距離である。この距離はつねに一定ではなく，経済現象に応じて定まる。その距離は税務会計がどこまで財務会計に依拠するかによって決まる。財務会計への依存度を高める必要が生じれば，両会計の距離は縮小することになる。そしてこの必要性は個別の会計処理の必要性というよりもむ

しろ財務会計の制度的機能に求められる。言うまでもなく、税務会計の計算規定の多くはつねに財務会計に大きく依存している。後述するように、財務会計上の帳簿を修正して法人税申告書が作成される。このときその主体は財務会計にあり、その帳簿を税務目的で修正することで税務会計上の帳簿が作成される。この意味では両会計はつねに連携している。しかし本書の意図するところは、経済現象を合理化する財務会計の機能が税現象を合理化するうえで欠くことができないこと、そして両会計が連携して税、経済現象を合理化していることを明らかにすることである。このとき課税所得の個別の計算規定が財務会計と一致しているか否かはそれほど重要ではない。財務会計制度と税務会計制度の連携の程度、すなわち距離が重要なのである。

両会計について不変の距離が存在するわけではない。その距離はその状況に応じて安定的な距離を求める制度変更によって変動する。この安定的な距離を求める動きは税務会計サイドから生じる。アメリカにおいて会計利益と課税所得の差異が問題となるとき、課税所得を会計利益に近づける動きはみられてもその逆の動きはほとんどみられないからである。

1. 連結器としての一般要件

財務会計と税務会計の距離は可視的には会計利益と課税所得の差異となって明らかになる。この差異が縮小すればするほど財務会計と税務会計はそれぞれ離反への動きを強め、逆に差異が拡大すればするほど収束への動きがみられるか、あるいは両会計をつなぎ合わせる制度構築が試みられる。つねに安定した距離を求める動きがみられ、両会計の距離がなくなることはない。

この距離を通常の状態で保つ役割を果たしているのが内国歳入法典（*Internal Revenue Code of 1986*, IRC）Sec.446に定める一般要件である。この一般要件にしたがって、個別の会計規定において両者の一致あるいは離反が図られる。この一般要件で対応できないときに、両会計を橋渡しする制度構築が図られるのである。

IRC Sec.446は以下の規定を定めることによって会計方法の中身について財

務会計に委ねている。

　「課税所得は，納税者が自己の帳簿において規則的に利益を計算するその会計方法にもとづいて算定されなければならない。(Sec.446 (a))」

　「納税者が規則的に用いる会計方法が存在しない場合には，または納税者が用いる会計方法が所得を明瞭に反映しない場合には，課税所得の計算は財務長官またはその代理人が所得を明瞭に反映すると認める方法によってなされなければならない。(Sec.446 (b))」

　この規定によれば，課税所得は納税者が財務会計で採用する方法にしたがって算定されることになる。歴史的にみれば，歳入法 (*Revenue Act*) で当初規定されていた会計方法は現金主義のみであった。したがって財務会計で発生主義を採用する納税者は，税務会計では帳簿を現金主義に変換して課税所得を計算しなければならなかった。その後，財務会計における発生主義の広まりを背景として上記規定の前身となる規定が導入された。つまり，上記の規定は導入当初から財務会計と税務会計を直接に結びつける役割を果たすものであった。

　しかしIRCは発生主義の内容を特定しているわけではない。このため，Sec.446にしたがって財務会計における発生主義がそのまま税務会計で受け入れられるとも理解できる。また，IRCは財務会計と異なる発生主義を意図しているとも理解できよう。たとえば，Stephen F. Gertzmanは「なんらかの特定の発生主義会計方法が要求されるわけではなく，したがって現金主義よりも発生主義のほうが申告の際にフレキシビリティーと多様性がはるかに大きい[1]」と指摘する。これはIRCの発生主義の内容を納税者が解釈することを意味している。それでは納税者はIRCにおいて明確に定められていない発生主義の内容をどこに求めればよいのであろうか。この問いに対して，財務省規則は「……特定の取引もしくは事業について，それについて認められた状況または実務にしたがって，一般に認められた会計原則の継続的な適用を反映する会計方法は，通常，所得を明瞭に反映するものとみなされる……」と規定し，一般に認

められた会計原則（Generally Accepted Accounting Principles, GAAP）が，課税所得の算定のために用いることができるとするのである。このため納税者はIRCに定める発生主義をGAAPが規定する発生主義と解釈することが可能となる。

　しかし，財務会計において一般に認められた会計原則による会計処理が，そのまま税務会計でも認められるわけではない。財務省規則における「……通常，所得を明瞭に反映する……」という文言，あるいはSec.446（b）にある「納税者が用いる会計方法が所得を明瞭に反映しない場合には，……所得を明瞭に反映すると認める方法によって」という文言が示すように，「所得の明瞭な反映」という要件を通して認められる。IRCに定める発生主義をGAAPが規定する発生主義と置き換えることは，一般規定のレベルであり，個別の会計処理の段階ではその置換は必ずしも成立しない。個別の会計処理においては，その会計処理が所得を明瞭に反映するか否かが重要となる。これによって財務会計における会計処理のうち税務会計の目的に適うもの，つまり税務会計における「所得」の算定に入れられるものとそうでないものが区別されることになる。

　このようにIRCの一般規定は財務会計と税務会計を連結させるとともに，財務会計の規定に対してフィルターの役割を果たすのである。

2．2組の会計帳簿

　課税所得の算定は納税者が自己の帳簿で採用する会計方法によることが明記されている。しかしこれは税務会計と財務会計の会計方法が同一のときに，財務諸表から誘導して法人税申告書を作成することを意味しない。Sec.446の規定は，財務報告目的で維持される会計帳簿との関係を指示しているだけであり，税目的で採用される会計方法が財務諸表でも採用されていなければならないことを指示しているわけではない。

　たとえば，課税所得の算定にあたって後入先出法を採用する場合には帳簿一致要件（Book-Conformity）が課されているが，これはSec.472（c）で定めるも

のであり，Sec.446（a）の一般要件とは異なるものである。Sec.472（c）の帳簿一致要件では，課税所得計算での使用が認められる条件として財務諸表においてもその使用が要求されることを定めている。これは，後入先出法の使用にはSec.446（a）の一般要件が適用されるとともに，さらに財務諸表においてその他の方法が採用されてはならないことを指示しているのである[2]。このような帳簿一致要件は，内国歳入法典あるいは財務省規則等に明示されていない会計方法が採用されるときに納税者に求められるが，それはきわめて限定的である。ゆえに一般要件としてのSec.446（a）と個別方法に限定されるSec.472（c）のような規定の意味は区別されるべきである。

　Sec.446（a）は財務会計目的の会計帳簿で用いられている会計方法を用いて課税所得を算定するように指示しているが，その会計帳簿を用いて課税所得を算定するように指示しているわけではない。Sec.6001は納税者に会計帳簿・記録の維持を要求している。このため形式的には，財務会計目的の帳簿と税務会計目的の帳簿の2つの帳簿を維持しなければならない。さらに1986年税制改革法（*Tax Reform Act of 1986*，1986年法）で導入された代替ミニマムタックス（Alternative Minimum Tax）[3]目的の帳簿をくわえて3組の帳簿を維持することが求められる。1986年法以降，棚卸資産を有する納税者は発生主義の利用を義務づけられており[4]，さらに過去3課税年度の平均総売上高が500万ドルを超える納税者は現金主義の利用が認められない[5]ため，ほとんどの法人納税者は税務会計目的で発生主義を採用することになる。したがって財務会計目的の帳簿と税務会計目的の帳簿は発生主義で一致することになる。しかしながら財務会計と税務会計の相違のゆえに，税務会計目的の帳簿を維持する必要がある。そこで実務上あるいは税務紛争においては，税務会計目的の帳簿の中身が問題とされる。この問題を扱った代表的な事例として*Patchen v. Commissioner*訴訟がある。

　この訴訟の事実関係は次のとおりであった。納税者は会社設立後2年間は現金主義で会計帳簿を維持し，法人税申告書も現金主義にもとづき作成されていた。3年目になって会計帳簿を内部目的から発生主義に変更したが，法人税申

告書は引き続き現金主義にもとづき作成された。争点は，帳簿を維持する方法である発生主義にもとづき法人税申告書が作成されるべきか否かであった。納税者の顧問会計士は発生主義から現金主義へと変換する精算表（conversion workpaper）を用いて法人税申告書を作成した。精算表の仕訳は帳簿には記載されなかった。第5巡回区上訴裁判所は，内部目的から発生主義で帳簿を維持し，それらを精算表で現金主義に変更し，それにより法人税申告書を作成することは適切であるとした[6]。

Patchen 判決は，財務会計では発生主義を採用する一方で税務会計では現金主義を採用できる状況での訴訟であったが，その意義は変わるものではない。財務会計目的で維持される帳簿を法人税申告書作成目的で必要とされるものへと調整・変換する記録あるいは精算表を維持している場合には，Sec.446（a）の一般要件を充足することになる。ゆえに2組あるいは3組の帳簿とはこれら調整・変換の記録あるいは精算表を含めたものを意味する。このとき財務会計目的の会計帳簿の適正性が「所得の明瞭な反映」要件を充足するうえで基盤となることはいうまでもない。

3．目的の相違を明確にした最高裁判所判決

「所得の明瞭な反映」要件が財務会計に対するフィルターの役割を果たすには，税務会計における「所得」と財務会計における「所得（利益）」との相違が明らかにされねばならない。それは税務紛争では，Sec.446にもとづき課税当局と納税者の間でいずれの会計方法・処理が所得を明瞭に反映しているかが争われるからである。

この問題について「所得」そのものの相違ではなく「所得」を測定する会計の目的の相違を明白にすることにより，財務会計と税務会計のパラレルな関係を確立した判決が，*Thor Power Tool Co. v. Commissioner* 訴訟における最高裁判所判決である。この訴訟では，財務会計における棚卸資産への低価法の適用が「所得の明瞭な反映」要件を充たせるか否かを争われ，低価法の適用はその要件を満たさないとする判決が下された。これはGAAPで認められる会計処理

が，そのことを理由に税務会計上でも認められる会計処理の地位を得るとは限らないことを示している。同様の判決は他にもみられるが，同判決がその後の税務会計において大きな影響力を有するのは，以下に示す両会計の目的の相違を判決の根拠にしたことによる。

　「財務会計の主たる目的は，経営者，株主およびその他の正当な利害関係者に有用な情報を提供することである：会計士の主たる責任はこれらの関係者が誤解に導かれるのを防ぐことにある。所得税システムの主たる目的は，それとは対照的に歳入の衡平な徴収である：内国歳入庁の主たる責任は国庫の保護である……。
　この目的の相違はさまざまな会計処理の相違に反映されている。……簡潔にいえば，財務会計は見積，蓋然性，合理的な確実性を快く受け入れる：税法は歳入を確保する使命があるので，不確実性を容赦なく攻撃することができる……(7)。」

　上記判決にあるように，財務会計と税務会計はその目的を異にしており，たとえある会計処理が財務会計では利益（所得）を明瞭に反映するものであっても，税務会計の目的に照らしたときには必ずしも所得を明瞭に反映しているわけではないことが明白にされたのであった。同判決は，会計利益と課税所得の相違を正当化する論理的基盤を提供する役割を果たしている。
　この判決を境にして，財務会計と税務会計の一体性を求める議論は後退していくことになる。両会計は目的が異なるがゆえに会計方法・処理に相違が生じるため，会計利益と課税所得に相違が生じることも当然のこととみなされるのである。
　同判決は両会計の目的の相違を強調することで「所得の明瞭な反映」要件を強化し，現在に至るパラレルな会計制度を確立する役割を果たした。同判決の論理は，財務会計の会計処理が税務会計においてもそのまま認められるわけではないとして税務会計の財務会計からの独立性を示したものであるが，同時に

財務会計の税務会計からの独立も正当化するものである。これ以降，財務会計と税務会計の乖離幅は拡大する。これにより政策目的をより反映させた規定を内国歳入法典に組み込むことが可能となった。同時に税実務に深く浸透している財務会計の理解を排除すべきとする議論も盛んとなっていた。具体的には，費用収益対応概念の影響力を排除する議論である。しかしこの議論は，財務会計と税務会計の関係を崩すには到らず，逆に両会計の関係の強固さを明らかにし，時価主義的思考を税実務に取り入れる契機となった。

4．財務会計と税務会計の距離

Thor Power Tool Co. v. Commissioner 判決以降，財務会計と税務会計の距離は大きな広がりをみせはじめた。財務会計は税務会計との一致を考慮することなく投資家への情報提供の論理にもとづき将来予測要素を会計基準へ取り込むことになる。他方，税務会計もまたそれら会計基準の影響を目的の相違を理由に退けることが可能となったからである。この結果，会計利益と課税所得の乖離現象がみられるようになる。*Citizens for Tax Justice Report* によれば，1981年から1985年までの間に，全米（米国籍企業）上位200社のうち132社が少なくとも1年は税額がゼロであり，またこの間の250社の平均実効税率は14.3％であったとされる[8]。財務会計において利益を計上しながら，税務会計では課税所得を計上しない現象が顕著にみられるようになり，この乖離現象に批判が寄せられるようになった。このような乖離現象が明らかになると，財務会計と税務会計の一致を求める議論が台頭する。それは多くの場合，多額の利益を計上する会計利益に課税所得を近づけることが求められる。そしてより進んで会計利益に課税を求める議論も展開されるようになる。

このような主張に対する制度的な反応が，1986年法であった。同法では乖離現象が生じる要因を租税恩典措置に求め，それらを整理することで会計利益と課税所得の差異を縮小させる方法を採用した。つまり，乖離現象が生じる要因を税務会計制度内に限定し，課税所得を増加させることで会計利益との差異の縮小が図られた。さらに代替ミニマムタックス制度を導入して，帳簿利益と課

税所得の差異の50％に課税する措置が採用された。この措置により税制改革の影響は財務会計にも波及することが想定されたが，この措置は3年間の時限措置であり当初想定されたほどの影響はみられなかった。

これによりたしかに会計利益と課税所得の差異は縮小したが，課税所得の増加は法人税率の引き下げにより法人税額に及ぼす影響が軽減されている。このとき財務会計ではこの乖離を縮小する動き，つまり会計利益を課税所得に近づける動きはみられなかった。

会計利益と課税所得の乖離問題が課税所得の増加に限定されたのは，財務会計と税務会計の目的の相違が大きく影響している。乖離問題は企業が多額の利益を計上していながらも適正な税負担をしていないとする公平性の問題として議論された。このためその制度変更は税務会計の枠組みのみでおこなわれ，財務会計の枠組みの中で制度変更を必要としなかったのである。

1980年代に生じた財務会計と税務会計の差異は，このように税務会計において課税所得を拡大することにより縮小が図られたが，会計方法・処理の相違の縮小が図られたわけではない。1986年法は棚卸資産を保有する法人に対して発生主義の使用を義務づけた。しかし発生主義の内容は財務会計におけるそれとは異なり，たとえば多くの引当金が廃止された。このことから明らかなように，金額ベースで差異の縮小を図ることにより財務会計と税務会計のパラレルな関係は変更されることなく維持されたのである。

5．財務会計と税務会計の連携

1990年代になると課税所得の縮小と会計利益の拡大を同時に達成する取引手法が広まっていくようになる。多くの企業がこの取引手法を活用するようになると，1986年法により縮小した乖離幅が再び拡大するようになる。この状況に対して税法の専門家を中心に批判が顕在化するようになった。ここでもその論点は，課税所得と会計利益のいずれが正しいのか，そして会計利益への課税を検討するものであった。しかしこの議論は差異を縮小する方向に機能することなく，差異の存在を明らかにするだけにとどまり，一部の専門家の議論にとど

まっていた。

　ところが2000年以降のエンロン事件を端緒にした会計不信を契機として，会計利益と課税所得の乖離について強い批判が生じるようになった。1980年代に生じた批判と2000年以降の批判の主たる相違は，前者が課税所得にたいして向けられた批判であったのに対して，後者は会計利益と課税所得の双方に批判が向けられたことである。このため，エンロン事件以降は財務会計と税務会計の双方が制度変更の圧力にさらされることとなった。

　制度変更の圧力は，課税所得を会計利益に一致させる議論から始まり，それは法人税申告書の公開論へと収斂する。この過程において法人税申告書の（内国歳入庁に対する）情報能力の議論が生じ，附属明細書であるSchedule M-1を改訂し，大企業に対して新たにSchedule M-3が導入され，Schedule M-3を含む法人税申告書の一部（最初の4頁）を公開する議論へと変化したのであった。ここでは，税務会計における制度変更の議論が，財務会計における税情報の開示問題へと移行し，課税所得と会計利益の乖離を縮小させる議論は後退することとなった。これによって税務会計ではSchedule M-3による課税当局の所得把握能力の増大に論点は移行していった。この後税務会計では所得の捕捉能力の強化に向けた議論が進展することになり，財務会計との直接的な関係性は薄れていくことになる。

　ところが税務会計におけるこの取り組みは財務会計へと波及することになる。前述のごとく，税務会計の議論はすでに財務会計における税情報の開示問題へと転移していた。財務会計では，財務諸表で開示されていた税情報は情報能力が不足しているとみなされ，その改善を促す議論が展開されていった。この議論が解釈指針48号「所得税の不確実性に関する会計（*Accounting for Uncertainty in Income Taxes*）」（以下，FIN48）の導入をもたらしたのであった。FIN48では法人税申告書で採用された税ポジションについて税務調査におけるその維持可能性を検討し，その可能性が「起こりそう（more likely than not）」でないときには税金負債を計上するように要求する。これによって法人税申告書で採用された税ポジションが否認された場合に生じる影響を投資家に情報提

供することになる。FIN48の導入を後押ししたのが税務会計の議論であった。課税当局の所得補足能力の拡充そしてそれによる課税所得の増大に関する議論が，企業の税ポジションが否認されるリスクの増大という論理を生じさせ，税金負債の計上と税情報の開示へと収斂していったのである。

　エンロン事件以降の財務会計と税務会計の動向は，アメリカにおける両会計の関係を物語っていると考える。エンロン事件を契機に生じた会計利益と課税所得の乖離問題は，両会計がそれぞれ独自の論理のもとで対応が図られた。財務会計では情報開示の論理にもとづきFIN48の導入へと，他方税務会計では課税所得の拡大あるいは補足能力の強化の論理にもとづきSchedule M-3の導入へと，それぞれが*Thor Power Tool Co. v. Commissioner*判決に定める目的の相違の枠組みのなかで制度構築が図られたのである。しかし，それぞれが独自の論理で会計利益と課税所得を論理化しつつも，互いに影響を及ぼしながらその差異の存在を正当化しているといえる。会計利益と課税所得の相違をいずれかの会計のみでは正当化することはできない。財務会計と税務会計が独立し，パラレルな関係にあるがゆえに論理化できると考える。エンロン事件以降の財務会計と税務会計の論理は，会計利益と課税所得の差異を一致または縮小させることに求めたのではなく，その差異の存在を自明のものとし維持することへと向けられたからである。

　エンロン事件を契機とした税務会計の制度変更は，財務会計への依存度を高めることによって現行制度の維持をもたらした。この制度変更は会計利益と課税所得の乖離が問題となったときの典型である。ところが依存すべき財務会計の信頼性が著しく低下していた。したがって財務会計においても制度の信頼性を回復するために制度変更が必要とされたのである。

　財務会計における制度変更は，税務会計における制度変更による税実務の影響を財務会計上反映させる必要があるというものであった。しかし，会計利益から修正して課税所得を算定するSchedule M-3の導入は，従来にも増して課税所得の正確性を会計利益に依存しているため，会計利益および財務諸表の信頼性を高める必要性が生じたのである。税務会計が財務会計と連携し，かつ財

務会計に大きく依存することによって税実務を論理化している。

(注)
(1) Stephen F. Gertzman, *Federal Tax Accounting*, Warren, Gorham & Lamont, 1988, pp. 4-5.
(2) 川端康之「米国内国歳入法典における『会計方法』と帳簿適合性要件」『総合税制研究』第 4 号, 1996年, 70～71頁。
(3) 法人税の課税所得にもとづく税額を通常税額 (Regular Tax) というのに対して, 通常税額を算出する過程で計上される損金や税額控除などの恩典措置を通常税額の課税所得に一定額加算することで代替ミニマムタックスの課税所得が算出される。これに20％の税率を乗じて税額(代替ミニマム税額)を算定する。企業は通常税額と代替ミニマム税額のいずれか多いほうの額を法人税額として納税する。なお, 代替ミニマムタックスは法人納税者に限定されるものではない。
(4) *Treasury Regulations*, Sec. 1. 446-1.
(5) *Internal Revenue Code*, Sec. 448.
(6) *Patchen v. Commissioner*, 258 F. 2d 544, 545-554.
(7) *Thor Power Tool Co. v. Commissioner*, 439 US 522, 542-543.
(8) Stewart S. Karlinsky, *Alternative Minimum Tax*, Research Institute of America, 1994, p. 201.

第1章　アメリカにおける税務会計と財務会計の関係

は　じ　め　に

　アメリカ内国歳入法典（*Internal Revenue Code*, IRC）は会計方法について次のように規定している。

　「課税所得は，納税者が自己の帳簿において規則的に利益を計算するその会計方法にもとづいて算定されなければならない。(Sec.446 (a))」
　「納税者が規則的に用いる会計方法が存在しない場合には，または納税者が用いる会計方法が所得を明瞭に反映しない場合には，課税所得の計算は財務長官またはその代理人が所得を明瞭に反映すると認める方法によってなされなければならない。(Sec.446 (b))」

　これらの規定によれば，課税所得は，納税者の用いる会計方法が利益を明瞭に反映しない場合をのぞいて，納税者が採用する会計方法つまり財務会計で利用している会計方法にもとづいて算定されることになる。したがって，納税者が自己の帳簿（財務会計）において現金主義で規則的に利益を計算していれば，現金主義が課税所得算定の会計方法となる。同様に，発生主義で規則的に利益を計算していれば，発生主義が課税所得算定のための会計方法となる。とくに，棚卸資産を保有する納税者は，発生主義を採用しなければならない。その条件を満たす納税者は財務会計でも発生主義を採用しているのが一般的なの

で，課税所得算定のための会計方法は発生主義となる。したがって基本的には財務会計と税務会計は一致することになるはずであるが，両会計が一致しないことは周知のとおりである。

上述したように，IRCは会計方法の中身について財務会計の側に委ねる規定を備えている。さらに財務省規則では「……特定の取引もしくは事業について，それについて認められた状況または実務にしたがって，一般に認められた会計原則の継続的な適用を反映する会計方法は，通常，所得を明瞭に反映するものとみなされる……[1]」と規定されている。これをもって，財務会計領域における一般に認められた会計原則（Generally Accepted Accounting Principles, GAAP）を課税所得の算定のために用いることができると解釈されることになる。ゆえに一般に認められた会計原則となっている会計方法とIRCに定められる会計方法が一致することになるはずだが，実際には上述のごとく両会計は一致することなく，いくつかの点で大きく異なっている。

これは認められる会計方法として以下のものがIRCに規定されているからである[2]。

1．現金主義（cash receipt and disbursements method）
2．発生主義（accrual method）
3．本編により認められる他の方法[3]
4．上記方法の組み合わせ[4]

この規定により，税務会計領域において会計方法に関する独自の規定なり解釈が生まれ，両会計に多くの相違点が生じることになる。

法人税のような税目において所得算定方法としての会計方法は重要である。その重要性を鑑みればIRCに会計方法に関する規定が存在するのは当然のことである。また，財務会計（企業の利益計算等）と税務会計（歳入の確保や経済政策の達成等）の目的の相違を考慮すれば，税法独自の計算規定が存在するのもこれまた当然のことである。

本章は，税法独自の計算規定の存在にも関わらず，なぜ一般に認められた会計原則の適用を財務省規則で謳う必要があるのかについて，発生主義会計方法

における益金項目と損金項目の認識・測定要件に焦点をあてて検討する[5]。

1．発生主義会計の歴史的経緯

(1) 税務会計における発生主義と財務会計における発生主義の接近

IRCの歴史を振り返れば明らかなように，法人税目的で認められていた唯一の会計方法は現金主義であった。もちろん納税者が自己の帳簿を現金主義で維持している場合には，問題は生じない。しかし，法人税が導入された頃にはすでに，多くの納税者が財務報告目的では発生主義を採用していた。このためこれらの納税者は実務上大きな困難に直面することになった。つまり納税者は発生主義で維持されている自己の帳簿を，現金主義に変換して法人税目的で申告しなければならなかった。この状況を打開するために，会計プロフェッションが奔走し，発生主義が法人税目的で認められるようになった[6]。

発生主義が法人税目的で認められた当初においては，IRCや財務省規則でとくに定められていない限り，「財務会計における発生主義のルールが法人税目的における発生主義のルールとして適用できると考えられていた[7]」。税務会計における発生主義は，財務会計におけるそれを基本的に受け入れるかたちで出発していたのである。もちろんその受け入れは無条件になされるものではない。一つには，税法独自の目的を達成するために財務会計における発生主義を否定する場合，つまり税法独自の会計処理を規定している場合があり，もう一つは発生主義が所得を明瞭に反映しないとみなされる場合がある。これらのいずれかに該当する場合には，財務会計における発生主義のルールに基づく会計処理は認められないことになる。前者の場合については論究する必要もなかろう。問題は後者の場合である。「発生主義が所得を明瞭に反映しないとみなされる場合」という表現は，この当時のことを表現するには実は適切ではない。この表現は現在のように，多くの企業が発生主義で自己の帳簿を維持して申告をしている状況，あるいは一定の売上規模の法人や棚卸資産を保有する法人がIRCにより発生主義の使用を義務づけられる状況においてふさわしい表現である。

発生主義が認められた当時においては，発生主義が所得を明瞭に反映するか否かを問う前に，現金主義が所得を明瞭に反映していないことが明示されなければならなかった。現金主義が所得を明瞭に反映しない場合には，所得を明瞭に反映する場合に限り発生主義の使用が認められた。税法で認められている会計方法は現金主義であり，その使用が不適切な場合に限り，つまり所得を明瞭に反映しない場合に限り発生主義が認められたのである。このとき，発生主義の内容は財務会計における発生主義のルールが適用されると理解されたのである。この理解を正当化したのが *United States v. Anderson* 訴訟における最高裁判所の判決であった。この判決は「納税者の採用する会計方法が所得を明瞭に反映しないのでなければ，財務報告目的で使用された発生主義は税申告目的で受け入れられる[8]」ことを示した判決であった。すなわち発生主義が認められるのは「……納税者が科学的な会計原則にしたがって，課税期間中に稼得した益金と同期間中に益金を稼得するプロセスに適切に起因する損金を負担させることによって，自己の帳簿を維持し，そしてその申告書を作成できるようにすることであった。また，納税者が厳密な現金主義にもとづいて申告書を作成できない場合には，法人税申告書を発生主義にもとづいて作成することを要求するものであった[9]」とされる。

　発生主義が税目的で認められた当初は，「発生主義の使用は，財務会計目的における発生主義を使用することが想定されていた。税目的における発生主義の使用の目的は，納税者が科学的な会計原則にしたがって申告書を作成することを認めることにあった[10]」のである。つまり発生主義の内容において，税務会計と財務会計の間に差異はないと考えられていたのである。

(2) 税務会計における発生主義と財務会計における発生主義の乖離

　発生主義の内容に関する両会計の接近は，そう長くは続かなかった。徐々に，税務会計における特定の属性，つまり支払能力，確実性そして歳入の確保の影響が強まるようになった。この属性を重視することにより，税務会計における発生主義会計が財務会計における発生主義会計から大きく乖離していかざ

るをえなかった。この過程は「裁判所によって判断が下されてきたとはいっても，経済理論と会計の精緻さについて，益金および損金のさまざまな項目がいつ認識されるべきかについての判決は，絶えず変化する租税政策にもとづいてなされていた[11]」からであった。

この両会計の乖離現象を決定的なものとしたのが，*Thor Power Tool Co. v. Commissioner* 訴訟における最高裁判所の判決である。この訴訟は，納税者が棚卸資産の一定の価値の下落を，財務会計における発生主義会計の概念にもとづけば適切なものであるとして，つまり所得を明瞭に反映するものであるとしてその控除を求めて争ったものであった。この訴訟で最高裁判所は，税務会計と財務会計との相違に関してもっとも頻繁に引用される以下の判決を下している。

「財務会計の主たる目的は，経営者，株主およびその他の正当な利害関係者に有用な情報を提供することである：会計士の主たる責任はこれらの関係者が誤解に導かれるのを防ぐことにある。法人税システムの主たる目的は，それとは対照的に歳入の衡平な徴収である：内国歳入庁の主たる責任は国庫の保護である。その責任と目的にそのまましたがえば，財務会計はその基盤として保守主義の原則を備え，その原則は「起こりうる測定の誤りは純利益あるいは純資産の過大評価よりもむしろ過小評価の方向にある［べきだ］」という帰結となる。それとは著しく異なる財務省の目的と責任を考慮すれば，利益の過小評価は指標（guiding light）となる運命にはない。この目的の相違を，それは矛盾といってもよいが，所与とすれば，税務会計と財務会計とのいかなる仮定的な釣合（presumptive equivalency）も受け入れられないものであろう。

この目的の相違はさまざまな会計処理の相違に反映されている。税法は，損金はそれを確定し確実なものとする「全事象」が発生するまで繰り延べられることを要求しているが，会計原則は債務が合理的に見積ることができるならば直ちにそれを発生させることを義務づける。他方，益金については，

税法は「権利請求」,「支払能力」,「支配」の論理的根拠にしたがって当期に認識されることを要求するが,会計原則は収益と費用が適切に対応するように後年度まで発生を繰り延べなければならない。簡潔にいえば,財務会計は見積,蓋然性,合理的な確実性を快く受け入れる：税法は歳入を確保する使命があるので,不確実性を容赦なく攻撃することができる。これは間違いないことである。合理的な見積は株主や債権者に会社の全般的な財政状態の正確な描写を提供する際には有用かもしれないし,それが本質的なことでさえあるかもしれない：しかし会計士の保守主義は,内国歳入庁長官が税を徴収しようと努力しているときには,長官を拘束できるものではない[12]。」

この判決で示されているように,財務会計の目的と税務会計のそれとが異なることが強調されるようになる。見積,蓋然性,合理的な確実性といった要素を組み込み,また保守主義の原則といった要件を内包する財務会計における発生主義は,その目的を異にする税務会計の領域においてはそのまま受け入れられるものではないことが明確にされたのである。両会計の目的が異なることを理由に,税務会計独自の発生主義のルールが確立されていくことになるのである。そのためIRCにおける発生主義会計は,ある特定の発生主義会計つまり財務会計における発生主義会計（あるいは一般に認められた会計原則）そのものを意味しなくなっていったのである。

その税務会計上の発生主義についてStephen F. Gertzmanは次のように述べている。すなわち「Sec.446 (c) には認められる会計方法が定められている。最初に【the】現金主義,二番目に【an】発生主義があげられている。その冠詞の【an】が示しているように,なんらかの特定の発生主義会計方法が要求されるわけではなく,したがって現金主義よりも発生主義のほうが申告の際に,フレキシビリティーと多様性がはるかに大きい[13]」とする。IRCはなんらかの特定の発生主義を要求しているわけではないので,そこに法解釈の余地とフレキシビリティーが存在するのであるが,それとともに逆にその内容を明らかにすることも困難を伴うものとなっている。しかし内容の把握の困難性は,

フレキシビリティーと多様性だけに起因するわけではない。主たる要因は会計上の理由によるのではなく，税法独自の政策目的達成のための法改正，さらにIRCに規定する「所得の明瞭な反映」要件の解釈に求められるであろう。しかしながら，IRCがなんらかのある特定の発生主義あるいはその内容を定めていないこともその要因の一つといえよう。

本章では以下，Gertzmanの所論にしたがって，発生主義の税実務について検討することにしたい。

2．益金項目に関する実務

発生主義における益金および損金の認識はいわゆる全事象テストによっておこなわれる。ここでは益金項目に関する全事象テストを検討しよう。

益金の認識について財務省規則は「発生主義会計のもとでは益金は，かかる益金を受領する権利を確定しかつその金額が合理的な正確さで測定できる全事象が発生したときに総益金に算入できる[14]」と定めている。この規定を一般に全事象テストと称している。

全事象テストによれば，益金の認識には二つの要件が課される。第一に，納税者の益金を受領する権利を確定させる全事象が発生しなければならないこと，第二に，その益金の金額が合理的な正確さで測定できなければならないことである。このテストの意味することは「益金を測定する経済的概念と発生主義会計の財務的概念が，税務会計における発生主義会計を支配することは意図されていないことである。しかしながら……この結論を裁判所がつねに支持するわけではない[15]」。二つの要件の一義的な解釈が存在しているとはいえず，全事象テストを実務に適用したときには，それに関する多くの要因が検討されることになる。したがってその解釈について，相当なフレキシビリティーが納税者および課税当局の双方に与えられていることになる。

(1) 受領の権利の確定

益金の認識を決定づけるのは「受領の権利であって，実際の受領ではな

い[16]」。したがって現金主義会計のような受領の繰り延べによる益金認識の繰り延べはできない。この点において発生主義は現金主義に比べて操作性が低いことになる。しかしここで重要なのは,「受領の権利」の内容である。「受領の権利」と「実際の受領」は,同時に起きる場合もあれば,前者が先の場合もまた後者が先に起きる場合もある。「実際の受領」という事実は,客観的なものであり,認識のための要件としては解釈の余地がない。一方「受領の権利」については,多くの要因が検討される必要がある。

「受領の権利」は法的執行力とは直接結びつかない。これはその権利の執行可能性が受領の権利の存在の有無ではなく,回収可能性の有無に左右されるからである[17]。したがって受領の権利が生じた時点で,その権利の回収可能性に関係なく「受領の権利」が確定したと判断される。具体的には「受領の権利」はどのように確定するのであろうか。受領の権利は,納税者が役務を提供したか財産を移転した時点で確定するのが一般的である。しかしつねにこれが正しいわけではない。

Gertzmanは,*Decision, Inc.*判決を引用してその判断時点を明らかにする。この訴訟は納税者が顧客との間で複数年の継続的な役務提供契約を結び,かつその対価を役務の提供年度に受領する場合に,益金の発生はどの時点かを争ったものであった。この訴訟で特に重要だったのは,この複数年契約を途中解約できないということであった。この点をとらえて裁判所は契約年度に,その金額を受領する権利を確定させる全事象が発生していたと判断した[18]。つまり役務または財産の提供の時点は必ずしも重要ではないということになる。その後,納税者は契約内容を役務提供年度まで所得を受領する権利を有さないという規定に変更し,益金を次年度へと繰り延べることにした。裁判所もこの契約を認め,益金の認識は次年度へ繰り延べられたのであった。この判決をもってGertzmanは「取り決めや事業慣習や実務には益金の権利が確定する時点に影響を与えるものがあるので,納税者は益金の権利の確定する時点すなわち益金が認識されねばならない時点を遅らせるために,取り決めや慣習等をわずかに修正することがしばしば可能である[19]」とする。*Decision, Inc.*判決が示すよ

うに，契約内容の変更により容易に益金が繰り延べられる一方で，その変更によって顧客との取引関係あるいは実質に変更が生じるわけではない。いずれの場合でも納税者が対価を受け取るのは次年度であったのである。「受領の権利」の内容は画一的なものではなく，納税者のあらゆる状況つまり契約内容や納税者の属する業界の事業慣習などが考慮されて判断が下されるものである。

(2) 合理的な正確さでの金額の測定

　受領の権利の確定につづいて，測定の問題が生じてくる。財務省規則は益金の認識をその金額が合理的な正確さで測定できない場合には禁止している[20]。ある金額が合理的な正確さで測定できるか否かを決定する場合には，あらゆる適合的な事象および状況が検討されなければならない。金額の測定そのものに条件が課せられていたり偶発事象がある場合には，合理的な正確さで測定できない。たとえば，取引がすでに生じていてもその報酬が当事者間で後から決定されることになっている場合，あるいはその金額について係争中であったりする場合には，金額を合理的な正確さで測定できないことになる。ただし，当事者が測定できるはずの金額を算定していない場合にはその限りではないという。したがって報酬が後から決定される場合であっても，過去に同一の顧客と類似の取引を行っている場合には，合理的な見積もりに基づいて算定できる場合もあるので益金の認識を迫られる可能性がある[21]。

　たとえ受領の権利が確定した場合でも，「完全な金額が合理的な正確さで測定できないならば，発生は明らかに要求されない。ゆえにある金額が取引の結果として納税者に支払われることが明らかであるが，その全金額がこれから測定されるのであれば，ある任意に測定される金額の発生は要求されない[22]」ことになる。しかし確定金額と未確定金額を組み合わせて報酬が決定する場合には，確定金額については益金として発生させなければならない。ゆえに，合理的な正確さで測定される金額とは「納税者が受領する確定した権利の金額[23]」である。したがって「合理的な正確さ」の内容は取引あるいは契約条件などによって左右され，それらの内容も画一的なものではなく，納税者の属

(3) 回収可能性の検討

　全事象テストが充足されたならばただちに益金を発生させねばならないわけではない。「発生主義の納税者は回収可能性に合理的な疑わしさがある場合にはその金額を益金に算入しなくてもよい[24]」のである。

　これに関連して3つの問題が生じる。すなわち①どの程度の疑わしさ，つまり回収の不確実性が必要なのか，②いつ不確実性が生じるのか，つまり取引の時点か，益金を発生させる（全事象テストが充足された）時点かあるいは課税年度末か，③回収が疑わしいと判断された項目はいつ発生させるのか[25]，である。

① 不確実性の程度

　Gertzmanによれば不確実性の程度に焦点を当てた判例はないが，一般に不確実性の程度が重要であって，取引相手の財政状況の困窮等は重要ではない[26]。財政状況に左右されない状況として，回収が自治体組織の政治的な行動に依拠し，その組織がかかる行動を起こすことが合理的に定かでない場合には発生は不必要であるという[27]。また，日常の取引において債務者との取引が生じることはよくあるが，債務者との取引自体が不確実性を生じさせたとは解釈されない。なぜなら，もし不確実性があるならば納税者は取引を結ばないと考えられるからである。他のなんらかの要因にもとづき，取引が結ばれたはずだからである。このため益金の発生を妨げるためには，他の要因が不確実性の程度を示すことを立証しなければならない。

　当然のことであるが不確実性の程度は一般に定量化できる性質のものではない。個々の事例によってその程度が決まることになる。ゆえに不確実性の程度についての納税者側の判断根拠は，原則として納税者の自己の帳簿つまり財務会計上の帳簿における会計処理に求められる。自己の帳簿については監査を通じて，さまざまな個別状況を考慮に入れた会計プロフェッションの判断が介在

しているからである。

② 不確実性の時点
　不確実性の時点は，発生時すなわち受領の権利が確定しそれゆえ合理的な正確さで測定できる時点でなければならない[28]。したがって受領の権利が確定し合理的な正確さで測定可能となった時点以降に取引相手の財政状況等が悪化し，回収が合理的に疑わしくなったとしてもその不確実性を反映させることはできない。ゆえにこのような場合には，不良債権に関する規定にしたがって不確実性を反映させることになる。しかし1986年税制改革法（*Tax Reform Act of 1986*）以降は貸倒引当金の計上が金融機関をのぞいて認められなくなったので，実際に貸倒れが発生するまでは不確実性を反映させられないことになる。

③ 回収が疑わしいと判断された項目の発生時点
　不確実性を理由に益金の認識を繰り延べられた場合には，いつ益金を認識するのであろうか。Gertzmanによれば，それは不確実性が取り除かれた時点または益金を受領した時点であるという。ただし，より支持のある時点は不確実性が取り除かれた時点であるという[29]。不確実性が取り除かれた時点とは，不確実性の程度を判断したときに問題となった要因が取り除かれた時点である。

　ある項目を益金に算入するか否かについての判断は，3段階をふまえてなされることになる。すなわち「受領の権利の確定」→「合理的な正確さによる金額の測定」→「回収可能性の検討」である。いずれの段階においてもそれらを画一的な基準で規定することはできない。各納税者の状況あるいは取引の状況等に照らして判断がなされることになる。とくに「合理的な正確さ」や「回収可能性」の判断は，微妙かつ困難であると同時に納税者への多大なフレキシビリティーを提供している。
　画一的な基準を提供できない性質のものであっても，その判断を納税者の自

由に任せるわけにはいかない。そこには一定の権威ある基準が必要となる。しかもその基準は広く一般に認められたものであることが望ましい。なぜなら納税者の個々の判断は主観的なものであり,それを客観的なものとする必要があるからである[30]。そのために同じ取引事象を扱う財務会計領域における会計基準,すなわち一般に認められた会計原則を所得を明瞭に反映するものとして承認する必要があると考えられる。IRCにもとづく益金の認識にあたって依拠すべき基準として一般に認められた会計原則への準拠が重要な役割を果たすことになる。

3．損金項目に関する実務

　発生主義の納税者は,損金控除がいつ適切であるかを決定するために益金項目の場合と同様に全事象テストを適用しなければならない。益金項目の場合には全事象テストは2つの要件しか課されていなかったが（回収可能性テストが存在するが,全事象テストの要件として位置づけられていない）,損金控除の場合には3つの要件が適用される。すなわち①債務の事実を確定させるすべての事象が発生していること②債務の金額が合理的な正確さで測定できること③経済的成果が生じること,である。これらの要件は独立しており,各要件が充たされるまで損金控除は認められない[31]。

　損金控除の要件は1984年までは上記①と②のみであった。①と②の要件を満たせば,その債務が将来に役務を提供する債務である場合（たとえば製品保証損失引当金）にも控除が認められた。しかし③の経済的成果テストの導入により,控除は実際に製品保証の事実が生じた年度まで控除ができないことになった。つまり「現行法では,損金控除は経済的成果が生じなければ認められない[32]」のである。

(1) 債務を確定させる全ての事象の発生

　この要件を充たすうえで問題となるのは第一に,実際の支払の受取人の識別であるという。債務発生時には必ずしもその受取人が特定されない可能性があ

る。このとき重要なのは発生させる債務について納税者に最終的に支払の義務があるか否かであり，その時点で最終的な支払の受領者が確定している必要はないという。そして第二に，債務の履行の確実性である[33]。つまり通常の事業過程で納税者が履行を迫られると考えられる債務については発生させてよいのであり，そのとき要求されているのは債務の存在の完全性であり履行の完全性ではない。

　これらはいずれも実務の反映である。すなわちある取引に帰属する費用あるいは債務がその取引からの益金と同一の年度に発生しないならば，その結果は益金が生じた年度と費用あるいは債務を実際に支払った年度の両方の年度の課税所得を歪めることになるからである[34]という。

　ゆえにこれらから判断するに，財務会計における対応概念は，所得を明瞭に反映するための税務会計における発生主義概念において支配的な地位を占めるかのようにみえる。しかし「対応概念は，ある特定の方法が税目的上所得を明瞭に反映しているか否かをテストするときには適合的であるが，対応概念それ自体が確定債務を宣告したり控除を認めたりするときの決定力あるテストではない。債務の確実性のほうが遥かにより支配的な事柄となる[35]」。したがって対応概念により益金項目と損金項目の関連性を指摘できたとしても，費用または債務が確実でないかぎり控除は認められないことになる。また，全事象テストに組み込まれた経済的成果テストのゆえに，対応概念は将来的にはその重要性が低下する可能性がある[36]。

(2) 合理的な正確さでの金額の測定

　債務の確定の要件を充たせば，益金項目の場合と同様に合理的な正確さで金額が測定されることが要求される。したがって損金控除の場合においても要求されるのは，金額の合理的な正確さであって，それが確実なものであることは要求されていない。正確な測定の根拠については，産業界の広範囲にわたる経験あるいは納税者の経験に基づく見積は合理的であるとして受け入れられる。また統計的なテストも見積をする上では妥当であるという[37]。ここで産業界

の広範囲にわたる経験が一般に認められた会計原則を意味することはいうまでもなかろう。また納税者の経験はそれだけでは客観的なものとなりえないため，会計プロフェッションの判断を介在させる必要があろう。

　1984年以前にはこれら2要件を充たせば損金控除が認められていた。これら2要件の内容は，財務会計における発生主義つまり一般に認められた会計原則にその要件の摘要にあたってかなりの程度依拠していることを示している。しかし経済的成果テストが導入されて以降その状況に変化が生じてきている。

(3) 経済的成果テスト

　経済的成果テストとは，経済的成果が生じるまで控除を認めない[38]というものである。納税者の義務が，納税者に提供された役務あるいは財産に対する支払の約束であるか，または他者への役務あるいは財産の提供からなる場合には，経済的成果はこれらの役務あるいは財産が提供されたときにのみ生じる。たとえば納税者がなんらかの役務の提供を受ける契約を結び，その契約内容は契約年度には役務の提供を受けないが，契約の時点で次年度の支払義務が無条件で生じるものであるとしよう。この場合に合理的な正確さで金額が測定できるとすれば，納税者は役務の提供を受ける年度にのみ控除ができる。また，納税者が販売した物件について修繕義務あるいは維持義務を負うならば，経済的成果は実際に修繕あるいは維持作業を行ったときに生じる。したがって修繕引当金や製品保証引当金などのような見積コストを損金控除することはできない[39]。

　上述のように役務あるいは財産の提供がなされないかぎり経済的成果が生じたとは判断されない。しかしそれらの提供が開始されただけではその要件を充たしたとはいえない。その場合にはすでに提供された役務あるいは財産についてのみ損金控除できる。

　しかし経済的成果テストには例外規定があり，その要件に該当する場合には経済的成果が生じたか否かにかかわりなく発生時に控除できる。IRCには4要件[40]が定められているが，内容的には①経常的性質，②重要性，③対応概念

の3要件である[41]。

この例外規定の適用を受けるためには，第一にその項目が毎期経常的に生じるものであり，継続して同一の項目で処理されている必要がある。この要件の適用はすでに取引または事業に従事している納税者だけでなく，新規に取引または事業に従事する納税者にも適用できる[42]。

第二に経常的性質の項目は重要なものであってはならない。この重要性の判断は，その項目の規模を絶対的な尺度で他の益金および損金と比較して決定される。そのとき財務諸表目的で重要であると判断された場合には税目的でも重要であると判断される。ただし，その逆に財務諸表目的で重要でないと判断されても税目的では重要であると判断される場合もある。したがって重要性テストは個々の活動に関連して独立して測定される。たとえば間接費の場合には，部門配賦するのではなく関係する部門の合計に対してテストされなければならない[43]。

たとえその項目が重要なものであると判断されても，経済的成果の起きる前の年度にその項目を損金控除することにより益金との適切な対応をはかることができると判断される場合には例外規定を適用できるかもしれない。その対応の判断根拠として「一般に認められた会計原則は必ずしも決定的な要因ではないが重要な決定要因である[44]」という。この点についてはIRCも，重要性や適切な対応の判断をする場合には納税者の財務諸表上の処理を考慮にいれなければならないことを規定している[45]。

以上のように，損金項目の実務は益金項目のそれよりも課せられる条件が多い。とくに全事象テストに加えて経済的成果テストの存在が発生主義納税者にとって大きな圧力となっている。経済的成果テストにより税務会計における発生主義と財務会計における発生主義の相違はより広がっていく傾向にある。その一方で，経済的成果テストの例外というかたちで経常的な項目については，重要性や適切な対応の判断をする場合には財務会計（財務諸表）における処理を損金項目の処理規準として重視している。結局のところ，IRCが課税所得の算定規定を定めるだけでは，税務会計は財務会計から独立して存在することは

できないのである。

4．「所得の明瞭な反映」要件

　本章ではIRCに定める会計方法の一般規定について，会計方法の実務への適用面から考察を進めてきた。そして会計方法として定められている発生主義は実務への適用にあたって解釈の余地が多く存在し，益金および損金の認識と測定においてGAAPに大きく依拠することを明らかにしてきた。しかしそれはGAAPにしたがった会計処理がそのまま税務上も認められることを意味しない。なぜならSec.446（b）の「所得の明瞭な反映」要件が存在するからである。

　Sec.446（a）は課税所得が納税者の財務会計上の会計方法にもとづいて算定されることを要求しているので，納税者の財務会計上の帳簿処理が課税所得算定の出発点となる。Sec.446（b）ではその会計方法が所得を明瞭に反映しない場合には財務長官が認める方法で課税所得の算定ができるとする。ゆえに納税者の財務会計上の処理は，たとえGAAPにしたがっていようとも，そのことで自動的に税務上も認められるわけではなく，さらに所得を明瞭に反映しているか否かが問われることになる。

　IRCにおける会計方法とは全般的な会計方法のみならず個別取引の会計処理も含まれている。ゆえに「所得の明瞭な反映」要件は個別の会計処理ごとに適用される。全般的な会計方法としてGAAPにしたがった発生主義会計は所得を明瞭に反映する方法と理解されるが，取引の具体的な会計処理がつねに所得を明瞭に反映しているとは評価されない。GAAPにしたがった会計処理がIRCで意味する所得を明瞭に反映しない場合も生じる。*Thor Power Tool* 判決が示しているようにGAAPによる利益とIRCに定める（課税）所得は一致しない。ところが，IRCには「所得の明瞭な反映」の具体的な中身，つまりは所得の定義を明らかにされていない。このため連邦議会は所得の明瞭な反映の中身を具体的に明らかにできる場合には個別規定で定めるが，それをできない場合にはSec.446の一般規定に依拠して，IRCに定める益金および損金はそれが所得を明

瞭に反映すると考えられる方法で会計処理されねばならないとする。すなわち，連邦議会は個別規定において「所得を明確に定義できないと判断した時点で，課税所得はそれが明瞭に反映される方法で算定されなければならないと要求[46]」することになる。これにより所得を明瞭に反映する会計方法・処理が明確に定められない規定がIRCに組み込まれることになる。このときIRCの規定とその適用にあたってギャップが生じる。このギャップが納税者と課税当局の双方で解釈の問題となる。

　課税当局は実務レベルでこのギャップを埋める必要があるため，IRC Sec.7805（a）は財務長官が執行上必要とされる規則等を公表することができると定めている。同条項にもとづく規則は解釈的規則（interpretative regulations）とされる。さらに，IRCの特定の条項が財務長官に規則等を公表するように指示している場合がある。これはIRCの条項の解釈を財務長官に委任している場合である。この場合に公表される規則は立法的規則（legislative regulations）とされる。立法的規則は解釈的規則に比べ財務長官への委任のレベルが高く，法的強制力を有する。すなわち立法的規則は内国歳入庁職員だけでなく納税者をも拘束する。他方，解釈的規則は基本的に職員のみを拘束する[47]。

　したがって立法的規則による「所得の明瞭な反映」の解釈は，連邦議会が直接財務省・内国歳入庁へ委任したものであるので，納税者はその規則に従わねばならない。これは所得を明瞭に反映する会計方法・処理が明示されていることを意味する。多くの税務紛争は，納税者の会計処理が所得を明瞭に反映するか否かが争点となり，主として解釈的規則の適用あるいは課税当局による新たな解釈が争点となる。税務紛争では，課税当局は納税者の会計方法が所得を明瞭に反映しないと主張し，他方で納税者は課税当局の取り扱いが裁量的であるか合理的でないことを立証しなければならない。

　これら税務紛争において，内国歳入庁長官はIRCや規則に定められている方法を退けることはできない。このためGAAPにしたがっているという事実は納税者に有利に働くとされ，また所得の明瞭な反映の根拠を費用収益の対応に求

めるのは説得的なことと理解されている(48)。

「所得の明瞭な反映」要件は、課税当局が納税者の採用している会計処理を否認するときの根拠であると同時に、納税者が自己の会計処理の正当性を主張する根拠ともなる。課税所得は納税者が採用する会計方法にしたがって算定され、その会計方法が所得を明瞭に反映している限り課税当局は受け入れなければならない。このときGAAPに従った会計方法の適用は所得を明瞭に反映しているとみなされている。そして費用収益を対応させることが所得の明瞭な反映を達成するという基本的な関係が成立することになる。納税者にとってGAAPの適用とくに費用収益の対応の達成が「所得の明瞭な反映」を適切に解釈したことになる。

お わ り に

本章ではIRC Sec.446に定める会計方法について考察してきた。同条項では認められる会計方法として現金主義や発生主義等を定めているが、発生主義は現金主義に比べてその内容が明確ではないことを示してきた。IRCにおける現金主義はある特定の方法を想定しているのに対して、発生主義は特定の方法を想定しているわけではないからである。歴史的にみれば、当初連邦議会が想定していた会計方法は現金主義であった。発生主義は現金主義が所得を明瞭に反映しない場合の代替方法として導入されたものであった。その後、一定規模または棚卸資産を有する納税者には発生主義の利用が義務づけられてきたが、発生主義会計の内容を特定化することはおこなわれなかった。

税務上、現金主義の利点は客観性、確実性および支払能力に求められる。その一方で発生主義には、現金主義におけるような厳密な意味での客観性や確実性は存在しない。このため税務会計において発生主義会計が中心的な位置を占めてくるにつれ、発生主義会計の内容を明確にし、かつ客観性や確実性の制度的な確保が求められるようになる。GAAPが所得を明瞭に反映するものとみなされるのは、歴史的には現金主義が所得を明瞭に反映しない場合の代替措置であったが、発生主義が課税所得算定の中心的な位置を占めるようになって以

降,税制度において必要とされる論理化装置となったのである。IRC Sec.446 は税務会計と財務会計を連結させる役割を持つと同時に,財務会計における GAAPの機能を課税所得計算の論理化装置とする役割も果たしている。

(注)
(1) *Treasury Regulations*(以下,Reg.)1. 446-1（a）(2)。
(2) *Internal Revenue Code*(以下,IRC)Sec. 446（c）。
(3) 他の方法とはIRCに定められている会計処理基準を意味し,割賦基準や工事進行基準などを指している。
(4) 上記方法の組み合わせとは,一定の条件を満たしている場合には,たとえば購入・販売には発生主義を用い,その他の収益・費用には現金主義を用いることが認められることを指している。
(5) 現金主義会計については,永田守男「アメリカ税務会計実務の実質優先主義—現金主義会計を題材にして—」『常葉学園浜松大学研究論集』第6巻第1号,1993年。
(6) Stephen F. Gertzman, *Federal Tax Accounting*, Warren, Gorham & Lamont, 1988, pp. 4-5.
(7) *Ibid.,* pp. 4-5.
(8) *United States v. Anderson,* 269 US 422（1926）。
(9) *Ibid.,* 269 US 440.
(10) Gertzman, *op.cit.,* pp 4-6.
(11) *Ibid.,* pp. 4-6. よく知られている例として,前受収益と見積費用の処理がある。いずれもいったんは財務会計におけるのと同じ処理方法が採用されたが,法案成立の翌年には歳入の不足を恐れて遡求的に廃止された。
(12) *Thor Power Tool Co. v. Commissioner,* 439 US 522, 542-543.
(13) Gertzman, *op. cit.,* p. 4-1.
(14) Reg. 1. 451-1（a）。
(15) Gertzman, *op. cit.,* pp. 4-9 - 4-10.
(16) *Spring City Foundry Co. v. Commissioner,* 292 US 182, 184（1934）。
(17) Gertzman, *op. cit.,* p. 4-10.
(18) *Decision, Inc.,* 47 TC 58（1969）, in *Federal Tax Accounting,* p. 4-12.
(19) *Ibid.,* p. 4-13.
(20) Reg. 1. 451-1（a）。
(21) Gertzman, *op. cit.,* p. 4-13.

(22) *Ibid.*, p. 4-14.
(23) *Ibid.*, p. 4-14.
(24) *Ibid.*, p. 4-14.
(25) *Ibid.*, p. 4-15.
(26) *Ibid.*, p. 4-15.
(27) *Ibid.*, p. 4-15.
(28) *Spring City Foundry Co. v. Commissioner*, 292 US 182, 184 (1934).
(29) *Ibid.*, p. 4-17.
(30) 主観的な判断の客観化の必要性については、永田守男「アメリカ税実務における会計の機能」『會計』第148巻第5号, 1995年。
(31) Gertzman, *op. cit.*, p. 4-35.
(32) *Ibid.*, p. 4-37.
(33) *Ibid.*, pp. 4-39 – 4-40.
(34) *Ibid.*, p. 4-40.
(35) *Ibid.*, p. 4-44.
(36) *Ibid.*, p. 4-44.
(37) *Ibid.*, p. 4-49.
(38) IRC, Sec. 461 (h).
(39) Gertzman, *op. cit.*, p. 4-53.
(40) IRC Sec. 461 (h)(3)(A). 例外規定は次のとおりである。
  ・全事象テストが経済的成果に関係なく別の方法で満たされる。
  ・問題の債権に関する経済的成果は (1) 全事象テストが別の方法で満たされる課税年度の終了後のある合理的な期間と (2) かかる課税年度終了後8.5ヶ月のいずれか短い期間内に起きる。
  ・その項目は性質上経常的に生じるものであり、納税者がかかる種類の項目を全事象テストが別のやり方で満たされる課税年度に負ったものとして一貫して処理している。
  ・(1) その項目が重要でないか、あるいは (2) 全事象テストが別の方法で満たされる課税年度におけるその項目の発生が、経済的成果が起きる課税年度におけるその項目を発生させた場合よりも所得との適切な対応をもたらす場合か、のいずれか。
(41) Gertzman, *op. cit.*, pp. 4-58 – 4-63.
(42) *Ibid.*, pp. 4-58 – 4-63.
(43) *Ibid.*, pp. 4-58 – 4-63.
(44) *Ibid.*, pp. 4-58 – 4-63.

(45) IRC Sec. 461 (h)(3)(B).
(46) W. Eugene Seago and Edward J. Schnee, Deference Under The Clear Reflection of Income Requirement: SUI Generis, *Houston Business and Tax Law Journal*, Vol.5, 2005, p. 164.
(47) *Ibid.*, pp. 168-171.
(48) *Ibid.*, pp. 192-193.

第2章　帳簿利益課税の論理

は　じ　め　に

　法人所得の算定基盤をどこに求めるかをめぐっては多くの議論がある。一般に税務会計と財務会計が独立しているとされるアメリカもその例外ではない。税務会計と財務会計を一致させるべきか否かは，アメリカにおいても法人税法の創設時から続く議論のひとつである。

　1918年歳入法（*Revenue Act of 1918*）に関する財務省規則において，法規の意図としては標準的会計方法（Approved standard methods of accounting）が利益を明瞭に反映していると考えられることを明示し[1]，財務会計領域における一般に認められた会計原則（GAAP）が税務会計においても明確に受け入れられるようになった。これ以降，1954年内国歳入法典（*Internal Revenue Code of 1954*，1954年法）まで税務会計と財務会計はできる限りの一致を目指していたといえよう。1954年法では，前受収益・見積費用に関する規定が導入されたが，翌年歳入不足を理由にその規定は遡及して廃止された。それらの規定の廃止が，所得計算の正確性を理由にされたわけではなく歳入不足が主たる理由とされたために，これ以降，GAAPで認められた会計処理が税務会計上でも認められるか否かにかかわる議論が盛んとなった。つまりGAAPによる会計処理は税務会計上でも所得を明瞭に反映していると理解されたからである。しかしこの議論も，1979年の連邦最高裁判所による*Thor Power Tool*判決を契機に収束する。同判決は税務会計と財務会計の目的の相違にもとづき両会計の一致を否

定するものであった。これにより一致論は後退し，これらの議論はそれぞれの会計目的に合わせた会計ルールの策定へと向けられていったのである。

しかしながら，税務会計の目的と財務会計のそれが一致しないことが判決で確立されて以降も，両会計の一致を求めるべきかあるいは距離を保つべきかに関する議論はその社会・経済状況に応じて盛衰を重ねている。

本章では，1990年代以降台頭している帳簿利益課税の議論を取り上げ，それ以前の税務会計と財務会計の関係に関する議論との相違を明らかにする。

1. 1954年内国歳入法典をめぐる議論

アメリカにおける課税所得の算定基盤に関する議論では，税務会計がどこまで財務会計に依拠あるいは一致できるかが焦点となってきた。1918年歳入法で実質的にGAAPを税務会計で認められる会計方法として以降，1954年法の成立まで税務会計処理をいかにGAAPに一致させるか，あるいはGAAPの会計処理を税務上でも受け入れる方向で議論が進んでいたといえる。1954年法における見積費用と前受収益の顛末はその議論の典型例ともいえる。

1954年法Sec.452とSec.462はそれぞれ前受収益の益金算入繰延と見積費用の損金控除を認めるものであった。これは財務会計において定着しているとされる見積費用と前受収益に関する会計処理を税務会計においても認めるものであった。上下院合同歳入委員会は，これらの規定は両会計の大きな相違点を一致させることを目的として導入された[2]とする。

しかしながら両規定による歳入不足が当初見積もられていた額よりも巨額になることが判明したため翌年に遡及的に廃止された。それはSec.462による見積費用の損金控除は導入初年度に二重控除が生じ，さらにSec.452による前受収益の益金算入繰延は従来算入されていた益金を後年度に繰り延べるからである。Sec.462から生じる損失は当初は4,700万ドルと見積もられていたにもかかわらずその後10億ドルを超えると予測され，他方でSec.452から生じる歳入損失はSec.462によるそれに比べて重要ではないと予測された。しかし両規定は揃って廃止の対象となった[3]。

Sec.462の適用初年度には，これまで損金控除されずに繰り延べられてきた見積費用のうち当期に実現した部分がこれまでと同様に損金に計上され，同時に以前であれば繰り延べられていた見積費用が損金に算入されることになる。この二重控除は1954年法制定時に想定されていたことであった。その予測を上回る歳入損失が生じた要因は，1954年になってはじめて財務会計上で計上された引当金が多く存在したからである。Gerald D. Brightonは*Accounting Trends and Techniques*のデータを利用して1954年の引当金の計上動向を調査している。対象企業は600社で，40業種から構成されている。Brightonによれば，600社のうち152社（対象企業の約25％）が1954年にはじめて引当金を計上している[4]。このデータは法人税申告書ではなく財務諸表のものである。対象企業はいずれも発生主義納税者である。GAAPにしたがって財務会計で計上されている引当金を税務会計でも認める，すなわち両会計の相違点を財務会計にあわせて一致させる目的でSec.462は導入されたはずであった。しかし「税務会計をすでに利用されていた『良い会計実務』と一致させるのではなく，税務上の便益を優先したまったく新しい『良い会計実務』を採用する[5]」ことになったのである。

他方，前受収益の場合にはそれほど劇的な変化は生じていない。前受収益の計上企業は1952年67社，1953年70社，1954年76社，そして1955年84社である。これらデータからは課税上の恩典を利用するために財務会計上の処理がおこなわれたとは判断できない[6]。

1954年法Sec.452と462の導入と遡及的廃止はたんに歳入不足の見積が増大したからにあるわけではなく，もちろんそれは重要であったが，「費用と引当金領域のGAAPが十分に定義かつ構築されていないという含意[7]」が広まったことによる。引当金の計上が財務会計上で利益を明瞭に反映するために必要であったならば，なぜこれまで設定されていなかったのか，という疑問が根底にあったのである。これはいわば財務会計ならびにGAAPへの不信感が広がったことを意味する。ゆえに歳入不足への影響度が相対的に低い前受収益の繰延規定（Sec.452）もあわせて遡及的に廃止されたのである。なぜなら，Sec.452と462

はいずれも財務会計上の処理が税務会計上でも所得を明瞭に反映すると理解されたがゆえに両会計の一致を目的として導入されたからである。その理解に疑念が生じたがために，両規定はともに廃止されることになったのである。歳入不足だけが理由ではないのである。前受収益の繰延についてはその後一定の条件のもと認められるようになった[8]こともそれを示唆しているといえよう。費用と引当金の領域における「GAAPの深刻な欠陥によって発生主義納税者に与えられていた任意の裁量が，Sec.462の遡及的廃止の引き金を引くことになったことは明らか[9]」なのである。

1954年法で生じた議論は，税務会計上の歳入確保の目的が財務会計上の適切な会計処理に優先したのではなく，財務会計上の処理が税務会計における所得の明瞭な反映要件を充足する状況には到っていなかったのが要因である。まさに「見積費用項目は1954年に咲き乱れ，そして散った[10]」のであった。

1954年法における議論は歳入問題が強調されるが，実務レベルでは財務会計実務が税務会計実務を支えるには十分ではなかったのである。財務会計あるいはGAAPは，この当時，発生主義会計に内在する裁量の問題について税務会計上の処理を論理化するだけの制度的装置となりえなかったのである。

上述のような発生主義会計に内在する裁量の問題が，税務会計と財務会計の関係性において長く議論の対象になってきた。結局のところ，これは財務会計上の処理を税務会計においてどこまで受け入れることができるかの問題である。アメリカにおける税務会計と財務会計の関係については，この受容性に関する議論が長く続けられてきたといえる。第3章で取り上げる費用収益対応原則を税法ならびに税実務が受容することへの批判的見解もまたその一環の議論である。しかし1990年代になってその議論の方向に変化が見られるようになっている。

2．帳簿利益課税論の展開

(1) 1990年代の税制改革議論

1990年代になってアメリカ議会では税制改革の議論が頻繁に行われている。

その議論は現行法の修正議論に限定されず，現行の連邦税の体系を廃止して新たな税体系を模索する動きもみられた[11]。この背景としては，法人税の改革が他の税制改革から完全に独立して議論することが困難な点があげられよう。法人所得税率と個人所得税率の変更の関係，キャピタルゲイン税率やその取扱などは，個別の税体系のなかだけで議論することはできないであろう。

　そのような状況のなかで，法人税の改革議論は税制の簡素化と，より消費思考の税あるいは所得課税からの離脱を企図するものへと進展している。これは従来からの所得課税が内包する問題点を克服することが目的とされている[12]。たとえば，1980年代後半から時価主義的法人所得税の展開がみられるようになった。時価主義的法人所得税は1960年代後半に台頭した議論であり，それは投資家が保有する市場性ある証券の価格変動に課税する議論である。この議論の特徴は，課税所得計算が会計（財務会計と税務会計の両方を含む）への依存が高まるのにつれて操作性が増大すると理解する。ゆえに課税所得計算を会計から切り離し，証券価値の変動に課税するという考え方をとっていることである。つまり株式価格は当該株式を保有することにより生じる将来キャッシュフローの現在価値に等しく，株式の市場価値の合計は法人の将来所得の現在価値に等しいため，この株式の価値合計の変化は法人の期待将来リターンの変化に等しいので，この変化に対する課税は法人の所得に対する課税に実質的に等しくなると主張する[13]。この方法によれば，所得計算が会計に依拠することによって生じる問題を取り除くことができるとする。この議論が1980年代後半に広がりを見せた背景には，課税所得と会計利益の乖離問題がある。この乖離問題への従来の対処は差異を調整する制度変更であった。時価主義的法人所得税の議論は，それらの制度変更では問題を解決できないとするものである。

　他方で，この法人所得課税における会計からの離脱とは対照的に，税務会計と財務会計を一致させるというよりも帳簿利益そのものに課税をするという主張も広がりをみせている。この議論は課税所得と会計利益の差異を縮小する議論の延長で登場したものではない。

(2) 単一帳簿の支持

　前述の状況において，別の観点から法人税の改革議論を唱えるものもいる。提唱者はどのように税制改革の議論に決着がつこうとも，それによって形成される制度においては，その課税ベースが現行の法人税課税ベースとかなりの程度重なることに着目する。

　新しい課税ベースは単に租税債務を測定する目的のためだけに存在し，他の目的には利用されない。このことに単一帳簿の支持者は次のような指摘をする。すなわち「なぜ連邦政府は連邦所得税を徴収するために法人所得について独自の多様な定義を用意しなければならないのか。公表財務諸表目的で一般に認められた会計原則にしたがって作成される『帳簿利益』をなぜ課税ベースとして利用しないのか。帳簿利益は投資家が資本のリスクを測定するにあたって会社の業績を評価するのに十分に良好な尺度であるならば，連邦政府が利益に対する税額を査定するときに利用するのに十分に良好な尺度と思われる[14]」という。現行の法人税システムにおいては，アメリカでは税務会計と企業会計を分離する考えから，企業は税目的のために2つの帳簿を維持することを求められている。現在では代替ミニマムタックス（Alternative Minimum Tax）目的のためにも帳簿維持することが求められ，企業は3つの帳簿を維持することになる。たとえ法人税システムが変更されても，税目的と財務会計目的のために2つの帳簿を維持することは，企業やその株主，さらに政府にその維持にともなうコストを負担させることになる。政府はその維持コストの分だけ法人税率を高く設定しなければならなくなる。税務会計と財務会計の分離構造が税の執行コストを上昇させ法人税率を高くさせる原因になるというのである。

　さらに，分離構造は租税回避活動の原因となる。1980年代半ば以降は，1986年法による課税ベースの拡大と代替ミニマムタックスの導入により租税回避の余地は相当程度縮小されたように思われた。しかし1986年法では金額ベースでの課税所得と会計利益の差異の縮小が図られたといえ，両会計の相違点は維持され，個別項目によっては，たとえば引当金の原則廃止にみられるように逆に差異は拡大している。これらの差異の拡大を金額ベースで縮小する役割を担っ

たのが代替ミニマムタックスであった。1986年法で代替ミニマムタックスが導入される論拠の一つとなった*Citizens for Tax Justice Report*によれば，1981年から1985年までの間に，全米（米国籍企業）上位200社のうち132社が少なくとも1年は税額がゼロであり，またこの間の250社の平均実効税率は14.3%であったとされる[15]。この事実を背景として，税務会計と財務会計の差異は容認しつつ，他方で最低限の税を企業に負担させることを可能にしたのが代替ミニマムタックスであった。1986年法は分離構造を維持したために租税回避活動の原因を取り除けなかった。このため1990年代半ば以降，課税所得と会計利益の差異は拡大することになる。

分離構造のもとでは「課税所得は可変値であり，つまり課税所得は納税者に他の結果を生じさせることなく修正されうる[16]」ものとなる。これに対して帳簿利益を課税ベースとすれば，課税所得はいつでも帳簿利益に束縛されると考える。課税所得を修正するためには企業利益を修正する必要があるが，企業利益の修正はおおくの利害関係のもとでなされるため，現行システムのもとでなされるほど容易なことではないというのである。

これに対して，このような単一帳簿への反対者あるいは税務会計と財務会計の一体化（税計算を財務会計に大きく依存すること）への反対者は「議会と大統領が課税ベースを定義すべきであり，会計業界にその責任を委任すべきではない[17]」と，あるいは「税システムは歳入調達だけを目的にしているわけではない。政府は歳入調達を犠牲にして社会政策を達成するために税制を用いる[18]」と主張する。これらの主張は*Thor Power Tool*判決で展開された税務会計と財務会計の目的の相違という理解にもとづいたものである。これら単一帳簿への反対論については後述する。

3．帳簿利益課税の論理

単一帳簿を支持し，帳簿利益税を展開する論者としてKenneth J. Wertzの所論をとりあげその論理を検討しよう。Wertzの所論は帳簿利益への課税議論においてしばしば検討される議論の一つである[19]。前述のごとく，近年の単一

帳簿支持論の特徴は，課税所得の算定のために帳簿を設けることによるコスト増（徴税コストの増大と租税回避額の増大）とその結果生じる法人税率の高止まりを問題視していることである。

　帳簿利益への課税により，維持すべき帳簿システムは単一帳簿となる。単一帳簿システムは，企業の膨大な記帳コストを減少させ，税法の立法や執行のコストも減少させることが便益の一つとして主張されている。他方で帳簿利益への課税は，金融業に代表される規制産業では，監督官庁による規制目的の会計計算・帳簿利益が存在するため，たとえ帳簿利益課税が実現しても帳簿の維持コストはそれほど減少するわけでもないこと，あるいは州・地方税でも同様の問題が生じるなどの問題が指摘される[20]。

　Wertzは上述のような連邦税と他の税目あるいは規制機関との関連については言及していない。さらに，帳簿利益に課税所得としての資質が備わっているか否かについても検討していない。Wertzの所論の焦点は帳簿利益税を採用することにより法人税率をどこまで引き下げることができるかに，つまり次の2点に絞られている。すなわち「(1) 連邦法人税と同じ税収をあげるためには，帳簿利益税で必要とされる税率はいくらになるか，(2) 法人税から帳簿利益税に移行したときに，今までと同じ税収をあげる場合には，どの産業の納税額が増加し逆にどの産業が減少するか[21]」について，経験的研究の手法により検討している。

　Wertzは検討にあたり，帳簿利益税が代替ミニマムタックスをも含む連邦法人税から移行したとしても帳簿利益に一定の修正が必要とされるとする。具体的には州・地方政府から受領する利子は課税されないこと，現行の州税，受取配当金，純事業損失の繰越は控除できること，また外国の業務からの所得は提示される法の原則にしたがって課税されるとする[22]。

　そして分析にあたって内国歳入庁が作成したデータを利用する。なぜなら「内国歳入庁はこの研究の事実上唯一の情報源泉[23]」だからである。具体的にはそのデータはForm 1120のSchedule M-1上の諸項目の特別な一覧表から作成され，それらのデータから申告はしつつも納税主体ではない実体は一覧表か

ら排除されている。なぜならそれらの企業は特別な（customized）実体―規制投資会社，不動産投資トラスト，協同組合，免税法人，S法人（小規模事業法人）―だからである。また分類は内国歳入庁が「主たる事業活動」として分類している産業分類によっている。

分析対象年度は1993年と1994年が選定されている。この理由としてこれは当時もっとも最近の利用可能なデータであり，かつ両年度に特殊要因が見られない点をあげている[24]。

これらの分析結果は表2-1のようにまとめられる。代替ミニマムタックスは，帳簿利益税の導入にあたって廃止されると仮定している。

表2-1 現行法と帳簿利益税における税額算定（単位：10億ドル）

		1993年		1994年	
		現行の法人税	帳簿利益税	現行の法人税	帳簿利益税
1.	帳簿純利益	N/A	406.6	N/A	501
2.	帳簿上の連邦税引当金	N/A	114.6	N/A	153.6
3.	帳簿上の州税引当金	N/A	20.6	N/A	27.7
4.	税引前帳簿利益	N/A	541.8	N/A	682.3
5.	－当期州税	N/A	20.6	N/A	24.9
6.	－免税州・地方利子所得	N/A	20.6	N/A	18.1
7.	＋サブパートF所得	N/A	20.6	N/A	20.6
8.	＋外国企業からの配当金	N/A	15.9	N/A	16
9.	純事業損失控除および受取配当金控除前課税所得	496.7	537.1	556.6	675.9
10.	受取配当金控除	14.9	14.9	14	14
11.	純事業損失控除	45.2	45.2	48.9	48.9
12.	課税所得	436.6	477	493.7	613
13.	法定税率	35.0%	30.0%	35.0%	26.30%
14.	税額控除前税額	149.5	143.1	168.1	161.2
15.	＋代替ミニマムタックス税額	4.9	—	4.5	—
16.	税額控除前税額	154.4	143.1	172.6	161.2
17.	－外国税額控除	22.9	22.9	25.4	25.4
18.	－その他の税額控除	11.7	—	11.8	—
19.	法人税額	119.8	120.2	135.4	135.8

Kenneth L. Wertz, A Book Income Tax: First-Order Computations, *National Tax Association Proceedings 91 Annual Conference on Taxation*より一部修正して作成。

この結果,税収を変化させないとすれば,帳簿利益税はほとんどの法人所得に現在適用されている税率(当時の税率は35%)よりも低い税率を適用できる。

表2-2　帳簿利益課税の産業別影響—総税額の変動比

産業	2年間の平均	1993年	1994年
税額が減少する産業			
機器製造業	-42	-59	-33
証券・商品ディーラー業	-35	-24	-49
金属産業	-33	-28	-36
アパレル産業	-32	-14	-47
クレジット産業	-31	-36	-26
印刷・出版業	-31	-34	-28
鉱山	-30	-18	-41
金属メタル産業	-28	-27	-29
ラバー・木材産業	-26	-32	-20
皮革産業	-19	-14	-24
輸送機器業(自動車産業を除く)	-19	-18	-21
持株会社	-11	-19	-4
卸売業	-10	0	-19
ほとんど変化がみられない産業			
製紙業	-7	6	-16
機械製造業(電子を除く)	-5	-5	-4
事業サービス	-2	7	-11
不動産取引業	1	14	-10
保険業	3	4	1
食品製造業	7	6	8
税額が増加する産業			
銀行業	18	18	19
輸送業	19	23	16
公益事業	21	30	13
化学産業	26	56	6
電子および関連機械産業	32	44	22
石油業	97	119	71
影響が定かでない産業			
コミュニケーション産業	-40	-84	-2
自動車および関連設備産業	-8	-100	61

Kenneth L. Wertz, A Book Income Tax: First-Order Computations, *National Tax Association Proceedings 91 Annual Conference on Taxation*より作成。

帳簿利益税で税収中立となる税率は1993年度では30.0%であり，1994年度では26.3%であり，両年度をまとめれば28.4%である。この条件のもとでは現行税率に比べ7％程度の税率の低下をもたらすことができる。また代替ミニマムタックス税率も考慮すれば，その低下度合いはより大きくなるであろう。

また，産業別の負担変化は表2-2で示される。

これらは1993年度と1994年度に実際に支払った法人所得税からの変化を比率で示している。たとえば銀行業界の法人の総計は1993年度では法人税の支払額よりも帳簿利益税の方が18%多く支払うことになる。1994年度のそれは19%増であり，1993年度と1994年度を合わせると18%増である。もちろん帳簿利益税は必ずしもある産業の個別の会社に表2-2で示されるような影響を与えるわけではない。

これらのうち帳簿利益税への変更は13の産業に便益があるが，6の産業にはほとんど変化が見られず，6の産業は損失を被る。2つの産業の影響は分類できない。

これらのデータからWertzは，皮革産業が便益の境界線上に位置するとし，次のような分析結果を示している。ある産業の1993年度の帳簿利益税への変更による唯一の便益が税率の低下から生じるのであれば（両税の課税ベースが，税額控除やミニマムタックスに等しい額の修正をして，その産業で同一であるため），便益は約14%となり，1994年度でも同じ状況であるならば，税率の便益は約25%になっていたという。皮革産業の税額の減少はこのパターンに一致する。

また，表2-2で皮革産業より上の産業は，帳簿利益税による税率の低下と課税ベースの調整が少ないことの両方から便益を得るだろう産業である。機器製造業，証券および商品ディーラー業界，金属産業はとても明白に1993年度と1994年度の両方についてこのグループに入る。一方，皮革産業より下の産業は，帳簿利益税で課税ベースの調整が大きいことで問題が生じやすい産業である[25]。

ただし，情報産業，自動車産業・関連設備産業の1993年度から1994年度につ

いては明白な結果を導いていない。計算された影響は1993年度に比べて1994年度は極端に異なっている。内国歳入庁の一覧表によれば，両産業では実際の課税所得は帳簿純利益を超過しており，1993年度に帳簿利益税に変更されることで巨額の明白な便益を生じさせる変則的な事例だからであるという[26]。

　Wertzはこのように，帳簿利益税の導入によって現行法人税率35%を28%まで低下させることができるとする。またその帳簿利益税の導入により影響を受ける産業も限定的であるとして，法人税の課税標準を帳簿利益とする税制に置き換えることを提案する。

　しかしながらWertzの提案は帳簿利益の課税ベースの適切性については検討していない。つまり税収の面からのみ検討しているに過ぎないため，単一帳簿の反対者から税構造に照らして否定的な見解が述べられる。

4．帳簿利益課税への反対論

　従来から税務会計と財務会計を一致させるべきか否かに関する議論において，その一致を否定する論拠としてもっとも頻繁に引用される判決がある。それは1979年に最高裁判所で下された*Thor Power Tool*判決である。この訴訟では納税者が棚卸資産の一定の価値の下落を，財務会計における発生主義会計の概念にもとづけば適切であること，そして財務会計において用いられるGAAPについて議会は税を計算するうえで第一義的な計算方法であることを意図しているとして，価値の下落について控除を求めて争ったものである。その判決では「財務会計の主たる目的は，経営者，株主及びその他の正当な利害関係者に有用な情報を提供することである：会計士の主たる責任はこれらの関係者が誤解に導かれるのを防ぐことにある。所得税システムの主たる目的は，それとは対照的に歳入の衡平な徴収である：内国歳入庁の主たる責任は国庫の保護である[27]」と，両会計の目的の相違を強調して課税所得計算はGAAPに従わねばならないという前提を否定した。

　今日までに税務会計と財務会計すなわちGAAPの隔たりは広がっている。上記の*Thor Power Tool*判決はそれを説明する理由の一つであろう。また多くの

税規定がこれを理由に説明されてきた。

(1) 操作性の縮小への反論

 帳簿利益課税への反対論を展開するCalvin Johnson[28]は，この両会計の目的の相違と資本市場への影響を根拠にWertzの帳簿利益課税論を否定する。Johnsonの批判はGAAPにもとづく帳簿利益への課税は資本市場への影響が大きいとする次のような理解による。

 「GAAP利益は，それに課税すれば利益が縮小するほどに十分に弾力性があるように思われる。報告利益は経営者と市場とのコミュニケーションである。コミュニケーション手段の金額に28％または35％の税率が課せられるならば，経営者はコミュニケーションの手段となるより安価な手段を探すであろう。その結果，報告利益への課税は税収を減らすとともに資本市場の価格形成メカニズムを損傷させるだろう[29]。」

 以下，Johnsonの論理にしたがって帳簿利益への課税について検討していこう。
 Wertzは１組の帳簿を維持しその帳簿から税額を算定すれば，税率を低下させると同時に経営者の利益操作性を低下させると主張した。この点についてJohnsonは次のように述べ，操作性は低下しないとする。すなわち，

 「GAAPと税の両方のためにたった一組の帳簿を用いたならば，経営者の操作性を鈍らせることができたであろう。課税所得は現在『可変値』といわれている。これは経営者が逆の結果をもたらすことなく所得を下方修正できることを意味している。GAAPと課税所得が互いに一致していれば，企業経営者はその税額を，経営者がいかに企業をうまく経営したかについて非常に厳しい状況を反映する財務諸表を株主に提供するだけで過小評価することができたであろう[30]。」と。

Wertzの考えによれば，経営者は課税所得を低下させようとすれば，自身の評価につながる帳簿利益を低下させなければならないのでそのような行動はとらないことになる。しかしJohnsonは経営者が自身の評価を下げることなく帳簿利益を減少させ，その結果法人税額を減少させることができると考えている。これはとくに株式を広く公開している企業の場合には，企業が税と帳簿利益を両方とも過小評価することが有用な状況はあまりにも多いとして，具体的には，前述の*Thor Power Tool*判決の事例がその例であるとする。この訴訟では，1964年に当該会社がStewart-Warnerに買収された。新経営者は当該会社の帳簿を締切り，旧経営者に関する報告書を作成した。このとき新経営者は棚卸資産の評価にあたって保守的な処理をおこない，この処理をめぐって訴訟となったのであった。このような状況では新経営者は報告書の対象年度に転嫁されるコストが大きいほど，旧経営者に比べて自身の評価が高くみえるようになり，新年度に生じさせるコストを少なくさせることになろう。また，このような経営者の交代期に係わりなく，株式を広く公開している企業は，経営成績が悪いとすでに予想されるならば，いわゆる「ビッグバス」をしばしばおこなう。損失を経営成績の悪い年度に前倒しすることで企業が被る影響は，損失がその後の年度に繰延べられ実際に発生し報告されたときに比べればそれほど甚大なものではない。市場は単年度の業績不振についてはしばらくすると無視する傾向にあるが，数年にわたって毎年損失が報告される場合には当該企業について低い評価を下す傾向にある[31]。

　このように企業経営者は法人税額の減少の対価として帳簿利益の減少を受け入れることができるのである。またこのような帳簿利益の操作による法人税額の縮減は収益の操作によっても可能である。

　企業は収益を後年に繰り延べることで，利益の持続的な改善スケジュールを市場に示すことができる。これにより株価を高めることが可能である。株価収益率は，利益が現在の割合で継続すると期待されるからではなく，利益が継続的に改善されるという期待のゆえに生じ，結果として株価を上昇させる。おおくの企業は良好な推測あるいはトレンドを設定するためにGAAP利益を繰り延

べる[32]。

　JohnsonによればWertzが主張する経営者の操作性の排除は受け入れられないものとなる。しかしJohnsonは，このような操作性への疑念よりもより大きな問題として帳簿利益への課税が資本市場へ及ぼす悪影響を懸念する。

(2) 帳簿利益への課税と株式市場

　上述のようにGAAPにもとづく帳簿利益への課税は，必ずしも経営者の操作性を排除することはできない。このため帳簿利益への課税は，経営者に投資家へ報告する利益を減少させるモチベーションを与えることになろう。これは株式市場に大きな影響を及ぼすと考えられる。なぜなら「GAAPによる利益は財務報告作成者から利用者である投資家へのメッセージ[33]」だからである。報告利益の低下は，株式市場への資金流入を減少させるが，それ以上に重要なのは業績評価の指標としてのGAAP利益の地位の低下である。投資家は業績評価の別の指標をもとめることになろう。しかし「GAAP報告利益によって伝えられるメッセージに優るものはな[34]」く，これに代わるものとして「ギャップを埋めるための情報の仲介者やブローカーといった新産業が起きると予想される。法人は大量の情報をブローカーに提供し，ブローカーは株式の公正価格を確認するために適合的な測定値をともなうインデックスを提供する[35]」ことになろう。あるいは「効率的市場仮説によれば，投資家はあらゆる公表された源泉から情報を得るのであって報告利益数値だけからではない。法人が大衆に対して公表するためにどのようなフォーマットを利用するかは問題ではない。なぜなら洗練された市場では情報を即座に消化し，価格決定に組み込むからである。洗練された市場の仮説によれば，たとえば脚注も利益と同様に機能する[36]」と考えられるため，経営者は報告利益を著しく減少させ，脚注において実質的に利益が生じている情報を提供する手段を検討するかもしれない。この場合，脚注における時価情報の提供などはそのような役割を有しているといえよう。

　このような企業から投資家へのコミュニケーションの手段を，GAAP利益か

ら脚注やブローカーを経由した情報の提供に置き換えた場合には,「疑いなく市場とのコミュニケーションの効率性をある程度失うことを意味する[37]」であろう。

Johnsonはこの場合次のようなドイツの会計と同じような状況がアメリカに出現するだろうという。

「ドイツ会計は持分投資家にとってほとんど役に立たない。なぜならドイツ会計は多くの秘密積立金が認められているからである。秘密積立金は経営状況の悪いときに収益として取り崩される。秘密積立金やその取り崩しは,会社が持分投資家に平準化された状況を示していることを意味する。その平準化された状況は会社内部の現実の状況について投資家に多くを伝えるものではない。ドイツの財務会計の貧弱さは,ドイツの株式市場がわずかにしか発達していない理由を説明するもっともらしい要因である。……ドイツにおける帳簿利益の保守主義のもっともらしい別の説明は,ドイツでは帳簿利益に課税することである[38]。」

Johnsonはこのように帳簿利益課税は,企業が提供する報告利益の価値が低下し,報告利益をコミュニケーションの有用な道具の一つとして成立している株式市場の効率性を低下させるとして批判する。また前述のごとく報告利益の減少は歳入の減少につながるため,結果的に法人税率を上昇させることになると批判[39]するのである。

おわりに

アメリカでは税務会計と財務会計の一致の是非については過去何度も議論がおこなわれている。過去の議論は,大きな制度変更や重要な判決を契機として展開されているといってもよいであろう。たとえば1918年法における標準的な会計方法の承認,1926年の*Anderson*判決,1954年法の前受収益・見積費用の取扱とその遡及的廃止,1979年の*Thor Power Tool*判決などはその代表的な事

例である。

　本章で取り上げた帳簿利益課税に関する議論は，そのような大きな制度変更や重要な判決を契機として展開されたものとはいえない。また，Wertzの帳簿利益課税の提案は，過去の税務会計と財務会計の一致論とは異なった性質のものといえよう。過去に展開された一致論は，GAAPにもとづく会計処理が税務会計上認められるべきであること，GAAPの会計処理がIRCで規定される所得の明瞭な反映要件を満たしていることが主張され，その力点はGAAPによる会計方法を税務会計においても認めさせることにあったといえる。これに対してWertzの提案は帳簿利益が所得の明瞭な反映であるかについて検証を行うことなく，帳簿利益を課税ベースとして認めていることに特徴がある。

　他方，帳簿利益課税の提案を批判するJohnsonもまた，帳簿利益が法人税の課税ベースとして適切である（所得を明瞭に反映している）か否かについては時間価値の問題を指摘するにとどまり，その批判の中心は帳簿利益課税が株式市場にもたらす影響にあった。この点ではJohnsonの主張は，税務会計と財務会計の不一致を主張する際の両会計の目的の相違を根拠とした主張の延長線上にあるといえる。

　このような帳簿利益そのものを課税ベースとする議論の背景には，近年におけるデリバティブ課税の進展による期末時価への課税等のいわゆる時間価値の問題への対応が多少なりとも進展していることがあげられよう。なぜなら時価課税の進展は所得の明瞭な反映を目的として展開されているからである。このデリバティブへの課税においては，その会計処理について税務会計と財務会計の近似がみられるからである。他方で，これは財務会計の議論が税務会計実務を論理化できうる状況にあることを意味している。それは財務会計の実務ならびにそれを支える論理が精緻化され，税務会計を支えることができる状況が作り出されつつあることを意味している。会計実務を支える論理が財務会計において構築されているときに，両会計の距離は縮小することになる。それと同時に，財務会計の制度改変が，税務会計の実務状況と強く結びつく必要性を生じさせているといえる。

(注)
(1) Leslie Mills, Tax Accounting and Business Accounting-Present Status and Remaining Differences, *National Tax Journal*, Vol. 8, 1955, p. 70.
(2) *A Bill to Revise the Internal Revenue Laws of the United States, H. R. Rep. No. 1337 to accompany H. R. 8300*, 83d Congress, 2d Sess. 49.
(3) *A Bill to Repeal Sections 452 and 462 of the Internal Revenue Code of 1954, H. R. Rep. No. 293 to accompany H.R. 4725*, 84th Congress, 1st Sess. 3-4.
(4) Gerald D. Brighton, Accrued Expense Tax Reform-Not Ready in 1954-Ready in 1969?, *The Accounting Review*, Vol. 44 No. 1, 1969, p. 142.
(5) *Ibid.*, p. 142.
(6) *Ibid.*, p. 142.
(7) Paul J. Streer, Conforming Financial and Tax Accounting: Will the Conceptual Framework Help?, *Journal of Accounting, Auditing & Finance*, Vol. 2, 1979, p. 336.
(8) IRC. Sec. 451 (a).
(9) Paul J. Streer, *op. cit.*, p. 336.
(10) Gerald D. Brighton, *op. cit.*, p. 143.
(11) Kenneth L. Wertz, A Book Income Tax: First-Order Computations, *National Tax Association Proceedings 91 Annual Conference on Taxation*, 1998, p. 314.
(12) これには時間価値の問題の解決，あるいは売上原価，減価償却や外国所得などから生じる課税上の問題の解決などがあげられる。
(13) エリック・ゾルト著・中里実訳「アメリカにおける法人税改革の展望」『税研』Vol. 15 No. 6, 2000年，p. 11.
(14) Kenneth L. Wertz, *op. cit.*, p. 314.
(15) Stewart S. Karlinsky, *Alternative Minimum Tax*, Research Institute of America, 1994, p. 201.
(16) Kenneth L. Wertz, *op. cit.*, p. 314.
(17) *Ibid.*, p. 314.
(18) *Ibid.*, p. 314.
(19) John McClelland & Lillian Mills, Weighing Benefits and Risks of Taxing Book Income, *Tax Notes*, Vol. 114 No. 7, 2007, p. 784.
(20) *Ibid.*, p. 782.
(21) *Ibid.*, p. 314.
(22) *Ibid.*, p. 314
(23) *Ibid.*, p. 315.

(24) *Ibid.,* p. 315.
(25) *Ibid.,* pp. 317-318.
(26) *Ibid.,* pp. 317-318.
(27) *Thor Power Tool Co. v. Commissioner,* 439 U.S. 522, 540-544.
(28) Calvin Johsonは*Thor Power Tool Co.* 訴訟で税務会計は非常に重要なので会計士にゆだねることはできないとするブリーフを提出している。また，Johnsonは帳簿利益税を否定するだけでなく，現行法人税に代えてデルタ・ストック・プライス税を主張する。
(29) Calvin Johnson, GAAP Tax, *Tax Notes,* Vol. 83 No. 3, 1999, p. 425.
(30) *Ibid.,* p. 426.
(31) *Ibid.,* p. 427.
(32) *Ibid.,* p. 427.

　経営者の操作性の議論は，株式が広く公開されている企業を前提にしたものである。株式が広く公開されていない企業の場合には，経営者は株式をマーケットに公開しようとしないので，財務諸表で報告されるGAAP利益にはほとんど関心がない。帳簿利益は公表を前提としたものとはならない。このため経営者がその企業の所有者と債権者に提供する情報の中での帳簿利益の位置付けは相対的に低下する。したがって経営者と所有者と債権者のサークルの中で私的にコミュニケーションが図れる状況では，帳簿利益の操作は著しく容易である。むしろ帳簿利益をゼロに近づけ，節税を図ることによるメリットは3者に共通するといえよう。したがって株式が広く公開されていない企業の場合には，帳簿利益への課税は徴税コストの低下も法人税率の低下ももたらさない。逆に帳簿利益の課税は税収の減少をもたらし，その結果法人税率の上昇を招くことになろう。

(33) *Ibid.,* p. 427.
(34) *Ibid.,* p. 427.
(35) *Ibid.,* p. 428.
(36) *Ibid.,* p. 428.
(37) *Ibid.,* p. 428.
(38) *Ibid.,* pp. 427-428.
(39) Johnsonは帳簿利益税の提案を批判しているが，現行の法人税システムを支持しているわけでもない。法人税の計算体系は，税務会計と財務会計の一致が必要か否かに係わりなく，会計計算に依拠している限り時間価値の問題を解決できないとして，デルタ・ストック・プライス税はその解決策であるとする。

第3章 対応原則と所得税の価値

は じ め に

アメリカにおいて課税所得の算定プロセスに財務会計ルールがどの程度影響力を有するのか,あるいは有するべきかについては多くの見解がある。一般的に,会計をバックボーンとするものはそれが財務会計ルールに忠実であるべきだと考え[1],他方,法をバックボーンとするものは財務会計が税の土台を弱めていると考えている[2]。とくに後者の立場からは,その最大の原因は「財務会計に浸食されていない人たち,たとえば判事たちがよく考えもせずに財務会計原則は税務会計を管理すべきとしばしば仮定する[3]」ことにあるという。そしてその批判の最大の対象は,費用収益対応原則(以下,対応原則)である。この対応原則が内国歳入法典Sec.446 (b) に規定される「所得の明瞭な反映」の判断基準とされたとき,かれらが問題視する状況が生じる。それは貨幣の時間価値原則が無視され,実質的に免税所得を生じさせるからである。本章では,これら後者の立場からの対応原則に対する批判としてDeborah A. Geierの所論をとりあげ,税理論家による税務会計と財務会計の関係性に関する議論を整理する。以下,Geierの所論に即して対応原則への批判論を検討することにしよう。

1. 所得税の価値

(1) 税務上の価値

　Geierは所論の目的として「対応原則には税務上の価値がない，……対応原則は財務会計プロフェッションでは高度に価値あるものであり，またその理由は非常に理解できるが，税を徴収すること，そして『所得』にもとづいてそれを追求するシステムでは価値があるとみなされるべきものではまったくない。……対応原則は税務上の価値があるという考えを弱めるだけでなく，危機に瀕し，そして本来は分析を主導すべき税務上の価値を肯定的に接合すべきこと[4]」にあるとする。ここにあるように，彼女が批判の対象としているのは対応原則が税務会計領域に浸食してきたときであり，財務会計における対応原則の重要性ならびにその機能を否定するものではない。

　対応原則に代わるものとしてGeierが主張するのが税務上の価値であり，対応原則にはそのような価値はないとする。ただし，所得税が導入された初期の頃には一定の価値があったが，それは「所得」の定義がはっきりしていなかったからであるとされる。当時の判事たちはそのガイダンスを財務会計に求めたので，対応原則が税務会計領域において価値あるものとの理解が広まったにすぎず，現在では，とくに1980年代以降貨幣の時間価値原則について少なくともアカデミックな世界では理解が広まり，対応原則に対する誤った信奉がぬぐい去られる状況になったとする。このため，内国歳入法典，判例あるいはガイドラインにおいて対応原則の観点から説明されていると理解されているルールもまた，たまたま記述的に対応原則と一致しているにすぎず，税務上の価値から説明できるとされる[5]。

　税務上の価値を構成するものとしてGeierは「濫用防止の価値 (anti-tax-arbitrage value)」と「所得税の価値 (income tax value)」をあげている。これらについて彼女は明確に定義することなく次のように説明する。

　　「これらの価値はすっきりと区別されるものではなく，最大限ブレンドさ

れてしまうが，濫用防止の価値は財務省から税収を上げる機会を減退させ，所得税の価値は納税者に……『所得』税で課税されることが明瞭に意図された（現行法では―永田）免税の所得を受領することを認める[6]。」

Geierは持論を展開するにあたってこれらの価値にくわえて執行上の価値（administrative value）を税務上の価値に含めることになる。おそらく彼女にとっては相対的にこの価値は重要性が低いものと理解されていると考えられる。後述するように「執行可能性は重要な税務上の価値であるが，もっとおおきな税務の価値が特定のコンテクストではそれを上回るだろう[7]」と評価している。このことからも明らかなように，Geierは明確に税務上の価値を定義することもなく，またそれらを構成する価値の優先順位を深く検討しているわけでもなく，税務上の価値を所得税の価値と置き換えて議論を展開する。

(2) 所得税の価値

上述のごとく，Geierは所得税の価値を明確に定義しているわけではない。このためまずは彼女が所得税の価値と考えていることを論旨から整理することにしよう。

Geierは対応原則が所得の明瞭な反映基準の解釈ガイダンスのように用いられることによって所得税が消費税（consumption tax）またはキャッシュフロー消費税（cash-flow consumption tax）に置き換えられてしまっていると考える。課税所得の算定プロセスにおいて対応原則に忠実にしたがうほど，対応原則は貨幣の時間価値原則と衝突する。このとき対応原則を忠実に適用したならば，納税者は免税所得と同等のものを受領することになり，対応原則は所得税を消費税に転換することになると考えている。このことを明らかにするためにGeierが用いている例[8]にしたがって検討しよう。

設　例

投資家は0年度末に100,000ドルのボーナスを受け取り，それを投資する。

表 3-1

	資本的支出は非控除で「所得」リターンは課税(a)	資本的支出は控除で総リターン課税(b)	資本的支出は非控除で総リターン除外(c)
総投資	$100,000	$100,000	$100,000
税額 (30%)	30,000	0	30,000
純投資	70,000	100,000	70,000
総リターン	77,000	110,000	77,000
$7,000「所得」の税	2,100	0	0
総リターンの税	0	33,000	0
純リターン	74,900	77,000	77,000
現在価値	67,364	70,000	70,000

利子率（割引率）は半年複利で10%，税率は30%のフラット税率とし，投資額100,000ドルは1年間保有され，そのときに総純所得（税引後の所得と元本）が消費される，とする。

表3-1の(a)はこの投資に関する現行の所得税の取扱が示されている。つまり投資額は控除されないので30%の税が控除された後の税引後投資額は70,000ドルである。元本の回収部分は非課税となるので1年後の総リターンのうち利子7,000ドルが課税対象となり，税額2,100ドルを差し引いた74,900ドルが純リターンとなる。その現在価値は67,364ドルである。表3-1の(b)はキャッシュフロー消費税における取扱が示されている。消費税あるいはキャッシュフロー消費税のもとでは，投資資産の購入は控除対象とされ，投資の総リターンを回収した時点で全額が課税されることになる。このため投資初年度の0年度には，総投資額の全額が控除対象となるので，100,000ドル全額が投資に向けられる。したがって1年後の総リターンは110,000ドルとなり，ここではじめて課税がなされる。税額は110,000ドル×30％＝33,000ドルになり，それを差し引いた純リターンは77,000ドルとなる。この現在価値は70,000ドルである。表3-1の(c)は，(b)と同じ結果が異なる条件のもとでも生じることが示されている。(c)では(a)と同じく投資額は控除されない。このため純投資額は70,000ドルになるが，総リターンに課税されないため，1年後には税額が生じない。この結果，(c)の純リターンは(b)と同じく77,000ドルになり，現在価値も同じく70,000ドルになる。

この例が示していることは，投資額の控除を認めること（b）は，リターンを非課税にすること（c）に等しいことである。(b) において投資リターンは名目的には1年度の課税所得に算入され税が支払われるが，実質的には（c）にみられるような投資収益からの利子が非課税とされた場合と変わりない。このため投資の即時控除は「消費税処理を複製し，ゆえにわたしが所得税レジームにおける『所得税の価値』と呼ぶものを，投資リターンの『所得』部分に課税できずに消費税処理を複製することで破壊する。控除の加速化は利回り除外と同じ効果（same yield-exemption effect）を生じさせる[9]」結果となる。Geierによれば「資本的支出形態による支出—たとえば投資資産の購入—は，納税者の富を減少させない。つまり富の保有形態が変わったにすぎない。ゆえに所得税は資本的支出の控除つまりは貯蓄のための控除を否認する[10]」ため，富の減少が生じていない状況で，控除を認めることは課税されるべき所得に，消費税処理をもたらすことが強調される。Geierにとって所得税の価値とは，納税者の富の増加を所得と認識し，これが生じたときに適切な課税がなされることと理解されることになる。この理解のもとでは，受領した前受所得をその役務の提供まで繰り延べ，その関連費用と対応させることは，富の増加への課税を繰り延べかつその利回りを非課税にする現象をもたらし所得税の価値を破壊することにつながるのである。対応原則は所得税を消費税またはキャッシュフロー消費税に置き換えてしまう有力な要因の一つであり，税に適合的ではない[11]と評価される。

2．対応原則と所得税の価値

Geierの対応原則の評価は次の文言に表れている。

「対応原則が財務会計で神聖なものであるという理由だけで，なぜ税務会計で敬意を払わねばならないのか。喜ばしい事例の1979年の*Thor Power Tool*判決では，最高裁判所は税務の価値と会計の価値はしばしば異なるとはっきり認識した[12]。」

対応原則の財務会計における重要性は認めつつも，それが税務会計において支配的な地位を占めることにはならないと彼女は考える。この彼女の苛立ちは，裁判所，議会そして内国歳入庁までもが税務会計における対応原則の役割を尊重しているかのような状況を背景としている。

(1) 執行上の価値

　Thor Power Tool 判決は，財務会計と税務会計の目的の相違を認識し，一般に認められた会計原則にしたがった会計処理が税務会計においてもつねに認められることにはつながらない，あるいはそのことが税務会計処理の根拠になるとは限らない[13]ことを明らかにしたものとしてしばしば引用される。Geier もまたこの判決を引用しているが，その判決の重要な意義をそれが「執行上の価値」にもとづいたものである点に求めている。

　この訴訟では，納税者の棚卸資産への低価法適用による損失の控除を認めるか否かが争われた。この処理は一般に認められた会計原則にもとづいており，納税者はそれを根拠に控除を主張した。これに対して最高裁判所は一般に認められた会計原則にしたがっていることは「所得を明瞭に反映する」ことと同義ではないことを明確にした[14]。

　Geier はこの判決の根拠は，会計の目的の相違，あるいは税務上の実現原則にもとづいた未実現損失の控除の否認にあるのではなく，実現原則は内国歳入法典と財務省規則がその価値を否定するならば適用されないレベルの一般原則にすぎないものであり，また規則が低価法の利用を認めている以上は異なる根拠に基づいていると，それは納税者の証拠こそ真の問題を把握する手がかりであるとする[15]。財務省規則1.61-3 (a) は，低価法の適用を認めており，適用時の取得原価と比較されるべき市場価格は，納税者が通常購入する規模の特定の商品に関する決算日における支配的なカレントな付け値としており，それが得られない場合には利用可能な最善の証拠を利用するように定めている。納税者はこの事例において，当該棚卸資産について市場の存在を認めていたが，それによることなく過去の経験に照らして，つまり利用可能な最善の証拠により

市場価格を決定していた。この証拠に対する最高裁判所の評価が重要であるとする。そしてそれを示す重要な一節として判決の次の一節を引用する。

「規則は実際の販売の堅実な (firm) 証拠を要求しさらに実際の譲渡の記録が維持されていることを要求している。しかしながら租税裁判所はThor社が販売もしておらず記録もないことを発見した。Thor社の経営者は期末の棚卸資産を，それらのうちのいくらかは決して販売されないだろうというよく教育された推測にもとづいて償却したにすぎない。この償却を統括するフォーミュラは経営者の蓄積された「事業経験」から得られた。すなわちそれらは5の乗数であり，そしてある種の神秘的解釈の対称性を具体化したもの以外のなにものでない理由で選択されたであろうフォーミュラに含まれているパーセンテージであった。規則はこの種の証拠を認めない。納税者が棚卸資産を経営者の主観的な財の最終的な市場性についての見積に基づいて償却するならば，租税裁判所が述べているように，納税者は『所与の年度に税をどれだけ支払いたいかを決定する』ことができるだろう[16]。」

この一節が意味するものは，納税者の過去の経験にもとづく見積りの否定であり，その否定の根拠が，納税者の操作性を防御することに求められていることである。Geierはこれを執行上の価値と称する。最高裁判所の判決は，この執行上の価値の観点から下されたものであり，一般に認められた会計原則の税務会計への完全な適用は，「同一の状況にある納税者は同一の税額を支払うことをできる限り可能にすることを意図されている税制度では問題である。『認められる』選択肢からの経営者の選択が税目的では現実的でないならば，企業はさらに最終的には払いたい税額を—会計士のみが指示する範囲内で—決定することができよう。かかる片務的な意志決定は内国歳入法典を不公平なものにするだけでなく，執行不能なものとするだろう[17]」という点に強く同意し，執行上の価値が一般に認められた会計原則の上位に位置するとする。しかしこの判決は「税務会計と財務会計の異なる目的が，一般に認められた会計原則自

体の適応性とともに，税務会計の北極星としては一般に認められた会計原則は不適切であるとわれわれに語っている。しかし他の種類の正確さで―フェアで執行可能な方法で税を徴収すること以外に―税務会計の目的を考察していない[18]」ということが問題とされる。つまり彼女が主張する所得税の価値にもとづいた検討がなされていないと批判するのである。

(2) 全事象テストと対応原則

　課税所得が期間所得を課税標準とする以上，税務会計と財務会計の完全な切り離しはあり得ないと考えて良いだろう。そのとき税務会計の立場からどこまで財務会計のルールを容認すべきか，あるいは容認せざるをえないかという問題が生じてこよう。Geierはこの問題への答えを執行上の価値に求めている。1916年歳入法（*Revenue Act of 1916*）Sec.13（d）において「自己の勘定を実際の受払基準以外の基準により維持している法人は……その方法が所得を明瞭に反映しないのでなければ，……自己の勘定を維持するのに用いる方法で申告書を作成できる」と定められたことにより，税務会計は財務会計で開発された発生主義会計を受け入れると同時に，そのことは財務会計の処理が税務会計においても所得の明瞭な反映という条件のもとで受け入れられることを意味した。しかし所得の明瞭な反映という条件が付されているように，財務会計における発生主義会計がそのまま所得を明瞭に反映する方法であると認識されたわけでもない。それは発生主義会計が導入された理由は別にあったからである。第1に，前述したように「所得」の定義がはっきりしていなかったために，それに代わるガイダンスが必要であったことがあげられる。これにくわえて簡便性の問題があげられる。すなわち納税者が2つの会計方法の採用を望まなかったことにある。

　Geierはこの後者の理由を重要なものと評価する。これは執行上の価値と合致するからである。彼女によれば全事象テストを定めた *United States v. Anderson* 判決[19]における最高裁判所の意図もまた執行上の価値の観点からおこなわれたと結論づける。

この訴訟の争点は，自己の帳簿を発生主義で維持する納税者が1916年度の軍需品税の控除を，納税者が自己の帳簿で引当金計上した1916年とするか，あるいは実際に支払われた1917年とするかであった。これは実質的には1916年歳入法Sec.13（d）の内容を争ったものであった。最高裁判所はこの税を1916年に発生させなければならないと判決を下し，Sec.13（d）は「納税者に科学的な会計原則にしたがって自己の帳簿を維持しその申告書を作成することを可能にした。それは課税年度中の所得に対して，同期間に負った費用と，同期間の所得を稼得するプロセスに適切に帰属する費用をチャージすることにより達成される[20]」ことを目的としたことを明確にした。そして納税者が支払わねばならない債務を確定させるすべての事象が発生し，かつその金額が合理的な正確さで測定できる，とする全事象テストが明らかにされた。

ところでGeierは発生主義会計を次のように位置づけている。すなわち「会計士にとって発生主義会計は対応原則そのものである。会計士にとって対応原則から外れるいかなる会計方法についても『発生』主義のラベルを貼ることは意味をなさない[21]」と。したがって発生主義会計の導入は，対応原則の導入そのものを意味することになる。このため，税務会計における発生主義の位置づけを明確にし，その適用基準のひとつとして全事象テストを定めたこの判決についても，「最高裁判所は，財務会計が発生主義のアイデアに取り込もうとしていたもの―すなわち対応原則―のエッセンスを明確に表現しようとしたにすぎない」とする。そして*Anderson*判決の分析の結果として「最高裁判所は議会が『科学的な会計原則』を所得税会計に導入することを意図したと考えたこと，かかる原則が対応原則に具現化されると考えたこと，……執行の容易性以外のなんらかの税務の価値を，この財務会計の税務会計への汚染（migration）に帰していなかったこと[22]」が明白であるとする。

これらのことから，財務会計の発生主義会計が税務会計に導入されたのは簡便性が根拠となっていること，発生主義会計は対応原則そのものであること，その具体的な基準として最高裁判所が明らかにした全事象テストもまた執行の簡便性の観点から生じたものであることが主張される。その結果，対応原則が

備える価値は執行上の価値のみであり，所得税の価値を上回ることがあってはならないことになる。

3．全事象テストの変質と税務上の価値

全事象テストは財務会計のエッセンスを明確に定義しようとしたものにもかかわらず，その後偶発的債務への適用にあたっては財務会計との一致を否定し，「税務の発生主義が財務会計で無視されている税務上の価値に一致する方法で展開できる手段[23]」へと変質する。Geierはその例として *Brown v. Helvering* 判決[24]をとりあげている。

この訴訟の事実関係は次のようなものであった。納税者は保険会社のゼネラル・エージェントであり，自身が統括しているローカル・エージェントから得た純保険料を基準に会社から「総取扱手数料」を受け取る仕組みになっていた。保険証券保有者は保険期間の保険料を1年，3年または5年の期間のいずれかで前払いしていた。保険証券保有者は保険を解約した場合には，保険料の返還を受ける権利があり，その返還金はゼネラル・エージェントが支払うことになっていた。納税者は前受した保険料に対して過去の経験に基づいた返還引当金を自己の帳簿に計上し，申告にあたってもその引当金繰入額の控除を求めた。これに対してIRS長官は，その控除を認めず保険料はその受領した年度に全額所得として課税されるべきだと主張した[25]。

最高裁判所は「将来の年度に起きると予想される解約による返還金額について負債は課税年度中に生じていない。なぜなら負債を生じさせるのに必要な事象は課税年度中に生じていないからである。法規で特に定められている場合をのぞいて，負債は偶発的である限り発生しない[26]」と判決を下した。引当金は全事象テストにしたがって否認された。負債が偶発的であるため，債務の事実を確定させるすべての事象が発生していないとみなされ，財務会計において保守主義の観点から計上される多くの引当金については控除が認められないこと，そしてその根拠が全事象テストにあることを明らかにした。

全事象テストは当初は「財務発生主義会計の対応原則を取り込む試みとして

組み立てられたにすぎないが, 偶然にも最高裁判所が税の世界で財務会計から離脱する手段となった[27]」のである。最高裁判所はこの判決に前後して偶発債務にかかわる引当金の控除を否認しつづけ, いずれもその根拠として全事象テストが満たされていないことをあげている。

保険料の返還に備える引当金の控除否認は前受保険料の受領時の所得算入に等しいので, 納税者の富の増加が生じた時点での課税がおこなわれ所得税の価値が守られることになる。しかしこれはGeierによれば偶然の一致にすぎないとされる。それは「最高裁判所は負債の偶発性が, 財務会計目的では発生を妨げないにもかかわらず税目的では発生を妨げる理由をどこにも明示的には考察しなかった[28]」からである。最高裁判所は, 返還金額が確定していないがゆえに全事象テストを満たさないとして債務の控除を否認したにすぎず, 金額が確定している債務についてはその控除を認めているからである。また, 偶発債務の控除否認を求める内国歳入庁長官もまた同様にその理由を明確に説明したわけではなく,「財務会計実務にしたがって偶発負債の控除を認めることによって土台が崩壊してしまう税務上の価値を明確にしたのではけっしてなかった[29]」という。所得税の価値に照らせば, 確定債務であろうと偶発債務であろうとも, いずれも現金支出が将来の時点で生じることに着目すれば, 控除の早期化をもたらしている点では同じであり, それらが区別される必要はない。これらの債務は実際に支出がおこなわれた時点で控除されることが正しいからである。したがって負債の偶発性は実際には問題でないため, 偶発性を基準に債務を区別している状況では所得税の価値が理解されているとはいえないであろう。ゆえにGeierはこれらの判決は最高裁判所が「負債の偶発性は将来支払の引当金発生を否認する内国歳入庁長官の権限への同意が妥当と判断する決定要因である。偶発負債の控除を認めることは財務会計の保守主義と一致するが, 税の減少は支払が確実な金額からのみ生じるべきである[30]」と論理化したものと推測する。ゆえに全事象テストは一定の条件のもとで所得税の価値を保護する役割を果たしているが, そのことが逆に所得税の価値の理解を妨げる結果となった。

4．所得税の価値と資本化

　所得税の価値をキーワードにGeierが批判の対象にしているのは，対応原則に内在する操作性である。対応原則が納税者に損金控除の早期化あるいは認識時期の操作性を提供し，その結果税裁量の機会が納税者に生じることになる。ここでは彼女も引用しているJoseph M. Dodgeの設定した例をもとに考えてみよう。

　「発生主義の花屋が配達用トラックで2才の歩行者に怪我を負わせたとしよう。彼の債務を決済するために，花屋は今から15年（16年）後に100,000ドルを被害者に支払うことに同意する。18才は子供が大学に入るはずの年齢である。負債は花屋の事業に関連して生じたので，和解支払金はSec.162により明らかに損金控除できる項目である。しかしそれはいつか。

　和解協定は花屋の負債の事実と金額の両方を確定するので，全事象テストは支払の生じる16年目ではなく協定が成立した1年目に100,000ドルの損金控除を花屋に認めるだろう。さらに，花屋は1年目に負債の全額100,000ドルの発生を認められるだろう。その金額の16年目の支払をするための現在コストではない。

　この結果の重要性を理解するために，花屋が36％の税率等級にあり，現在価値を求めるための正しい税引後複利が8％であるとしよう。1年目に100,000ドルが犠牲者に支払われたならば，花屋は現時点で36,000ドルの節税価値があり，これを100,000ドルの和解支払と相殺することができる。したがって過失による花屋の純コストは64,000ドルであろう。しかし実際には支払が15年間繰り延べられる。2つの方法で示すことのできる棚ぼたの利益を花屋にもたらす。

　第一に，花屋の1年目の節税額を16年目の支払の現在価値と比較できる。われわれの利子の仮定により，この現在原価は31,524ドルにすぎない。すなわち花屋が1年目に税引後複利8％で同額を投資すれば，翌15年間で

100,000ドルになり，犠牲者への16年目の支払の資金を完全に確保する。しかしながら花屋の1年目の損金控除は，31,524ドルという現在価値に制限されない。花屋は100,000ドルを1年目に全額損金控除し，36,000ドルを節税する。ゆえに過失による純コスト64,000ドルを負うかわりに，全事象テストが4,476ドルの純利益（1年目の節税額36,000ドル−16年目の支払の現在価値31,524ドル）をもたらすだろう。

　花屋の棚ぼたは，1年目の節税額の将来価値を和解支払の将来価値と比較することで示すこともできる。ゆえに花屋が1年目の節税額36,000ドルを税引後複利8％で翌15年間投資したとすれば，投資は114,198ドルとなり，花屋は犠牲者に100,000ドルを支払っても14,198ドルの利益を得る。この利益金額は8％の税引後複利で15年間4,476ドルの花屋の現在価値利益を投資することで得られる総額にすぎない。ゆえに花屋の棚ぼたを説明する2つの方法は経済的には等しい。

　より重要なことは，花屋の幸運を理解する方法にかかわりなく，不法行為の負債を負うことによる64,000ドルの純コストを純利益（現在の節税額が現在原価と比較されるならば4,476ドルの利益，節税額の現在価値が和解の将来原価と比較されるならば14,198ドルの利益）に明らかに転換した。さらに，利益はエントレプレナーの挑戦する行動または創造的な事業の革新から生じるものではない。税システムが控除と支払の未対応を生じさせていることだけから生じている[31]。」

　この例が示す重要な点は，16年目に支払う100,000ドルを1年目に損金控除することで何が起きるかである。この金額が損金控除できるか否かは問題ではない。債務を確定させるすべての事象が発生し，かつその金額も確定しているため，最高裁判所の区別にしたがったとしてもこれは1年目に損金控除できる。すでに示したように，100,000ドルの投資利回りを事実上非課税にする，つまり1年目の節税額36,000ドルの15年間の投資を非課税にすることが重要なのである。所得の生じている納税者に所得税が課せられないという現象が生

じ，所得税の価値が破壊されることになる。この現象を知覚する障壁が対応原則であるとする。「100,000ドルの投資利回りが課税ベースに名目的に算入されることが財務会計基準によってコントロールされるならば，そのことは「所得」の課税ベースにダメージを与えないという誤った知覚を政策決定者にだまして与えることができる[32]」と強調する。このことから，1年目に控除が認められる唯一の根拠は，対応原則ではなく，納税者に1組の帳簿を維持することを認める執行上の価値に基づくものであるとする。すなわち「納税者がなんらかの事象で（減価償却スケジュールが異なっている場合など）2組の帳簿を維持しなければならないときにのみ執行上の価値には税務上の価値があり，この価値は重要性のある他の税の価値と衝突するときには退却すべきである。所得税の価値は強力なものであり，繰り延べが（金額または期間的に）僅かなので執行可能性が勝るのでなければ，将来支払の当期発生を認めることには反対を勧告すべきである[33]」と。このような執行上の価値が上回る例としてGeierは前受所得の繰延を認めるレベニュー・プロセジュアー71-21[34]をあげる。これは発生主義納税者に一定の条件を満たした契約については受領した金額の総所得への算入を繰り延べることを認めている。その条件とは役務の提供が必ずしもスケジュール化されていないとしても，つまり顧客の要望に応じて提供されるとしても受領の翌課税年度末までにすべての役務が提供されることであった。このルールは役務の前払いの場合にのみ適用され，賃借や利子の前払には適用されなかった。このルーリングを彼女は次のように評価する，すなわち「内国歳入庁長官がこのルーリングを発行しなければならないと考えた理由の1つは，訴訟を減らすことであった。……財務報告が支配することは，繰延の程度が重要でない（de minimis）かぎり合理的でないとはいえないだろう[35]」と。対応原則にもとづく所得の繰延が認められるのは，執行上の価値の観点から論理化されるときに限定され，それはあくまでも例外でなければならない。1年ルールは例外の線引きとして合理的であると考えられる。このため議会の役割も「どの程度の繰延があまりにも大きすぎるのかについて，ラインを法規の中に示すべきであり，そのラインを超えた繰延は認められないことを明確に

すべき[36]」ことにあると主張する。執行上の価値が所得税の価値と濫用防止の価値を上回る状況が明示されることが重要とされる。

　ここでGeierの思考をあらためて整理してみよう。所得への課税にあたってのGeierのプライオリティーは所得税の価値にある。富の増加こそ所得であり，その所得が生じたときに課税がなされねばならない。この所得は財務会計基準（対応原則）によって定められる性質のものではない。なぜなら，対応原則は所得の繰延と費用の早期計上を認めるからである。対応原則は所得税で求められる所得とは異なる所得を算定しており，その所得は財務会計のコンテクストにおいて適合的であるにすぎない。したがって対応原則を所得の明瞭な反映要件の基準として適用することは，その対象となる所得の意味が異なるかぎりは不適切であり，所得税を消費税またはキャッシュフロー消費税へと変質させる。ゆえに対応原則が税務上の価値を有するのは，発生主義会計が所得を計算する方法として法典化された理由として示されているように，執行上の価値にすぎない。この価値は所得税の価値が優先される状況では退かねばならない。また対応原則はその特徴として利益の操作性を抱えており，濫用防止の価値に抵触する。したがって対応原則は濫用防止の価値が優先される状況においても退かねばならない。濫用防止の価値が維持されることは所得税の価値が維持されることに等しいと考えていることになる。

　この思考過程にしたがえば，対応原則にもとづくと考えられている多くの諸規定も異なる論理から説明される。たとえば，設備資産の取得とその資本化ならびに減価償却は，将来の収益との対応にもとづいて資本化され，その後の各期において減価償却費が計上されることにはならない。設備資産の取得が資本化される理由は，財の保有形態の変更であり，富の増加をもたらさないからである。減価償却費の計上もそれが実現をベースとした所得税制度では時間の経過による「最終の（final）」損失を控除することを認めているからとされる。資本的支出とみなされるべき項目の即時控除は，表3-1が示していたようにそれから生じる将来の収益の実質的な非課税を意味する。将来その支出から生じる収益への課税を確実にするためにも，支出時の資本化が必要とされる。こ

のことから支出の資本化の可否は，将来の相当な所得を生じさせるか否かにある[37]。

　このことは対応原則と変わらないように思われるが，対応原則が将来時点での収益と費用の対応ならびにその結果としての純利益を考慮しているのに対し，ここでは投資された資産の収益が課税されるか否かを考慮しており，費用は念頭にない。将来においては投資された資産の収益から最終の損失が控除されるが，その収益と損失は別々に認識され，リンクされることはない。

　営利企業を前提にすれば，当期の支出は基本的に当期以降の収益獲得を目的になされるので，原則として支出は資本化されねばならない。そして時間の経過または他の理由による最終の損失が例外として控除されることになる。このシステムのもとではじめて所得税の価値が守られることになる。ゆえに法規に明確な規定がない限りは，支出は原則として資本化されねばならない。

　Geierは，この問題を取り扱った重要な判例として*INDOPCO, Inc. v. Commissioner*[38]訴訟を取り上げて検討している。この訴訟の争点は友好的な買収のターゲットになった時点で負った投資銀行手数料と弁護士手数料の総額2,500万ドルを即時控除できるか否かであった。納税者はこの支出は費用を構成すること，この支出が資本的支出とされるためには，独立かつ明白な資産が創出されるかまたは資産価値が高められねばならないことを主張した。最高裁判所は独立の資産の創出は資本化の必要条件ではなく，十分条件であるとし，判決は同金額の資本化を要求したのであった[39]。

　Geierは，同判決は対応が税の価値であることを前提にしていると伺えることは好ましいことではなく，所得税の価値を完全に理解していると評価しがたいが，他方で，支出の当期損金控除が資本化の例外であることを確認したことは十分に評価できるとする[40]。この判決はこれまでのこの領域の取扱とは大きく異なっており，その影響は現在も続いているが，それでもこれにより所得税の価値が明確になったとはいえない。

5．前受所得と所得税の価値

　ここまでGeierの議論を費用の側面を中心に検討してきた。ここでは収益の側面を検討してみよう。収益について財務会計と税務会計とでの取扱が異なる例としてしばしば指摘されるのは前受所得の取扱である。税務会計では原則として受領の年度に所得に全額算入し，財務会計では将来の財または役務の販売または提供の時点まで収益の認識が繰り延べられる。Geierは前受所得の繰延は「将来の支払の即時損金控除と同じ経済的効果をもつ[41]」と主張する。所与の年度に所得に算入されるべき金額が繰り延べられるならば，その額だけその年度の所得を減少させるので，支払の即時損金控除がその額だけその年度の所得を減少させることと同じ効果がある。したがって所得の繰延についても所得税の価値を破壊することになる。なぜなら「支払の即時損金控除の場合と同じように，受領時から所得算入の時点までの投資リターンへの課税を実質的に除外する[42]」ことになるからである。これは前述の花屋の例を所得に置き換えて説明できる。

　前述の花屋が，16年間花を配達する契約で1年目に100,000ドルを受領し，これに花屋は卸売業者から花を購入するコストが16年で100,000ドルかかるとしよう。財務会計目的では花屋は16年間稼得されるまで100,000ドルを所得に算入しないだろう。16年に花屋は契約を遂行するために負った100,000ドルのコストを対応原則により控除するだろう，したがって16年の損益計算書には利益は生じない。1年目の前受所得は課税が繰り延べられるので，受領した100,000ドル全額が投資される。この投資利回りは発生年度に名目的には所得に算入されるが，前述の例のごとく実質的には課税されないことになる[43]。

　これらの観点から前受所得の繰延を否定するGeierは，最高裁判所が前受所得の繰延を退け受領時の課税を求めたいわゆる三部作（Supreme Court Trilogy）についてどのように評価しているかを検討してみよう。三部作とは *Automobile Club of Michigan v. Commissioner, American Automobile Association v. United States,* 及び *Schlude v. Commissioner* の3つの判例である。

Automobile Club of Michigan v. Commissioner[44]訴訟では，納税者はメンバーから1年分のメンバーシップ料金を受領し，時間の経過を基準に，具体的には毎月末に1／12の金額を所得として計上し，残りは前受所得として処理した。これは財務会計目的で維持されている帳簿にもとづいたものであった。内国歳入庁長官はこれらの処理は不適切であり受領時に全額所得に計上することを求めた。これらの主張に対して最高裁判所は「メンバーシップ料金の月次比例配分は，純粋に人工的なものにすぎず，誓願人が実際にメンバーに提供するように要求されるサービスとはなんら関係がない。……この状況では内国歳入庁長官の（所得の明瞭な反映基準にしたがった—永田）裁量行為は，租税裁判所や上訴裁判所で承認されたように，望ましい限度を超えたとはいえない[45]」として内国歳入庁長官の見解を支持した。この判決についてGeierは「『純粋に人工的な』配分に関する最高裁判所の文言の含意はおそらく対応には税の価値があるということである。ただし納税者が将来に費用を負う時点を示すことができなければ，対応の論理をもってはすでに手許にある所得を不確実な将来の費用と対応させるために繰り延べることはできないということ[46]」であろうと指摘する。彼女が指摘するように，この事例で対応原則が否定されたわけではなく，対応原則に依拠するには将来の事象の確実性が劣っているということであった。これは「事実上すべての役務はメンバーから要求があったときに提供されるのであり，納税者の役務提供は課税年度以降の定められた期日とは関連がなかった[47]」からであった。ゆえにGeierは「偶発性が将来支払の文脈において真の問題ではなく損金控除から支払までの期間が問題であったように，……偶発性あるいは確実性は真の問題ではなく，受領から算入までの期間が問題なのである[48]」とし，判決は結果として所得税の価値を考慮した結果と同じになるが，それは偶然にすぎず，所得税の価値が理解されているといえなかったのであった。

American Automobile Association v. United States[49]訴訟では，納税者はメンバーシップ料金を前受けし，そのうち毎月稼得したとみなされた部分のみを所得として計上した。この処理は自己の帳簿を維持するものと同じ会計方法にも

とづいていた。このため事実関係としては，その役務の提供コストとメンバーシップ料金が所得として計上される期間との関係が，統計的な経験的証拠により正当化されていること，ならびにその証拠について専門家の宣誓証書が含まれていることを除いて*Automobile Club of Michigan v. Commissioner* 訴訟と同じであった。しかしながら最高裁判所はここでも内国歳入庁長官を支持した。統計的証拠あるいは専門家の宣誓証書も繰延を正当化できないという判断であった。ここでも問題とされたのは，役務の提供が顧客の要望があった場合にのみおこなわれるということであった。そして次のようにそれが財務会計では認められるものであっても，税務会計においては適合的な条件ではないことを示した。

「会計士にとって，メンバー各々にその料金と引き替えにサービスを提供する際のコストにかかわる実際の出来事は重要ではなく，つまり商業会計の観点からは同社の全般的な財政状況を測定し開示することにとっては本質的なことではないことは正しいであろう。しかしながら『規則性のなさ』は料金の受領を，それに対する役務の提供がまったくされないか，一部がなされるか，またはすべてがなされる課税期間にまで稼得所得として繰り延べる会計システムの透明性に高度に適合的である。内国歳入法典は，疑いもなく所得を構成するここのメンバーが支払った料金からその収入を取り立てる。受領を稼得した所得として2暦年に比例して，相応する確定された個別の費用あるいは遂行の正当化にかかわりなく，しかし全体的な経験に継続して関連して認識するとき，その会計の疑わしさは全体的な財務構造の非常に正確なイメージを示すが，年次税務会計の規準を尊重するのに失敗し，内国歳入庁長官によって否認されるかもしれない[50]。」

そして，納税者が繰延を正当化するとして示した統計的情報も次のように退けた。

「グループごとにあるいはプールしたメンバーごとに平均月次コストの統計的計算をたんに反映しただけの他の事実は，連邦税収が立法府の許可もなくまたIRS長官の異議を乗り超えて，役務の提供や利益を生み出す際に平均的な経験に依拠してなされることはできないという我々の判断に，決定的な重要性をなすものではない。くわえて，かかる表形式化そのものは，所得税の観点からは各年度のメンバーシップ料金を，発生した費用には実際に関わりなく月ごとに均等に割り振る比例配分方法の不十分さを示している。個別に負った費用が実際には月ごとに異なるだけでなく，平均費用さえも異なるにもかかわらず所得の認識は比例的に一定のままである[51]。」

　この判決もまた前受所得の繰延を認めないという結論に達したが，その根拠は所得税の価値を考慮したものではなかった。「財務会計からの対応原則が同様に税務会計の価値があることを無批判に受け入れたようであった……。……将来コストを負うであろう比率の証拠が，手許にある所得をその将来コストと対応させるために将来の期間まで繰り延べることを正当化するほどには十分でなかった[52]」ことが根拠であったにすぎなかった。

　3番目の事例の*Schlude v. Commissioner*[53]訴訟では，納税者は顧客にその要望に応じて翌年度中に定められた回数のダンスレッスンを提供する契約を販売した。購入者は全契約価格を前払するように要求され，その契約には購入者が全ダンスレッスンを受けるか否かに関わりなく料金は返還されないことが定められていた。納税者は各レッスンの提供に応じて前受所得の比例部分を所得に算入したが，契約年度が満了するまでは没収金額を認識しなかった。またこの比例配分は実際のスケジュールに基づいたものではなく，レッスンは一定の期日または時間でスケジュールが組まれているわけでもなかった。

　ここでも最高裁判所は内国歳入庁長官の主張を支持し，前受所得の繰延を否定した。その根拠は将来事象の不確実さに求められた。つまり最高裁判所はこの事例は *Automobile Club of Michigan v. Commissioner* 訴訟や *American Automobile Association v. United States* 訴訟と本質的に同じであり，納税者が将

来において役務を提供する時点ならびにその程度がはっきりしていない,つまりスケジュールが組まれていないことが根拠であった[54]。

これら三部作はその後の前受所得の即時認識におおきな影響を与える。しかしこれら三部作が明らかにしたことは,将来役務の提供時点と程度が明確でなければ所得の繰延はできないということであった。したがってこれらのことが明確である場合には,たとえば役務の提供がスケジュールで確立されている場合には前受所得の繰延が認められることになる[55]。これら三部作は税務会計における対応原則の価値を認めているのである。したがってGeierは「手許にある現金の繰延が,将来コストの時期と程度が確かであるとしても認められるべきではない強力な理由がある。関連する将来コストに偶発性がないとしても,これらのコストと対応させるために所得を繰り延べることは所得算入額を過小評価することであり,受領時から算入時までに生じる受領額に対する投資利回りを実質的に除外している[56]」と批判するのである。そしてこれら三部作は「所得税の価値があまり理解されていない時代にいかに具体化されたか,そして税の価値にいかに適合的でないか[57]」が理解されねばならないとする。つまり,三部作とそれから展開されたおおくの判例は時代遅れであり,その役割を終えたとするのである。

所得税の価値概念に照らすならば,所得項目についても損金控除項目と同様のことが生じているといえる。将来役務の提供の対価として現金を受領することは富の増加をもたらす。富の増加こそ所得であり,その所得に適切に課税がなされねばならないとすれば,前受所得の繰延が可能な状況は所得税の価値を傷つけることになる。これは対応原則に税務上の価値を認めるがゆえにおきる現象と理解されることになる。対応原則にもとづく所得の算定に第一義的な価値が与えられ,個別の事象に対応原則が所得を明瞭に反映するために機能しているか否かが証拠をもって検討され,所得税の価値が考慮されないことが問題とされるのである。

6．所得税の価値と時間価値

　対応原則は所得課税において中心的な役割を果たすべきか。Geierはこの命題に対して否定的な答えを用意し，対応原則への信奉が所得税を歪めていると考えてきた。彼女の論理の出発点は，所得とは富の増加であり，所得税はその富への課税であることにある。そしてその所得の算定にあたり対応原則が誤ってあるいは無理解のうちに適用され，所得税の価値が傷つけられると主張する。対応原則は税の意味で富の増加を測定できないと，ゆえに所得税における中心的な役割から交代すべきであるという考えにいたる。彼女はこの考えにもとづきこれまで示してきたように，過去ならびに現在でも影響力を有する規定・ガイドラインがいかに所得税の価値を考慮していないか，また結果として所得税の価値による税結果と同じ現象が生じたとしても所得税の価値が考慮されていないことを明らかにした。彼女の考察は，対応原則は歴史的にみて簡便性を背景に歳入法または内国歳入法典に導入されてきたことを指摘している。おそらく，もちろんそれが第一義的な目的であったかどうかについては異論もあろうが，これを否定するものではないだろう。ゆえにGeierは対応原則は執行上の価値を有しているとする。しかし彼女が想定する税務上の価値において，執行上の価値は最下位の概念である。これに大きく優る価値として所得税の価値が主張される。所得税の価値とは明確に異なる価値として濫用防止の価値も示される。この二つの価値は相互に影響しあって税務上の価値を構成すると理解されている。しかし後者の濫用防止の価値は，執行上の価値しか備えていない対応原則を否定する価値として機能する。対応原則は操作性を内在しており，それは結果として納税者が自身の所得税を自由に決められることにつながる。これは彼女の考える所得税の価値を破壊するのであり，それを防ぐための概念として濫用防止の価値が機能することになる。たんなる執行上の価値を制御する概念として濫用防止の価値が機能し，それを担保として所得税の価値が守られることになる。したがって対応原則は課税所得の測定の中心概念から後退させられなければならず，逆に所得税の価値が中心に据えられなければな

らないことになる。

　しかしながら興味深いことに，彼女の最終的な結論はその論理展開とはいくぶん異なるものである。すなわち「日々の項目の大多数は，財務会計士の世界から発生主義会計を利用しても，税の意味での所得を歪めないはずである。なぜなら総受領または支払の相当な繰延は実際には一般的というより例外にすぎないからである[58]」という。彼女が批判の対象にしていた対応原則は，所得を明瞭に反映するものとして原則的な位置づけを与えられるのである。例外的な項目についてのみ「濫用防止の価値や所得税の価値のような税務上の価値が優先されるべき[59]」とするのである。そしてそれらの例外的な項目について，「税務会計処理を受領の年度におこなうかまたは支払の年度まで繰り延べることにより，あるいは時間の相違について時間価値を反映させるために所得算入または控除の金額を修正することにより，それらの価値の達成が図られる[60]」というのである。このとき前者の方法は現金主義にシフトすることになり，後者の方法は貨幣の時間価値概念による現在価値の導入へとシフトすることになる。これらのいずれが選択されるべきか。Geierは次のようにその考えをまとめるのである。すなわち「それらが問題となる状況で税の価値を守るために現金主義に完全にシフトする必要はない。執行の容易さから，財務会計目的で維持されている納税者の発生主義帳簿からはじめて，税の価値に脅威を与える相対的にわずかな項目に最低限の修正を加えることはまったく理にかなっている[61]」というのである。

　Geierは，対応原則は所得税の価値を傷つけ所得を歪めるがゆえに所得税において中心的な役割を果たすべきではないとしつつも，所得税の価値および濫用防止の価値よりも下位概念である執行上の価値を結果的に認め，対応原則を課税所得の算定において中心的なものとする。彼女の対応原則への批判は，それを所得税の価値に置き換えることに力点があったのではなく，課税所得の算定プロセスに貨幣の時間価値概念ならびに現在価値概念を導入することにあったといえる。Geierが検討したいくつもの判例ではいずれも，所得税の価値にもとづいて検討されたとしても税結果は同じであることが指摘された。彼女が

問題としたのは，検討プロセスであり結果ではなかった。判例等の検討により貨幣の時間価値概念ならびに現在価値概念を導入できる素地があることを指摘したのであった。彼女の主張する例外的な所得ならびに損金控除項目への貨幣の時間価値概念ならびに現在価値概念の導入がなされたとき，それが例外に留まるのかあるいは法人税全般に広がるのかは定かではない。しかし，彼女が対応原則として象徴化している一般に認められた会計原則が現在価値を導入している状況においては，法人税における現在価値が彼女の指摘する例外的状況に留まるかどうかは興味深いことである[62]。Geierも含め貨幣の時間価値概念により対応原則を批判する論者の指摘が，所得税に現在価値概念を導入する理論的な役割を果たすこともありえるであろう。しかしGeierの所論は，税務会計に対応原則が浸透していることへの批判であるが，そのことが逆に対応原則が税務会計と財務会計の連結器，所得の明瞭な反映要件の解釈，としての役割を果たしていることを物語っている。

(注)

(1) William L. Raby & J. W. Raby, Consistency, Matching, and Economic Performance, *Tax Notes*, Vol. 71 No. 6, 1996.
(2) Deborah A. Geier, The Myth of the Matching Principles as a Tax Value, *The American Journal of Tax Policy*, Vol. 15, 1988, p. 18.
(3) *Ibid.*, p. 18.
(4) *Ibid.*, p. 18.
(5) *Ibid.*, pp. 24-25.
(6) *Ibid.*, p. 25.
(7) *Ibid.*, p. 75.
(8) Joseph M. Dodge, J. Clifton Flemings Jr., Deborah A. Geier, *Federal Income Tax: Doctrine, Structure & Policy*, Michie Co., 1995, pp. 416-420.
(9) Geier, *op. cit.*, p. 44.
(10) Geier, *op. cit.*, p. 44.
(11) *Ibid.*, p. 18.
(12) *Ibid.*, pp. 32-33.
(13) *Thor Power Tool Co. v. Commissioner*, 439 U. S. 522.

第 3 章　対応原則と所得税の価値　79

(14) *Ibid.*, 439 U. S. 542–43.
(15) Geier, *op. cit.*, pp. 33–34.
(16) *Thor Power Tool Co. v. Commissioner*, 439 U. S. 539–540.
(17) *Ibid.*, 439 U. S. 544.
(18) Geier, *op. cit.*, p. 41.
(19) *United States v. Anderson*, 260 U. S. 422.
(20) *Ibid.*, 260 U. S. 440.
(21) Geier, *op. cit.*, p. 72.
(22) *Ibid.*, pp. 74–75.
(23) *Ibid.*, p. 74.
(24) *Brown v. Helvering*, 291 U. S. 193.
(25) *Ibid.*, 291 U. S. 195–205.
(26) *Ibid.*, 291 U. S. 200.
(27) Geier, *op. cit.*, p. 89.
(28) *Ibid.*, p. 89.
(29) *Ibid.*, p. 90.
(30) *Ibid.*, p. 91.
(31) Joseph M. Dodge, J. Clifton Flemings Jr., Deborah A. Geier, *op. cit.*, pp. 460–461.
(32) Geier, *op. cit.*, p. 95.
(33) *Ibid.*, p. 96.
(34) Revenue Procedures 71–21, 1971–2 C. B. 549.
(35) Geier, *op. cit.*, p. 124.
(36) *Ibid.*, p. 124.
(37) *Ibid.*, p. 42.
(38) *INDOPCO, Inc. v. Commissioner*, 503 U. S. 79.
(39) *Ibid.*, 503 U. S. 86–88.
(40) Geier, *op. cit.*, p. 49.
(41) *Ibid.*, p. 118.
(42) *Ibid.*, p. 113.
(43) *Ibid.*, pp. 113–114.
(44) *Automobile Club of Michigan v. Commissioner*, 353 U. S. 188–189.
(45) *Ibid.*, 353 U. S. 189–190.
(46) Geier, *op. cit.*, pp. 116–117.
(47) *Automobile Club of Michigan v. Commissioner*, 353 U. S. 189.
(48) Geier, *op. cit.*, p. 117.

(49) *American Automobile Association v. United States*, 367 U. S. 688-690.
(50) *Ibid.*, 367 U. S. 691.
(51) *Ibid.*, 367 U. S. 693.
(52) Geier, *op. cit.*, p. 120.
(53) *Schlude v. Commissioner*, 372 U. S. 130-133.
(54) *Ibid.*, 372 U. S. 135.
(55) Geierはその代表的事例として*Artnell Co. v. Commissioner*をあげている。
(56) Geier, *op. cit.*, pp. 122-123.
(57) *Ibid.*, p. 134.
(58) *Ibid.*, p. 145.
(59) *Ibid.*, p. 145.
(60) *Ibid.*, p. 145.
(61) *Ibid.*, p. 145.
(62) Geierの所論を批判的に検討したEugene W. Seagoは次のように指摘する。

「費用が支払の前に損金控除される場合には誤った答えが生じるとする彼女の指摘は正しいが、それは対応概念が不適当だからではない。むしろ税ルールが（財務会計と異なり）費用と負債を現在価値で表示しないことから生じる問題である。議会は一般に認められた会計原則で用いられるより正確な現在価値アプローチを、執行がより容易と考えられるシステムに賛成して退けた。」

(Eugene W. Seago, A Modest Proposal Regarding the Matching Principle, *Tax Notes*, Vol. 90 No. 13, 2001, p. 1867.)

第4章　法人税申告書公開論の台頭とその方向

は じ め に

　2003年2月13日に，上下院合同税務委員会（the Joint Committee on Taxation）は，エンロン社の連邦税ならびに報酬問題に関する調査報告書（*Report on Investigation of Enron's Federal Tax and Compensation Issues*）[1]を公表した。この報告書は，同委員会スタッフが上院財政委員会（The Senate Finance Committee）の要請を受け2002年2月からスタートさせた調査活動の成果であり，3分冊2,700ページにも及ぶものである。この報告書は，連邦法人税の最小化と公表利益の最大化の目的を同時に満たす活動，いわゆるタックス・シェルター取引[2]へのエンロン社の取り組み，またタックス・シェルターのプロモーターや監査法人がそれにいかに関与してきたかを明らかにしている。

　エンロン社の破綻を端緒とした会計不信の広がりとともに，上記の調査活動の進展によって，財務諸表の信頼性に係わる問題とタックス・シェルターが蔓延している状況が広く知れ渡ることになった。前者の問題については，*The Sarbanes-Oxley Act of 2002* の成立により証券取引委員会への財務情報の提出にあたって，最高経営責任者および財務責任者による証明書の提出が義務づけられることになった。一方，後者の問題については*The Abusive Tax Shelter Transparency Act* の成案化への動きなど，いくつかの対応がみられた。

　これらの動向とともに税務会計と財務会計の関係にかかわる注目すべき議論が台頭している。会計不信の広がりは，たんに財務諸表あるいは会計基準に対

する不信や監査人あるいは監査法人に対する不信に留まることなく，エンロン社も含めて多くの大企業，とくに米国を本拠とする多国籍企業が連邦法人税を支払っていないのではないか，という疑念を生じさせた。この疑念はその後，法人税申告書の公開論へと議論が展開されていく要因となる。

1．税情報の十全性

2002年2月3日付The Washington Post紙は次のように報じている。

「エンロン社について答えがでていない大きな問題の一つは，……近年所得税を納めていたかどうかである。

Citizens for Tax Justiceは，報告書において，エンロン社は2000年度に税をまったく納めておらず，しかも2,780億ドルのストック・オプションの巨大な税控除（Tax Break）によるリベートを受け取ったとした。しかし何人もの会計専門家がその計算方法に疑問を投げかけている。

これに対して，エンロン社のスポークスマンは，1,120億ドルの連邦所得税を2000年度に納めたと述べている。

……

会計士たちは税をいくら納めたかを財務報告から測定するのは困難であると警告している。……財務報告のいくつかの項目，たとえば繰延税金の見積もりなどは，現実との関係をほとんど生じさせない会計の装置である。税と会計の専門家が，エンロン社の財務報告書に含まれているデータのいくつかを解釈する最善の方法について異なる見解をとっている。

エンロン社の納税額を解釈するうえでの問題の一部は，会社のアニュアルレポートの脚注にのみ決定的な詳細が表れることであり，しかもその文言が曖昧なことである。……脚注を検討した会計専門家は，エンロン社の報告している数値1,120億ドルにストック・オプションの膨大な数値が含まれているかどうかについて意見の一致がみられなかった。Citizens for Tax Justiceはこれが含まれていないと考えている。それが税を納めていないとする根拠

である[3]。」

　このような疑念への対応として，議会の上院財政委員会は，エンロン社に法人税申告書のコピーの提出を求めた。エンロン社は当初，その要請を拒否していたが，その後創業年度からの法人税申告書のコピーを提出している[4]。
　エンロン社等の破綻企業が，巨額の公表利益を計上しながら，その一方で連邦法人税をほとんど納めていないことが明らかとなり，財務報告に連邦法人税にかかわる情報が不足していることが問題視されるようになった。上述のThe Washington Post紙にあるような，企業の財務報告に税情報が不足していることについては会計専門家からこれまでにも指摘されていた。たとえばEdmund Outslayは，議会の公聴会で「現在の会計ルールは，法人の税状況を測定するのに十分な情報を提供していない[5]」と述べている。たしかに税情報は十分とはいえないであろう。財務報告に示される税情報には，1）企業の納税額等，2）脚注の税情報（tax note）がある。1）については国外における納税額も含めたものであり，2）についても永久差異に関する情報開示として実効税率の算定過程が示され，一時差異に関する情報として繰延税金資産（負債）の構成が示されているに過ぎない。これらの情報から，企業のアメリカ連邦法人税の当期納税額をある程度の正確さで推測するのは困難であるといえよう。
　同様に，企業が内国歳入庁に提出するSchedule M-1の不十分さも併せて指摘されている。George A. Pleskoは同じく議会の公聴会において「Form 10-Kの税情報が十分に詳細な情報を提供していないのと同様に……Form 1120のSchedule M-1も十分に詳細な情報を内国歳入庁や政府の他の利用者に提供していない[6]」と指摘している。
　このようにすでに公開されている情報も，さらに非公開情報として内国歳入庁に提出されている情報のいずれも税情報としての有用性が否定される状況となっている。このような状況下で，株式公開企業には法人税申告書の公開を義務づけるべきだとする主張が台頭してきている。法人税申告書の公開に賛成する議論としては，公開により会計操作の余地を狭め，財務会計の透明性を高め

るという主張がなされている。この主張には，どの程度の情報を公開するのかに関する議論とともに，より議論を進めて帳簿利益と課税所得の統合を図るべきとする主張[7]もなされている。他方，公開に反対する議論としては，公開は企業のプライバシーの侵害であるという主張や情報利用者を混乱させるという主張がなされている。

これら法人税申告書の公開への賛成論・反対論を検討する前に，これまでの法人税申告書の取扱について簡単に振り返ってみよう。

2．法人税申告書公開の史的展開

アメリカにおいて法人税申告書が非公開資料として確立されたのはそれほど古いことではない。アメリカの歴史において議会が最初に所得税法を成立させたのは，1861年に成立した南北戦争所得税（*the Civil War Income Tax*）である。同法では税情報は公開されることが明記されていたが，徴税活動は限られたものであり，実効性を伴わなかった。1862年法は大衆が納税者の氏名と租税債務を調べることができるとし，メディアが大衆には税情報にアクセスする権利があることを取り上げていた。1864年法では，税情報の公開はさらに拡充され，納税者名，申告所得，および納税額が新聞で公表され始めた。これにともない税情報が公開されるべきか否かの議論が展開され始め，賛成者は税や所得の情報が公開されることにより，税法への準拠が促進されると主張し，反対者はプライバシーの侵害であると主張した。その後1870年法では，所得税申告書のいかなる部分についても公開が禁じられた。1871年には同所得税は廃止され，公開の是非に関する議論も立ち消えとなった[8]。

1909年に成立した法人免許税（*the Corporate Exercise Tax*）においては税情報の公開がはじめて主要な議論となった。同法には法人税申告書を大衆の縦覧に供する公開規定が含まれていた。Joe Thorndikeによれば，同法は政治的な妥協の産物であったという。当時共和党は，高税率の関税を巡って分裂状態（急進派が民主党と超党派連合を構成）にあり，Taft大統領（共和党）は分裂を回避するために，法人免許税を提案した。超党派は関税の縮減を求めていたので，

より総合的な所得課税への支持が大勢を占めた。かれの提案は，ベールに覆われたかのような低税率の法人所得税であった。この点についてのTaft大統領の戦略は成功する。かれは共和党の分裂を防ぐことに非常に関心があり，その目的を達成するために法人免許税を利用した。しかしそれだけでなくかれは，法人免許税を経済改革の重要な要素，そしてより大きな，より重要なそしてより耐久力のある政治的なプロジェクト，すなわち私企業の規制の重要な構成要素とみなした。当時，企業のスキャンダルが続出しその事業モラルに関心が集まっていたため，この考えは一定の支持を集めた。くわえてこの当時のアニュアルリポートには一貫性がなくしばしばインフォーマルであり，また民間の投資情報サービスも初期段階であった。ゆえに法人免許税の申告書が，法人情報のもっとも一貫したかつ包括的な源泉であると期待された。このためTaft大統領は公開規定の役割を企業の腐敗と戦う道具であると強調した[9]。

　Taft大統領の考えは法案に反映され，同法では法人税申告書が内国歳入局長 (Commissioner of Internal Revenue) のもとにファイルされ，それらは公開記録を構成することが定められた[10]。しかし法人免許税への批判は，特定の産業界や業種にとどまることなく広い範囲でわき起こった。同法の反対者は，「法人のプライバシーを許容できないほどに侵害しているというものであり，また税法が内国歳入局に執行権限を与えたために，税官吏が企業内部で活動することを許容するものである[11]」と主張し，反対キャンペーンを組織して公開規定の廃止を求めた。最終的に，議会は財務長官が定め大統領が承認したルールおよび規則にもとづき大統領の命令があった場合にのみ法人税申告書は公開されることを定めた。事実上議会は「公開規定を死文にする制約と制限を確立した[12]」のであった。

　法人税申告書の公開は事実上制限されたが，その後も法人税申告書の公開性は政治的議論の俎上に載せられ続けた。たとえば1920年代では，個人納税者と法人納税者について，その税情報をどこまで公開するかが議論となっていた。最終的には，納税者の申告書そのものではなく，氏名と住所のみが公開され，納税額は公開されないこととされた[13]。この当時の公開性に関する議論は，

今日の議論に通じる点がある。その主な論点は，法人税申告書の公開が租税回避や企業不正を防止するか，また税務行政の効率化に資するかといった点であった。公開の賛成論者は，法人税申告書情報の公開により，個人納税者はかれらの生活水準と納税額のバランスを大衆にチェックされるという意味で租税回避をしにくくなり，法人納税者は公表利益と納税額のギャップをチェックされるという意味で租税回避を目的とした不適切な取引に従事しなくなると主張した。これにより納税者による税法への準拠が促進されるため，税務行政の効率化が図れるとの主張であった。これは「公開性は財務報告の正直さのもっとも確実な保証である[14]」という考えにもとづいていた。他方，反対者はこれらの主張に対してプライバシーの観点から反論するというものであった。

　1930年代になると，大恐慌の影響がこの面にも及んでくる。大恐慌にかかわる議会の調査で金融機関の所有者が大恐慌以前の数年間に所得税を納めていなかったことが明らかとなった。そこで議会は1934年歳入法（*the Revenue Act of 1934*）に公開規定を導入した。同規定は法人税申告書そのものを公開するものではないが，「ピンクスリップ（pink slip）」を複製した書類を法人税申告書に添付するように義務づけた。これは個人，法人問わずに要求された。ピンクスリップには納税者の氏名，住所，総所得，控除の金額，純所得そして租税債務が記載され，これらは公開情報とされた。この規定も多くの議論を生じさせた。公開の支持者は，その効用として，議会が税の抜け道を塞ぐのに有用であると，税官吏が高額所得者を狙い撃ちにすることがなくなり税務行政の誠実さが保たれると，税ルールがフェアであるとみなされると，あるいは高額納税者が租税債務を縮小させる取引に従事しなくなるなどの主張がなされた。他方反対者は，公開はプライバシーの侵害であり，とくに企業の場合には競争者に価値ある優位な情報を提供してしまうと主張した。この主張は主として小規模事業者を対象にしたものであった。1935年には，同規定の反対キャンペーンが展開された。このキャンペーンでは，税情報開示に反対する書面等とともにピンクスリップの模造品を下院議員に送るというものであった。結果的に，議会は同規定を廃止する法案を通過させ，Roosevelt大統領も同規定が効力を有する

前に廃止法案に署名した[15]。このため公開規定は実際に施行されることはなかった。こののち連邦レベルで法人税申告書の公開を求める動きはみられなかった。

　連邦レベルでの法人税申告書公開の動きは，1940年代以降見られていないが，州・地方レベルではそれらを公開しているところもある。法人免許税を合憲とした*Flint v. Stone Tracy Co.*判決において連邦最高裁判所は，その判決の根拠としてConnecticut, New York, Maryland, Pennsylvania, New Hampshireの各州で財産税情報が公開されていることをあげた[16]。これらの情報は今日でも公開情報とされている。

　州所得税レベルでは，少なくとも4つの州で―Arkansas, Massachusetts, West Virginia, Wisconsin―州所得税情報が公開されている。その公開内容は州により異なる。Wisconsin州では，1923年にはじめて法人税申告書の公開が定められており，他の3州は1990年代に開示ルールが定められている[17]。

　たとえば，1993年に定められたMassachusetts州では，州内で事業を営む金融機関，生命保険会社，および上場会社は，会社名，その本店所在地，州課税所得，州消費税，非所得消費税，総売上，総利益または将来年度への与信繰延などの情報をアニュアルリポートに含めるように要求されている。これらの書類は保管され，要請があれば一般の縦覧に供するようになっている[18]。

　連邦レベルでの法人税申告書公開の動きは半世紀以上途絶えているが，州・地方レベルでは申告書情報の公開について一定の蓄積が見られている。

　このようにアメリカの連邦所得税の歴史において，法人税申告書の公開を求める大きな圧力は3回みられた。そのうち1909年法人免許税ならびに1934年法では公開規定を含む法案は議会を通過したが，最終的にはその効力を発する前に事実上廃止された。その一方で1923年と1924年には，申告書の限られた情報についてではあるが公開がおこなわれた。これらの圧力は，いずれも企業の会計不正，粉飾決算あるいは非常に攻撃的な租税回避活動が明るみになったことを背景としている。これを背景として，法人税申告書情報を公開することによって企業不正を防止し，財務報告の健全化を目的とする論理が登場してきた。

近年において，法人税申告書の公開論が台頭している背景もまた同じである。

3．会計不信と法人税申告書公開論の台頭

(1) 課税所得と会計利益の乖離

　現在の法人税申告書公開論が台頭してきた直接的なきっかけは，エンロン社の破綻に端を発した会計不信と議会によるその調査にあるといってよいであろう。エンロン社の破綻は，多くの企業がタックス・シェルターを駆使して，株主に対しては多額の利益を公表していながらも法人税をほとんど納めていないという事実を浮き彫りにした。これまでにも企業の破綻等による不正経理の問題が明るみに出ていたにもかかわらず，法人税申告書の公開論は大きな議論とならなかった。この議論が登場してきた背景としては，エンロン社等の事件の重大性もさることながら，他方で課税所得と会計利益の乖離が無視できないほどになったこともあげられよう。Pleskoによれば，税引前帳簿利益と課税所得の相違は1996年の925億ドルから1998年には1,590億ドルに達し，その伸び率は71.9％であるという。そしてその伸張額665億ドルのうち，65.6％に相当する436億ドルは，法人税目的で申告所得がない法人に帰属し，1998年の相違額の96.9％は総資産が2億5,000万ドル以上の大企業に生じたという[19]。また，Lillian Mills, Kaye Newberry, & William B. Trautmanは，これらの差異を5業種（金融サービス，資源産業，情報・メディア産業，小売・食品・健康産業，重工業・輸送業）について検討し，1990年代に乖離幅が大きくなっていること，事業展開の範囲が国際規模な企業ほど乖離幅が大きくなること，金融サービス業の乖離幅が最大であること，利益性の高い企業のほうが損失を抱えている企業よりも乖離幅が大きくなることを明らかにした[20]。

　これらの研究は課税所得と会計利益の乖離が進んでいること，それが特定の業種に限られたものではないこと，またその乖離は国際的に事業展開をする大企業に集中していることを明らかにしている。

　これらの乖離の主たる原因は一つにはタックス・シェルターの蔓延にあること[21]，そしてもう一つにはストック・オプション会計に関する会計ルールの

相違にあること[22]が指摘されている。とくに後者は，このルールの相違が巨額の差異をもたらすにもかかわらず，その影響を推測するのに十分な情報が財務報告において提供されていないという指摘，そしてForm 10-Kの税情報あるいはForm 1120のSchedule-M1の改善提案の根拠の一つにもなっている。

(2) 法人税申告書公開論の嚆矢

法人税申告書公開論を議論の俎上に載せたのは，エンロン社の問題を議論していた上院財政委員会のCharles E. Grassley委員長[23]であった。かれは株式公開企業の提供する税情報が十分に有用であるか疑問を投げかけたのであった。

(i) O'Neill財務長官とPitt証券取引委員長へ宛てた書簡

Grassleyは7月8日に2人に宛てた書簡において，エンロンをはじめとする多くの事件から次の疑問を表明した。すなわち「株式公開企業の法人税申告書に含まれている情報は，政府の規制当局者と同様に株主や労働者にも便益を与えるか否か[24]」と。そこでGrassleyは二つの問いを発している。第一に，法人税申告書の情報価値について，第二に，現状における税情報の利用可能性についてである。第一の問いについて，具体的には，法人税申告書情報を証券取引委員会 (Securities and Exchange Commission, SEC) に利用できるようにした場合に法人のガバナンスを監視する上で便益があるか，また企業の財務的健全性のより正確な描画を提供することに便益があるか，そして法人税申告書を広く利用できるようにした場合に株主や従業員に便益があるか[25]，を問うている。

Grassleyは株主や大衆にとって重要な税情報が十分に提供されているかを問題にしており，情報の公開を拡大することによって，具体的には法人税申告書またはその要約を公開することによって現在生じている問題を解消できるか，を問うている。情報公開の拡大が，株主や大衆によるモニタリング機能を高めるため，法人のガバナンスにとって有用であると考えている。Lenter他によれ

ば，この考えの背景としては2つのことがあげられるという。第1に，法人はもっとよく監視される必要があるとの理解がある。近年の企業不正を背景として，法人のガバナンスがうまく機能していないことは否定できない状況にあるためである。第2に，現状では規制当局が利用できる情報は不十分であるとの理解である。このため企業を規制するために政府にとって有用な道具として法人税申告書の利用が考えられている[26]。

この時点でGrassleyの関心は必ずしも法人税申告書の一般公開にのみ向けられたものではなく，その主眼は法人税情報の開示を拡大することにより，法人のガバナンスと財務報告の改善に向けられていた。

(ii) Pitt 証券取引委員長からGrassleyへの書簡

Pitt委員長は8月15日にGrassleyの提案について否定的な見解を明らかにした。PittはGrassleyが抱く現状の税情報開示の不十分さについて全面的に否定する。すなわち「SECに提出される書類上で登録会社が提供している法人税の状況に関する情報は十分であり，法人税申告書の当委員会への提供あるいは一般投資家への一般開示は必要ない[27]」と述べている。Pittは一定の状況では，法人税申告書に含まれている情報は，SECの業務に十分に有用なものであることを認めるが，財務諸表を評価する多くの専門家が法人税情報を評価することは困難であると気づいているように，法人税情報にアクセスすることで得られるいかなる情報も限られたものであるとする。PittはSECが一定の状況では会社から法人税申告書情報を直接手に入れることができると指摘するが，「SECの資源は，法人税申告書情報を判読し分析することに向けるよりも，現行の手続きにしたがって業務を遂行することに向けられることが最善である[28]」と主張する。しかしながら，法人税情報の有用性自体は否定するものではなく，「所得税ルールが法人の財務諸表に所得税費用として記録されている金額にいかに影響を与えているかを理解するために必要な情報を投資家に提供することは，法人税申告書へのアクセスを投資家に提供することよりも便益がある[29]」という。Pittはこの意味では，株式公開企業に現在求められている税情報開示

は十分であり，問題点はないとの判断を示した。

(iii) O'Neill財務長官からGrassleyへの書簡

O'Neill財務長官は8月16日，Grassleyの提案についてPitt SEC委員長と同様に否定的な見解を明らかにした。しかしO'NeillはPittとは異なるアプローチをとっている。O'Neillは納税者のプライバシーに焦点を充てて，法人税申告書の公開は申告納税制度の根幹を揺るがすと主張する。すなわち「法人税申告書の秘匿性を減じるいかなることも，税を正確に査定するために必要なすべての情報を提供する納税者の意志にネガティブな影響を与える，ゆえに連邦税行政の効率性，正確性そして信頼性を減じることになる[30]」と主張した。そして一定の条件の下で，SECや他の政府機関は法人税申告書情報を入手できること，1％以上の株式を保有する株主には，法人税申告書へのアクセスが認められていることを指摘し，現状でも十分に情報を取得することができるとする。

O'neillはプライバシーの観点から法人税申告書の一般公開を否定した上で，法人税データの開示によりSECがいかなる便益を得るかを評価するときに重要なポイントを以下のようにあげている[31]。

1) 大規模法人の法人税申告書は膨大であり，SECの関心に適合的ではない。またそれらにはSECあるいは一般投資家には興味はないが，競争者には興味のある情報が含まれている。
2) 大規模法人の法人税申告書はしばしば非常に複雑であり，会社の記録にアクセスすることなく判読することができない。
3) 法人税申告書情報とSEC情報が非常に異なる関心のもとで集められ，ファイルされる。
4) 法人税申告書とSEC文書が焦点を充てる問題ならびに提供される情報は非常に異なり，不規則性がまったく存在しない場合でさえも，二組の情報を一致させることは非常に困難である。

これらの指摘は，後述する法人税申告書の公開に反対する論者の指摘に相通じるものがある。O'Neillは法人税申告書情報をSECが入手したとしてもその便益は期待されるほどのものではないと指摘し，ついで一般開示そのものを次のように否定する。すなわち「法人課税，会計そしてSECの関連法に習熟した専門家がこれらの膨大な情報を理解し一致させる上で困難を抱えうる状況では，一般開示がどのような便益を与えうるかを知覚することはできない(32)」と懸念を表明している。そしてGrassleyが期待するような「複雑な税情報の開示が不適切な財務報告の抑止力として機能する状況は考えられない(33)」とする。O'Neillは法人税申告書情報を一般に開示する以前に，たとえそれがSECに提出されたとしても，SECはそれらを完全に処理する能力を有しておらず，SECが得る便益は少ないと考える。このような情報を一般に公開したときには，一般投資家に相当な混乱を引き起こし，誤った情報が提供されるおそれがある。このような状況は企業の立脚基盤に影響を与えるだけでなく，競争者等による情報操作の機会を提供することになりかねないため，「企業と連邦行政の両方に多大な損害をもたらす可能性があり……さらに法人税申告書又はその一部はSECにはほとんど便益がない(34)」と結論を下す。

しかしながら，O'NeillはPittのような全面否定ではなく，財務会計と税務会計の相違のいくつかを排除すること，法人税申告書に添付されるSchedule M-1に一定の変更を加えること(35)，Form 10-Kに含まれる税情報に変更を加えることを検討する必要があるかもしれないとした。

(iv) Bush大統領への書簡

Grassleyは，O'NeillとPittから受け取った書簡に満足せず，10月7日に，財務諸表あるいは帳簿利益と法人税申告書の課税所得との相違を一致に向けて改善し，最終的にその情報を開示するためにより積極的な行動をもとめる書簡をBush大統領に送った。

Grassleyは，情報と透明性の改善は法人のガバナンスと税法への準拠性に焦点を充てるのに役立ち，ゆえに投資家に会社全体の財政状況について重要な洞

察を提供すると考える。かれは「大事な資金を企業に投資するか否かを判断するときに，ほとんどの投資家は企業が連邦所得税を支払っているか否かを知りたい，もし支払っていなければそれはなぜかを知りたい[36]」と推測する。なぜなら，企業が連邦所得税を納めておらず，その後追徴課税あるいはペナルティーを課せられるとすれば，投資家は多大な損害を被る可能性が高いからである。この考えに照らすならばSECによる税情報開示要件は十分でないと考える。これに関するO'Neillの回答を評価しつつ，重要な疑問は「一般大衆が透明性について財務省と同水準の権利があるか否かである[37]」点を強調した。一方で，Pittの見解に疑問を投げかけ，「財務省のみが開示を増大させる必要性を理解している[38]」とする。

　Grassleyは，税情報の開示問題をたんに検討することだけを求めるのではなく，Form 10-Kの税情報と法人税申告書のSchedule M-1の検討を行政府が広範におこなうように求め，あわせて税情報の検討はFASBから独立しておこなわれることが重要であると指摘した。彼の理解によれば，「税情報に関する規則を統括するルールはFASBによってコントロールされ，FASBは会計事務所や産業会計士によってコントロールされている。……公認会計士事務所─タックス・シェルターのマーケティング部門で固められ，財務諸表操作の責任に巻き込まれているプロフェッショナルセクター─が，企業の帳簿と税の相違を混乱させる基準を現在設定している。……アイオワではこれを『鶏小屋に狐をはなつ』という[39]」として，行政府による主導的な検討を求めたのであった。

　これらのGrassleyの書簡を契機として，法人税申告書の公開にかかわる議論がにわかに盛んになっている。この当時，申告書の公開に関する単なる賛成論・反対論に留まることなく，Schedule M-1の改訂ならびに具体的な改定案の提唱もみられるようになっている。本章では賛成論・反対論を検討し，その論理を明らかにすることにしよう。

4．法人税申告書（情報）公開の賛成論

　賛成論者の主張は，法人税申告書のすべてを公開するように求めているものではない。もちろん株式公開企業についてはその法人税申告書を全面開示するように求める意見[40]もある。しかし賛成論者の多くは，「多国籍企業の場合には，法人税申告書は1,000ページ以上にも及ぶ[41]」ため，その開示は非現実的であるとしている。前述のごとく，もしこれらが公開されたならば，情報利用者に混乱を招く可能性が高く，また企業にとって競争上不利となる多くの情報がその競争者に提供されることになるからである。このため賛成論については，どの程度の情報を公開すべきか，どのような形式でそれらを公開すべきか，そしてその公開基準を誰が定めるべきかについて，多くの見解が示されている。この場合，法人税申告書の公開と区別して，法人税申告書情報の公開とするほうが適切であろう。論者によって必ずしも明確に区別されているわけではないが，以降では両者を区別して用いることとする。

　今回の法人税申告書情報公開論は，会計不信を契機とした財務報告の信頼性の低下と帳簿利益と課税所得の差異の拡大が明らかになったことに主として端を発している。ゆえに公開の目的もこれらの問題をいかに改善するかに向けられている。

　Lenter, Shackelford, & Slemrodは，賛成論者の主な主張を以下のようにまとめている[42]。

1) 行政機関による企業の監督能力を高める
2) 財務報告の改善を図る
3) 税法への準拠を促進する
4) 信頼できる税制度を求める政治的圧力を増大させる

　Lenter他は，これらの主張を批判的に検討している。以下かれらの論述にそくして，これらの主張の内容を明らかにしていこう。

第4章　法人税申告書公開論の台頭とその方向　95

　1）の主張は，すでに述べたように，Grassleyが提起した議論である。これは行政機関は企業を監督する必要があるが，現状ではそれを実行するうえで十分な情報を得ていないという考えにもとづくものである。この主張は必ずしも法人税申告書情報を一般に公開する必然性を伴わない。これは法人税申告書情報を行政機関内においても利用できるようにすべきという主張であるので，公開論としては説得的でない。なぜなら，現行法のもとでも行政機関は内国歳入庁から法人税申告書情報を得ることが認められている[43]からである。すでに述べたように，同様の主張が法人免許税創設のときにもみられ，Taft大統領は同法を企業を監督するための道具として位置づけた。なぜなら「その当時，連邦政府，州政府そして大衆は，鉄道会社や金融機関のような準公開企業を除いて，大企業の情報をほとんど得ることができなかった。公開企業の中には何年間も財務報告を公開しなかったり株主総会を開かない企業も見られ，また公開企業に財務報告の提出を義務づけていない州もあった[44]」からである。Lenter他は「このような状況では，法人税申告書で提供される限定的な情報でさえも有用な規制装置とみなすことは理解できる[45]」とする。しかし証券法・証券取引所法が整備され，現行法のもとで行政機関が一定の条件の下で法人税申告書情報を取得できる現状においては，この主張は説得的ではなく「これが目的であるならば，他の解決案が，たとえば証券法違反容疑の調査にあってSECに内国歳入庁が提出している法人税申告書情報のようなものが好ましい[46]」という指摘がされている。

　2）の主張は，財務報告の改善とともにそれにより資本市場の機能を改善することができるという考えにもとづいている。これは現状の税情報開示が不十分であるために，投資家は企業の財務諸表の内容を判断するのに十分な情報を得ていないという判断が根底にある。なぜなら近年の実証研究で，「アカデミックな研究者と内国歳入庁のタックス・エコノミストによる共同研究グループが，ストック・オプション費用にかかわる税務会計と財務会計の処理の違いが，帳簿利益と課税所得の差異にどの程度の影響を与えているかを正確に見積もることができなかった[47]」ことや，エンロン社の納税額の推測幅が非常に

大きかった（1,120億ドル）ことが明らかにされているからである。

　Lenter他によればこの主張は次のように要約される。すなわち「法人税申告書が公開されたならば、利害関係者はその申告書の内容と財務諸表で報告されている情報を比較することができ、ゆえにより容易に財務報告の不正確さを把握することができよう。要するに、法人税の算定で提供される情報を追加すれば、それは会社の財務的健全性を評価するのに役立つ[48]」と。この主張は賛成論の中核的主張であり、会計不信の広がりはこの主張への支持者を増加させているといえる。

　この主張には、後述するように、会計目的の相違とそれによる会計ルールの相違、そして情報処理能力の観点から批判がなされている。前者についてはその代表例として連結範囲の相違があげられ、後者については膨大かつ複雑な法人税申告書またはその情報を情報の受け手は処理できるのかという疑念があげられよう。これらの批判についてLenter他は、法人税申告書情報の膨大さと複雑さを認めつつも、「十分な時間と資源ならびにそれらに投資するインセンティブを所与とすれば、専門家は財務諸表からでは手に入れられないであろう洞察を得るために法人税申告書情報と財務諸表を比較することができる。くわえて企業は、投資家や他の利害関係者や組織が財務諸表とともに法人税申告書情報を精査すると知れば、現状よりも充足された財務情報を提供しようとするだろう[49]」として、財務報告の改善にとって法人税申告書情報の公開は有用であると一定の評価を下している。この議論において重要なのは、この目的を達成するために法人税申告書全体を公開する必要があるか否かである。税務会計と財務会計の目的の相違を前提とすれば、法人税申告書情報の大半は財務報告目的では有用な情報ではなく、「法人税申告書の一部だけで、たとえばForm 1120の最初の4ページを公開する[50]」ことならば可能であろうとする。

　現行の法人税申告書を公開するのではなく、Schedule M-1を改訂し公開文書とする案も主張されている。Schedule M-1は「財務会計と税務会計との一時差異および永久差異から生じる潜在的な税問題を識別する重要な明細書[51]」であるにもかかわらず、その内容は十分でない。たとえばMills & Pleskoは次

のようにいう。すなわち「Schedule M-1は会社の『帳簿純利益（損失）』から始まるが，これは株主への税引後報告利益であることが意図されている。われわれは『実際の』ではなく『意図されている』と述べている。なぜならSchedule LとMに関する現行の手引きは，法人税申告書で開示される帳簿会計利益の数値に関して相当なフレキシビィリティーを与えるのに十分なほどに，厳密さに欠けている。とくに帳簿目的と税目的で報告実体の範囲が異なる場合には顕著である(52)」という。くわえて現行のSchedule M-1で示されるデータは非常に集約されており，分析ツールとしての情報力はないとされる。法人税申告書の公開に批判的な立場をとるPleskoはManzonとの共同研究において次のように指摘している。

「法人税申告書情報は帳簿と税の差異の原因を理解する目的では限られた情報を提供できるに過ぎない。第1に，財務諸表とは異なり，法人税申告書は財務諸表ほどには企業の多くの種類の取引に関する情報を提供していない。……第2に，財務諸表は過去の情報を提供し，多くの会計意志決定の累積的効果を報告するが，法人税申告書は当期の情報を主として提供している。……最後に，……タックス・シェルターの意図が課税所得を減らすことにあるとすれば，申告書データ自体にはタックス・シェルター活動の存在と程度の手がかりはなさそうである。事実，税と財務報告で潜在的に競合するインセンティブを前提にすれば，よくデザインされたタックス・シェルターは課税所得を減少させるが，財務目的で報告される利益は減らさないだろう。いかなる差異もSchedule M-1に反映されるが，その詳細の程度はタックス・シェルター活動を推測するには不十分である(53)。」

現行のSchedule M-1は差異要因として金額表示される項目が限られている。たとえば減価償却費，慈善的寄付などに限られており，それら以外の項目については前述のごとく相当なフレキシビィリティーがあるために合算された純額表示によることが多いため，情報能力が低いと判断されよう(54)。

Schedule MまたはLを改善し，法人税申告書情報として公開することを提案しているものとしては，Canellos & Kleinbardによる提案とMills & Pleskoによる提案がある。

　Canellos & Kleinbardは既存のSchedule LとMならびに財務諸表の税開示を統合し，公表財務諸表—法人税一致明細書（public financial statement – tax reconciliation schedule）の創設を提唱している。この明細書ではデータを有用な個別的かつ機能的に関連のあるカテゴリーに細分化し，損益計算書と貸借対照表数値を出発点として，連結修正や分類されたカテゴリーによる修正を経て最終的に納税額に一致させること，つまりはGAAPによる会計数値を税数値に転換するのに必要な修正過程を示すことを目的としている[55]。

　一方，Mills & Pleskoは現行のSchedule M-1を全面的に改定することを提案する。この改訂版Schedule M-1ではForm 10-Kに含まれる公表財務諸表の利益を出発点として，連結修正あるいは海外子会社修正等を考慮して課税所得に一致させるものとされている。改訂版Schedule M-1は（連結）法人税申告書に含められるとともに，公開資料として財務諸表に添付される[56]。

　いずれの提案も法人税申告書そのものを公開するのではなく，差異の生じる要因を明らかにする明細書を公開資料とする提案である。これらの提案は「情報の流れを改善する目的を達成することができる[57]」と評価されている。

　3）の主張は，法人税申告書情報の公開は，租税回避の動きを減らしたり，タックス・シェルターのような攻撃的な節税活動を自粛することにより，税法への準拠の程度を高めることになるというものである。Lenter他によれば，この賛成論の根拠は次の2点に求められる。第1に，企業がそのイメージの低下による業績への影響を考慮することであり，第2に，情報の公開が内国歳入庁の作業効率を改善すること[58]である。

　法人税申告書情報が公開されたならば，顧客あるいは消費者は財務諸表利益と課税所得あるいは法人税額を比較することができる。このときその差異が巨額であるかあるいは不透明であるならば，企業は社会に対して敵対的な行動をとっていると理解される。税に対する意識の強いアメリカにおいては，顧客あ

るいは消費者にこのような理解が広まれば，当該企業の商品またはサービスの不買運動が生じる可能性がある。企業はこの可能性を考慮に入れて自社のイメージの向上あるいは維持を図ろうとするので，財務諸表利益と課税所得の差異を縮小させようとすることになり，税法への準拠性が高まると考えられている。第2の作業効率の改善は，内国歳入庁による企業状況の把握が促進されるというものである。もし法人税申告書情報が公開されることになれば，前述の改訂版Schedule M-1のように，差異を説明するための詳細な情報が公開されることになろう。これらの情報は財務諸表へ添付されるため，作成にあたっては情報の理解可能性が考慮されなければならない。このため内国歳入庁が多くのデータを整理して分析するために費やしていた時間と労力を，改訂版Schedule M-1の公開で節減することができる。他方で，企業はこの種の情報を作成し公開することは，内国歳入庁に自社の税活動を把握されると，あるいはその可能性があると理解することになるので，タックス・シェルターのような攻撃的な活動を控えるようになると考えられ，結果的に税法への準拠性が高まり，内国歳入庁の作業効率の改善が図られることになろう。

　しかしながらこの主張は，今回の法人税申告書公開論が台頭してきた背景を考慮すれば，中心的な論拠とはいえないであろう。なぜなら公開論の背景には財務報告の改善を求める動きがあるからである。とすればこの主張は，公開による副次的な効果を説明しているに過ぎず，公開論を補強する効果はあっても中心的な役割を果たすとはいえないであろう。

　法人税申告書情報が公開され，財務諸表利益と課税所得の巨額の差異が明白になったときには，前述のごとく顧客あるいは消費者による敵対的な行動が生じる可能性があるが，これと同時に税制度への不信感も高まるであろう。この不信感はよりフェアな税制度の構築を求める圧力へと変化するであろう（(4)の主張)。この主張もまた公開による副次的な効果であり，今回の議論が生じてきた背景を考慮すれば，法人税申告書情報の公開の中心的な論拠とはなりえないであろう。

　これら賛成論を簡単に考察してきたことから明らかなように，賛成論の中心

的な論拠は法人税申告書情報の公開が財務報告の改善をもたらすことに求められることができよう。

5．法人税申告書（情報）公開の反対論

　法人税申告書情報公開の賛成論は，会計不信の広がりを背景として，政府による企業ガバナンスの強化と財務報告の改善を図ることを根拠として登場してきたが，その中心的な議論は後者へと移行している。これに対して，反対論はその両者を否定する形で展開されている。反対論は主に，納税者のプライバシーの保護，財務会計と税務会計の相違ならびにそれを根拠とした公開による投資家の混乱を根拠としている。これらの根拠を整理して反論を試みているものとしてTax Executives Institute（TEI）が2002年7月24日に財務省とSECに提出した意見書（*Public Disclosure of Corporate Tax Returns*）がある。

　TEIは財務報告の現状に関する批判に同意しつつも，「法人税申告書の公開は問題の調査の解決法ではあるが，財務報告の非規則性の解決案ではなく，一時しのぎにもならない。くわえて法人税申告書の公開は法人税申告書の秘匿性を保護する長年の政策に反するだけでなく，株主に意味ある情報を提供する目的にとって潜在的に逆効果である[59]」として財務省とSECに法人税申告書の公開は適切でないと結論づけるように求めた。以下TEIの意見書に即して反対論を検討しよう。

（1）納税者のプライバシー

　TEIは法人税申告書の質と量を反論の嚆矢とする。法人納税者は租税債務の計算にあたって内国歳入庁に「収益や費用の性質，その源泉や特徴を開示するだけでなく，法人の法的構造を他の所有データとともにそのあらゆる情報手段で開示しなければならない[60]」。法人税申告書の公開は，製品の製造原価やマージン等を含む詳細なデータを競争相手にさらすことになる。これらのデータを含め，法人の法人税申告書は膨大な財務情報や補足情報を含んでおり，SECに提出されるForm 10-Kを遙かに凌駕するものである。このため，法人税申

告書を一般に利用可能な情報として公開したならば，またその内容が詳細であればあるほど「競争相手を有利にすることになり，……納税者情報の秘匿性が守られなければ，合衆国の公開企業は資本，労働，顧客，あるいは供給者として世界競争でその競争力を相当に減損させることになろう(61)」と主張する。この場合企業は，その保有する情報の公開が自社の不利益につながるため，その情報を公開しないことを選択するかもしれない。

　これらの納税者情報は現在公開されていない。これは納税者情報の公開はプライバシーの侵害にあたるという考えに基づいており，納税者のプライバシー保護にかかわる規定がIRC Sec.6103に定められているからである。TEIは同条項を自己申告納税制度の根幹であると位置づけ，「現行の自己申告ルールは，法人税申告書が公開されたならば相当に失うであろうバランス（公開の拡大による便益と起こりうる陥穽のバランス）を提供している(62)」とする。企業が申告にあたって詳細な情報を内国歳入庁に提出するのは，法規の定めにしたがっているからだけでなく，同条項により情報の秘匿性が守られているからである。たしかに納税者情報の秘匿性は自己申告納税制度の根幹であり，それが破壊されたならば納税者は情報提供を拒否することになろう。したがって自己申告納税制度を維持する限り，納税者のプライバシーの完全性は維持されねばならないことになる。

　TEIはIRC Sec.6103は納税者情報の秘匿性を定めると同時に，「適切なバランスを反映していると考える(63)」。これは一定の条件下では，内国歳入庁以外のものでも法人税申告書の取得を認める例外規定が定められているからである。たとえば，IRC Sec.6103(f)は，議会の一定の委員会は法人税申告書の提出を求めることができると定めている。すでに述べたようにエンロン社は，その求めに応じて創業時からの法人税申告書のコピーを上院財政委員会に提出している。またIRC Sec.6103(i)は内国歳入庁以外の連邦政府職員が連邦法の執行にあたって必要があるときには法人税申告書の開示を認めている。SECはこの規定の対象機関に含まれるであろう。ゆえにTEIは，これらの例外規定の不備がSECの活動に影響を与えているとすれば，「SECにとって使い勝手の良い

法人税申告書（あるいはその一部，たとえばSchedule M-1）へのアクセスを認める，例外規定の追加を検討することが議論の流れである[64]」と主張する。

TEIはGrassleyがO'NeillやPittに発した「大衆に（監督機関と）同水準の透明性に関する情報を入手する権利があるか[65]」という問いに対して，納税者のプライバシーの保護ならびに自己申告納税制度におけるその重要性の観点から反論したのであった。そしてこの透明性の確保にあたって，「SECに法人税申告書情報を利用できるようにさせることで便益があるか[66]」という問いに対して，現在でもSECはそれらの情報を入手できること，問題があるとするならば，SECを対象にした例外規定の追加で十分であると反論したのであった。

David Luip-Sherは，TEIが主張するプライバシーに関する議論を整理している。それによれば，法人税申告書の秘匿性は法人としての法的地位に依拠しているのではなくSec.6103に依拠しているに過ぎず，プライバシーの保護が個人納税者に対するものと同レベルで法人納税者にも与えられるべき性質のものであるかという批判が展開されているが，逆に法人納税者のプライバシーは個人納税者のそれに比べ限定的なものであることは認めつつも，それをディスクロージャーの対価とするのは不適切であると，具体的には法人税申告書情報を公開したときの混乱とバランスさせるには不適切であるという擁護論もある[67]。

(2) 財務会計と税務会計の目的の相違

TEIは法人税申告書情報の公開を求める理由の一つとしてあげられる繰延税金資産・負債の不透明性についても次のように反論する。すなわち「将来の税効果に係わる繰延税金資産・負債の開示を要求する要件は相当な複雑さを生じさせる。……税引前利益と課税所得の相違の源泉について詳細な理解がなければ，公開企業が申告する連結税債務と財務報告目的で報告される所得税債務との比較を誤導させかねない[68]」とし，公開は投資家を混乱させると主張する。くわえて，「財務諸表の金額は，見積もり，プロバビリティをプロフェッショナルによる重要性の主観的な判断とともに抵抗なく受け入れている[69]」もの

であるとして，これらの要素は税務会計の目的にそぐわないと主張する。これらの相違点を理解することなく財務報告において税情報が公開されたならば，財務報告利用者にたんなる数値の差異にのみ焦点を充てさせることになり，一層の混乱を招くと考えられている。

これらの主張は，法人税申告書情報の公開に反対することのみに目的を絞ったものではないであろう。本章冒頭で述べたように，公開論の台頭にあたって，課税所得と会計利益の一致を求める見解（論者によって，どちらに一致させるか，あるいはいずれも適切な数値ではなく新しい所得（利益）の定義を求めるべきか，といった点については見解が異なる）も表明されており，一致論にあらためて反対することも念頭に置いているといえよう。

(3) 財務会計と税務会計の相違の源泉

目的の相違は会計ルールに多くの相違点をもたらすが，その主たる相違点としてTEIがあげているのが報告実体の相違と認識時期の相違である[70]。

連結納税は選択制であり，子会社の範囲はその議決権または価値の80％以上であり，連結財務諸表の作成要件と大きく異なる。くわえて連結法人税申告書の対象となるのは内国法人（海外支店を含む）に限定される。このため「課税所得や租税債務の測定をする以前の段階ですでに，申告実体の構成が異なる。ゆえに異なる実体による申告または報告される金額間の一致は非常に複雑なので，法人税申告書と財務諸表を同列に扱うことは，相当な混乱を引き起こすことになろう[71]」と主張する。これらにくわえて，減価償却のスケジュールの相違，資本的支出の取扱の相違，税法における経済的成果ルールの影響などの認識時期の相違が存在する。

これらの多くの相違点を前提にすれば，「法人税申告書の一般公開は，報告される財務情報の質と理解可能性を高めるものではない。……さまざまな相違の源泉を一致させることは時間の浪費であり，複雑な挑戦である[72]」と主張する。

TEIの主張は，法人税申告書の公開は，企業内部の情報についてあまりにも

多くの情報を競争者に提供することになりプライバシーの侵害にあたること，公開によって得られる情報は膨大かつ複雑でありかつ財務諸表データとはその基盤が大きく異なるがゆえに，情報利用者を混乱させ誤った推論をもたらしかねないことを理由に反対し，現行のIRC Sec.6103の修正で十分対応できるというものであった。

　しかしながらTEIのプライバシーの保護に関する主張には，法人納税者に個人納税者と同レベルのプライバシーを認めるべきではないという反論が展開されている。これまで法人税申告書の公開が議論された状況においては，その公開対象は必ずしも大規模法人に限定されたものではなかった。法人免許税法が導入される以前においては，このプライバシーの問題は個人納税者にかかわるものであり，また1930年代までの法人税申告書公開をめぐる動きは，中・小規模法人をも巻き込んだ動きであった。しかし今回の公開論はその対象が株式公開企業または大規模法人に限られたものであるため，プライバシーの保護を理由とした反対論は過去の経験に比して説得的ではないといえよう。

　またTEIのもう一つの主張も説得的ではないといえる。Grassleyが当初問題提起した時点では，「法人税申告書の公開」は申告書そのものを公開するかのようであり，少なくとも公開の内容は不明確であった。ゆえに会計目的の相違に起因する情報の相違ならびにそれがもたらす混乱というTEIの主張は説得力を有していたであろう。しかし公開論の議論は時間の経過とともに，法人税申告書そのものを公開するのではなく，それに含まれている情報のうちどのような情報をどのように報告するかに議論は移行している。先に示したように，Schedule LとMならびに財務報告の税情報を統合する案やSchedule M-1を全面改定しそれを財務諸表に添付する案が議論されていた。これらの案は「Grassleyの目的とTEIの関心の両方に対応している……長期的に見れば，より多くのより良い情報は税政策論争と財務諸表開示の両者の質を高めることは確実である[73]」と評価されている状況においては，TEIの主張は説得的ではなくなっているといえよう。

お わ り に

　法人税申告書（情報）の公開論争は，公開の是非から公開内容の議論へと移行しつつあるといえる。当初の議論には法人税申告書の一般公開を足がかりとして，課税所得と会計利益の一致を求める見解も多く見られた。公開論に対する反論には，TEIの主張にあるようにプライバシーの観点からの批判とともに，財務会計と税務会計の相違ならびにそれを無視した公開は混乱を招くという批判がみられた。これらの批判は，公開論の議論を法人税申告書そのものを公開するという主張からその情報を公開するという主張に移行させる梃子になったといえよう。

　1980年代にみられた課税所得と会計利益の乖離への批判が代替ミニマムタックス（Alternative Minimum Tax）の導入をもたらしたように，会計不信を端緒とした財務報告の信頼性の低下ならびに課税所得と会計利益の乖離への不信感は，一定の制度改正を求めることになろう。「財務省のPamela F. Olsonは，財務省と内国歳入庁はSchedule Mの再検討をしていることを認めており，またその一方で，税の簡素化を達成する手段として帳簿会計ルールと税申告ルールの一致の程度を高めることも検討してきている[74]」と表明した。財務報告の不備に対する批判とともに，課税所得と会計利益の乖離現象に対する批判が根強い状況においては，法人税申告書公開論ならびにその論争は，Schedule M-1の改訂の流れを作り出したと同時に，課税所得と会計利益の一致論の広がりを押し止めることになるであろう。なぜなら，Schedule M-1の改訂は課税所得（税務会計）と会計利益（財務会計）との相違があることを前提に，その差異が生じる原因を明らかにしようというものだからである。これは，今回の会計不信を背景としてみられる税務会計と財務会計の差異の縮小あるいは一致を求める意見が現在の会計制度に及ぼす影響を最小限にとどめる役割を果たすであろう。法人税申告書公開に関する議論は，現在の両会計制度の基盤を維持することに制度的な役割を求めることができよう。

(注)
(1) The Joint Committee on Taxation, *Report on Investigation of Enron's Federal Tax and Compensation Issues*, 2003.
(2) これらの活動が盛んな証拠としては，タックスプランニングが利益管理に不可欠なものとなり，*CFO Magazine*のような雑誌で「税効率スコアボード（Tax Efficiency Scoreboards)」が掲載されていることがあげられる。
(3) Glenn Kessler, Enron Appears to Have Paid Taxes, *The Washington Post*, Feb. 3rd, 2002.
(4) Glenn Kessler, Enron Agrees to Let Congress See Tax Returns, *The Washington Post*, Feb. 16th, 2002.
　　同紙は，この異例の状況を次のように報じている。
　　「エンロン社は自社の法人税申告書を議会に利用できるようにすることに同意した。これは明らかに会社が自社の税のプライバシーを議会調査のために放棄したはじめての事例である。……議会スポークスマンのMichael Siegelは，過去にかかる要請に同意した会社はないと，ウォーターゲート事件の時に，ニクソン大統領が議会の要請に応じて税のプライバシーを放棄した唯一の個人であると述べた。」
(5) Edmund Outslay, *Michigans Professor's Testimony at Finance Hearing on JCT Enron Investigation*, 2003 TNT 31-16.
　　エンロン社の税情報について検討したものとして，たとえば下記のものがある。
　　Gary A. McGill & Edmund Outlay, Did Enron Pay Taxes？：Using Accounting Information to Decipher Tax Status, *Tax Notes*, Vol. 96 No. 8, 2002.
(6) George A. Plesko, *MIT Professor's Testimony at Finance Hearing on JCT Enron Investigation*, 2003 TNT 31-15.
(7) 課税所得と会計利益の一致を求めるものとしては，たとえば次の文献がある。
　　George K. Yin, Business Purpose, Economic Substance, and Corporate Tax Shelters : Getting Serious About Corporate Tax Shelters : Taking a Lesson from History, *Southern Methodist University Law Review*, Vol. 54, 2001.
(8) Richard D. Pomp, The Disclosure of State Corporate Income Tax Data: Turning the Clock Back to the Future, *Capital University Law Review*, Vol.22, 1993, pp. 373-464.
(9) Joe Thorndike, Promoting Honesty by Releasing Corporate Tax Return, *Tax Notes*, Vol. 96 No. 3, 2002, pp. 324-325.
(10) *The Corporate Exercise Tax Act of 1909*, Sec. 38 (3).

(11) Joe Thorndike, *op. cit.*, p. 325.
(12) Joe Thorndike, *op. cit.*, p. 325.
(13) *The Revenue Act of 1926*, Sec. 257 (e).
(14) Joe Thorndike, *op. cit.*, p. 325.
(15) David Lenter, Douglas Shackelford, & Joel Slemrod, Public Disclosure of Corporate Tax Return Information: Accounting, Economics, and Legal Perspectives, *Working Paper*, 2003 (the April 25, 2003 conference on Public Disclosure of Corporate Tax Returns : Academic Look at How (and Whether) It Would Work).
(16) *Ibid.*
(17) *Ibid.*
(18) *A. L. M. G. L.*, Sec. 83 (c). 会社名と住所については，公開される前に塗りつぶされる。(*A. L. M. G. L.*, Sec. 83 (n))
(19) George A. Plesko, Reconciling Corporation Book and Tax Net Income, Tax Years 1996-1998, *Statistics of Income Bulletin*, Vol. 21, No.4., 2002, pp. 1-16.
(20) Lillian Mills, Kaye Newberry & William B. Trautman, Trends in Book-Tax Income and Balance Sheet Differences, *Tax Notes*, Vol. 96 No. 8, 2002, pp. 1109-1124.
(21) たとえば下記の文献を参照されたい。
　　U. S. Department of the Treasury, *The problem of corporate tax shelters: discussion, analysis and legislative proposals*, 1999.
(22) たとえば下記の文献を参照されたい。
　　Gil B. Manzon, Jr. and George A. Plesko, The Relation Between Financial and Tax Reporting Measures of Income, *Tax Law Review*, Vol. 55 No. 2, 2002.
　　M. Hanlon and T. Shevlin, Accounting for Tax Benefits of Employee Stock Options and Implications for Research, *Accounting Horizons*, Vol.16 No.1, 2002.
(23) この議論のきっかけとなったO'Neill財務長官（当時）とPitt証券取引委員長（当時）に書簡を送った時点では，共和党は同委員会の委員長ポストを占めていなかった。しかし彼は，同委員会の長老メンバーの一人であった。
(24) Charles E. Grassley, *Grassley's letter to O'Neill and Pitt*, Sep. 8 2002.
　　(http://www.senate.gov/~grassley/release/2002/p02r7-08.htm)
(25) *Ibid.*
(26) David Lenter, Douglas Shackelford, & Joel Slemrod, *op. cit.*, p. 22.
(27) Harvey L. Pitt, *SEC Letter to Grassley on "Marginal" Benefit of Public Access to Corporate Returns*, Aug. 15. 2002, 2002 TNT 196-17.

(28) *Ibid.*
(29) *Ibid.*
(30) Paul H. O'Neill, *O'Neill Letter to Grassley on Public Disclosure of Corporate Tax Returns*, Aug. 16, 2002 TNT 196-18.
(31) *Ibid.*
(32) *Ibid.*
(33) *Ibid.*
(34) *Ibid.*
(35) Schedule M-1は1963年に導入されて以来，大きな改訂はなされていない。
(36) Charles E. Grassley, *The letter to President Bush from Senator Charles E. Grassley*, Oct. 7 2002, 2002 TNT 196-16.
(37) *Ibid.*
(38) *Ibid.*
(39) *Ibid.*
(40) たとえば，Alan Murrayは，会計士は，二つの目的（帳簿目的では株価を高めることになる安定的な利益成長を達成し，税目的では所得をゆえに税を最小化するという反対の目的）を達成することが得意になってきたという事実は，プロフェッションが堕落した明白な証拠であり，それを是正するためには，まずはじめに株式公開企業には法人税申告書の公開が義務づけられるべきである，としている。(Alan Murray, Political Capital : Credibility Gap In Corporate Books Should Be Closed, *The Wall Street Journal Europe*, 2nd July 2002.)
(41) Edmund Outslay, *op. cit.*.
(42) David Lenter, Douglas Shackelford, & Joel Slemrod, *op. cit.*, pp. 21-34.
(43) *Internal Revenue Code*, Sec. 6103 (i).
(44) David Lenter, Douglas Shackelford, & Joel Slemrod, *op. cit.*, p. 23.
(45) *Ibid.*, p. 23.
(46) *Ibid.*, p. 24.
(47) Peter C. Canellos & Edward D. Kleinbard, Disclosing Book-Tax Differences, *Tax Notes*, Vol. 96 No. 7, 2002, p. 1000.
またOutslayによれば，現行の税情報はほとんど意味がなく「たとえば繰延税資産・負債を他の貸借対照表勘定（たとえば報酬勘定など）に隠すことができる。」(Edmund Outslay. *op. cit.*)
(48) David Lenter, Douglas Shackelford, & Joel Slemrod, *op. cit.* p. 24.
(49) *Ibid.*, p. 25.
(50) *Ibid.*, p. 26.

Form 1120の最初の4ページとは，課税所得並びに税額の算定過程を示す1，2ページとSchedule LとMを含む重要度の高い明細書が示されている3，4ページを指している。
(51) *Internal Revenue Manual*, para. 4.10.3.6.1.
(52) Lillian F. Mills & George A. Plesko, Bridging the reporting gap : a proposal for more informative reconciling of book and tax income, *Working Paper* (the April 25, 2003 conference on Public Disclosure of Corporate Tax Returns : Academic Look at How (and Whether) It Would Work), p. 23.
(53) Gil B. Manzon, Jr and George A. Plesko, The Relation Between Financial and Tax Reporting Measures of Income, *Tax Law Review*, Vol. 55 No. 2, 2002, pp. 184-187.
(54) このためManzon Jr. & Pleskoは，財務諸表で開示されているデータから課税所得を推測している。(*Ibid.*, pp. 176-213)
(55) Cancellos & Kleinbard, *op. cit.*, pp. 1000-1001.
(56) Mills & Plesko, *op. cit.*, pp. 49-51.
(57) David Lenter, Douglas Shackelford, & Joel Slemrod, *op. cit.*, p. 26.
(58) *Ibid.*, pp. 31-34.
(59) Tax Executive Institute, Public Disclosure of Corporate Tax Returns, *The Tax Executive*, Vol. 54, No. 4, 2002, p. 353.
(60) *Ibid.*, p. 353.
(61) *Ibid.*, p. 354.
(62) *Ibid.*, p. 354.
(63) *Ibid.*, p. 354.
(64) *Ibid.*, p. 354.
(65) Grassley, *Grassley's letter to O'Neill and Pitt*, Sep. 8 2002.
(66) *Ibid.*
(67) David L. Luip-Sher, Idea of Greater Corp. Disclosure Sparks Controversy, Concerns, *Tax Notes*, Vol. 97 No. 2, 2002, pp. 157-160.
(68) Tax Executive Institute, *op.cit.*, p. 355.
(69) *Ibid.*, p. 355.
(70) Manzon, Jr. & Plesko あるいはHanlon & Shevlinなどが指摘しているように，1990年代以降の課税所得と会計利益との相違の主たる要因は，報告実体の相違に着目した海外法人の利用によるタックス・プランニングとストック・オプションの処理に係わる会計ルールの相違に求められるが，TEIは後者については言及していない。

(71) Tax Executive Institute, *op. cit.*, pp. 355-356.
(72) *Ibid.*, p. 356.
(73) Cancellos & Kleinbard, *op. cit.*, p. 1001.
(74) Army Hamilton & Natalia Radziejewska, Olson argues for Eliminating Some Book-Tax Reporting Differences, *Tax Notes*, Vol. 98 No. 14, 2003, p. 1935. Olsonは2003年3月25日にこれを表明している。

第5章　法人税申告書明細書(Schedule M-3)導入の意義

は　じ　め　に

　内国歳入庁（Internal Revenue Service, IRS）と財務省（Department of Treasury）は2003年6月に共同チームを組織しSchedule M-1の改訂作業に着手した。Schedule M-1は法人税申告書（Form 1120）とともにIRSに提出される明細表であり，その内容はタイトル（Reconciliation of Income（Loss）per Books With Income per Return）が示すとおり，帳簿利益と課税所得の差異を明らかにしているものである。この明細書は1963年に導入され，その後骨格に変更を加えられることなく今日に至っている。この間に課税所得と会計利益の乖離は著しいものとなってきたにもかかわらず，その差異を説明するはずのSchedule M-1の改訂は実施されてこなかった。しかしながらタックス・シェルター取引の広がりとエンロン社の破綻に代表される一連の会計スキャンダルは，Schedule M-1の不十分さを明らかにし，その改訂をもたらすことになったのである。

　IRSと財務省の共同チームは，2004年1月28日にSchedule M-1の拡張版としてSchedule M-3の草案を公表した。その後公聴会等による意見聴取を進め，7月7日にその改訂版を公表した。そして改訂版を微修正した最終草案は10月25日に公表された。最終草案はその後修正されることなく確定し，2004年12月31日以降に始まる課税年度に提出が義務づけられることになった。以下，Schedule M-3導入の背景とその意義について検討していくことにしよう。

1. 課税所得と会計利益の乖離

(1) 課税所得と会計利益の乖離幅の拡大

　1990年代半ばから課税所得と会計利益の乖離が拡大する傾向がみられてきた[1]。この現象はかつて1980年代前半にもみられ，1986年税制改革法 (*Tax Reform Act of 1986*) 成立の要因のひとつともなった。当時，税務会計と財務会計の目的の相違に関する理解が広まり，課税所得と会計利益の差異について一定の理解は得られていた。しかし1981年経済再建税法 (*Economic Recovery Tax of 1981*) における加速原価回収システム (Accelerated Cost Recovery System) の導入などに代表される，政策目的の達成を重視した税制改正が進められたためにその差異は大きく拡大していった。具体的には1981年から1985年までの5年間に全米（米国籍企業）上位200社のうち132社が少なくとも1年は法人税額がゼロであり，この間の平均実効税率が14.3％であった[2]。このデータは大企業が多額の利益を計上しながらも，他方で税制上の恩典あるいは抜け穴を駆使して応分の負担から逃れている事実を白日の下に晒すことになった。課税所得と会計利益の乖離現象については多くの議論を呼んだが，それは課税所得と会計利益が一致していないことを問題にするのではなく，その乖離幅の大きさに批判が集中したのであった。そこで1986年税制改革法では両者の乖離幅を縮小するとともに，最低限度の税負担を求める代替ミニマムタックスを導入することで決着が図られたのであった。これにより課税所得と会計利益の乖離幅は縮小傾向にあった。ところが前述のごとく1990年代半ば以降，両者の乖離幅は拡大傾向に転じたのであった。そして今回もまたその現象の多くは大企業に生じており，Pleskoによれば1998年の課税所得と税引前帳簿利益との相違額は1,590億ドルであり，そのうちの96.9％が総資産2億5,000万ドル以上の企業によるものであったという[3]。

　このようなデータにくわえ，エンロン社の破綻に端を発した会計スキャンダルにより個別具体的にその状況が明らかになったのであった。とくにエンロン社に関しては同社が2000年度に連邦法人税を支払ったか否かが議論され，その

推測値は 0 から1,120億ドルまで幅がみられた[4]。もちろん個別企業の法人税額は非公開である。このためエンロン社が連邦法人税を支払ったか否かの議論は，財務報告で開示されている税情報をベースにおこなわれた。しかしながら開示されている税情報は十分ではなく，企業の納税額を推計することは困難であることが逆に明らかにされ[5]，「現在利用できるデータでは，帳簿と税の差異の重要な源泉を詳細に分析することは困難であるというのが精一杯であり，ある場合には不可能である[6]」との評価も下されていた。これらの状況が法人税情報の開示拡大を求める議論[7]への足がかりともなった。

(2) 乖離要因の質的変化

　1990年代半ば以降にみられる課税所得と会計利益の乖離現象は，1980年代半ばまで繰り返されてきたそれとは大きく異なるものである。後者の乖離現象の主たる要因は，税務会計と財務会計の認識期間の相違によるものであった。これらにくわえて企業の国際的な活動に伴う課税問題やストック・オプションに関する処理の相違などが伝統的な差異要因として認識されてきた。とりわけ所得課税制度の導入以降，課税所得と会計利益の差異に関する議論の多くは，何が課税対象となるのか，いつ課税対象となるのか，何が控除対象となるのか，そしていつ控除できるのかであった。つまり財務会計がどこまで税務会計の内容を規定するかであり，財務会計のルールを税務会計においてどの程度受け入れるかであった。これは税務会計と財務会計の目的の相違を前提に両会計が一致しないことへの認識が広まって以降も変わるものではなかった。したがって一方では会計目的の相違を根拠に税制はよりいっそう政策実現目的の改正がなされるにもかかわらず，他方では個別規定の解釈においては財務会計のルールがどこまで総益金または控除の認識時期を決定できるのかが争われてきた。

　1986年税制改革法による税制改正においても，認識時期の相違を修正していずれかの認識時期に一致させることを目指したものではなかった。そこで採用された措置は引当金項目の原則的な廃止に代表される課税ベースの拡大と，主として恩典的項目を対象に課税所得を算定し最低限の法人税を負担させること

を目的とする代替ミニマムタックスの導入であった。このため1986年税制改革法によっても税務会計と財務会計の認識時期の相違を縮小させたわけではなかったのである。その目的はあくまでも課税所得と会計利益の乖離を縮小させることにあり,認識時期の相違を縮小させることではなかったのである。

　1986年の税制改正が乖離現象にもたらした効果は,代替ミニマムタックスにおいて帳簿利益修正前代替ミニマムタックス課税所得を超過する帳簿利益の1／2を代替ミニマムタックス課税所得に加算する規定（2年後には当期利益積立額修正に置き換えられた）の存在に求められる。多額の帳簿利益を有する法人が法人税の恩典的項目を積極的に活用し（通常の法人税の）課税所得を減少させればさせるほど,代替ミニマムタックス課税所得への加算額は増加する。したがって恩典的項目（多くの場合,財務会計における費用認識よりも早期の損金控除の容認）の利用は,通常の法人税額の縮小をもたらす一方で代替ミニマムタックスの増額をもたらすため,結果的に法人の総税負担額は必ずしも減少しない。このためこの加算規定の対象たる法人はその影響を回避あるいは緩和するために会計利益をコントロールする傾向がみられた[8]。このことは課税所得と会計利益の絶対額の差異を縮小させることにつながった。1990年代初頭までこの課税所得と会計利益の差異の縮小傾向は続いたのであった。

　ところが前述のごとく1990年代半ばからふたたび課税所得と会計利益の乖離幅が拡大し始めた。この現象は「伝統的な差異要因（たとえば,国際業務,ストック・オプション控除および減価償却）では説明がつかない[9]」ものである。Mihri A. Desaiによれば,1998年における課税所得と会計利益の差異の半分以上は,これら伝統的な差異要因では説明できないという[10]。このため説明できない他の部分は,この間に著しく普及したタックス・シェルター活動に起因すると認識されたのであった。

2．Schedule M-1の限界

　課税所得と会計利益の乖離の主たる要因がタックス・シェルター活動にあるとの認識が広まるとともに,議会でもタックス・シェルターの実態把握に向け

第5章　法人税申告書明細書（Schedule M-3）導入の意義　115

た動きが見られた。その基本的な考え方は，タックス・シェルターそのものを否定するものではなく，タックス・シェルターが議会の意図した目的どおりに利用されているか否かを把握しようというものであった。そこで法人に対して利用しているすべてのタックス・シェルターをIRSに開示させ，その利用が適切であるか否かを評価できるようにさせることにした。そして1997年には「秘密の法人タックス・シェルター（Confidential Corporate Tax Shelter）」の登録義務づけが導入された[11]。

　これらタックス・シェルターに関わる動きとともに，エンロン社の破綻に代表される会計スキャンダルが課税所得と帳簿利益の差異拡大要因の分析に関心を集めさせることとなった。この問題に強く関心を抱いたのは，エンロン社の問題を議論していた上院財政委員会のCharles E. Grassleyであった。Grassleyは株式公開企業の税情報開示が不十分であると判断し，法人税申告書の開示も含めて政府の対応を求めたのであった。その後GrassleyはForm10-Kの税情報と法人税申告書のSchedule M-1の再検討を求めるにいたったのである。この議論は，当初Grassleyが提唱した法人税申告書の公開から課税所得と会計利益の一致を求める見解まで含めて広範な議論が展開されたが，最終的には法人税申告書の最初の4頁の公開を求めるところへと収斂した[12]。

　法人税申告書公開に関する議論の過程で，財務報告では十分な税情報が開示されていないこととともにSchedule M-1もまた十分な情報が開示されていないことが明らかにされた。このため財務省とIRSはSchedule Mの再検討に着手し，またそのことを認めたのであった[13]。Schedule M-1にどのような問題点が含まれていたのであろうか。ここでは2004年12月31日以降に終了する課税年度から適用されるSchedule M-1を対象に検討しよう。

　前述のごとく，Schedule M-1は1963年に導入以降大きな変更は加えられておらず，Schedule M-3の導入後も変更を加えられることなく維持されている。Schedule M-1の作成を義務づけられる法人は，課税年度の総益金ならびに課税年度末の総資産額がそれぞれ250,000ドル以上の法人である。これを下回る法人はSchedule L（帳簿貸借対照表），M-1（帳簿利益（損失）と課税所得の一致）

およびM-2（帳簿利益積立金）の作成を要求されない。一方で，総資産が10,000,000ドル以上の法人は，Schedule M-1に代えてSchedule M-3を作成しなければならない。したがって対象法人は，総益金が250,000ドル以上であり，かつ総資産額が250,000ドル以上10,000,000ドル未満の法人である。

表5-1　Schedule M-1

Schedule M-1 帳簿利益（損失）と課税所得の一致				
1	帳簿純利益（損失）		7	本年度に課税対象にならないが帳簿では計上される収益（項目別） 免税利子
2	連邦所得税			
3	キャピタル・ロスのキャピタル・ゲイン超過額			
4	本年度に帳簿では計上されないが課税対象の収益（項目別）			
5	本年度に控除されないが帳簿では計上されている費用（項目別） a 減価償却費 b 寄付金繰越 c 旅費および交際費		8	本年度に帳簿では計上されないが控除される費用（項目別） a 減価償却費 b 寄付金繰越
			9	7〜8の合計
6	1〜5の合計		10	課税所得—6から9を控除

　表5-1にあるように，Schedule M-1は税引後帳簿利益（損失）を出発点として当該課税年度の連邦所得税額（課税所得×法定税率）を加算し，差異項目について加算・減算し課税所得に至る過程を示すものである。連邦所得税額はForm 1120の総税額に一致し，また課税所得もForm 1120のそれに一致している。ただし総税額は当該年度の納税額を意味するものではない。総税額から税額控除あるいは還付税額などが控除されるからである。

　Schedule M-1はどのように作成されるのであろうか。Form 1120（2004年度版）では具体的にSchedule M-1のところでインストラクションの24ページを参照するように指示されている。Schedule M-1の作成に関するインストラク

ションは実にシンプルである。インストラクションでは，Schedule M-1の作成対象となる納税者を明らかにし，その作成にあたっての注意点として，表5－1の5c旅費および交際費について，および7のうち免税利子について指示をしているのみである。しかもその内容は，5c旅費および交際費については，それに含まれるものとして，10項目を列挙しているに過ぎない。また免税利子についても，ミューチュアル・ファンドの出資者として受け取る配当金が該当する旨を明らかにしているに過ぎないのである[14]。そしてその詳細についてはPublication 542（以下，Pub.542）を参照するように指示がなされているのである。法人税申告書とインストラクションは基本的にはセットであり，インストラクションにしたがって法人税申告書の作成が可能となっているが，Schedule M-1については別の資料を参照するように指示されている。

　それではインストラクションの指示にしたがってSchedule M-1を作成してみよう。Pub. 542では以下の例[15]を用いてSchedule M-1の作成をガイドしている。また法人Aの課税所得は294,057ドルであり，その損益勘定は表5－2のとおりである。

　Schedule M-1は法人Aの税引後帳簿利益193,588ドルからスタートする。これに当該年度の連邦法人税額82,812ドルを加算する。法人Aにはキャピタル・ゲインは生じておらず，証券の売却によるキャピタル・ロス3,600ドルが生じている。キャピタル・ロスは原則としてキャピタル・ゲインまでしか控除できないため，超過額は帳簿利益の加算項目となる。本年度に帳簿では計上されないが課税対象の収益項目とは，たとえば税目的よりも高い価格で評価されている資産の売却による帳簿利益と課税所得の差異が記載される。法人Aについてはかかる項目は生じていない。次に本年度に控除されないが帳簿では計上される費用についてみてみよう。課税所得の計算にあたって計上された減価償却費は20,000ドルであった。このため減価償却費については課税所得計算で計上される金額が帳簿計上額を上回っているので生じない。寄付金については帳簿では40,500ドルが計上されているが，そのうち控除制限により7,827ドルが控除できない。旅費および交際費の項目には，その他の差異項目の合計が記載され，

表5-2　A社の損益勘定

返品等	50,000	売上	3,250,000
売上原価	1,920,000	受取配当金	10,000
生命保険料	9,500	受取利息	
職員報酬	170,000	州債	5,000
給与・賃金	450,000	課税対象	5,500
修繕費	14,000	生命保険金	9,500
貸倒損失	3,750		
賃借費	110,000		
税金	43,750		
支払利息			
免税債券取得	850		
その他	27,200		
寄附金	40,500		
減価償却費	18,380		
広告費	51,420		
利益分配プラン	32,650		
その他の業務費用	58,000		
証券にかかわる損失	3,600		
連邦法人税	82,812		
税引後帳簿利益	193,588		
	3,280,000		3,280,000

その内訳を示す明細書が添付される。法人Aの場合には，生命保険料9,500ドル，免税債券取得のための借入金に生じる利子850ドルおよび特別雇用税額控除12,000ドル（この税額控除は失業率が高いグループに所属する者または他の特別の理由により職を得ていない者を雇用することで享受できる特典である。給与・賃金450,000ドルのうちこの控除相当額が減額される。）の合計22,350ドルである。これらを合計すると310,177ドルとなる。

　本年度に課税対象とならないが収益となる項目は，免税利子が5,000ドルと生命保険金9,500ドルの合計14,500ドルである。免税利子は州債の受取利息5,000ドルである。本年度に帳簿では計上されないが控除される費用項目は，減価償却費1,620ドルである。これは課税所得計算で計上される20,000ドルと帳簿で計上されている18,380ドルの差額である。法人Aについては他の費目は生じていないが，他の項目があれば具体的な項目と金額を示す明細書を添付し，

それらの合計が記載される。これらの合計額16,120ドルが前述の310,177ドルから控除され，課税所得294,057ドルに一致する。これをSchedule M-1に記入し

表5-3　A社のSchedule M-1

Schedule M-1　帳簿利益（損失）と課税所得の一致					
1	帳簿純利益（損失）	193,588	7	本年度に課税対象にならないが帳簿では計上される収益（項目別）	
2	連邦所得税	82,812			
3	キャピタル・ロスのキャピタル・ゲイン超過額	3,600		免税利子　　　　$5,000	
4	本年度に帳簿では計上されないが課税対象の収益（項目別）			生命保険金　　　$9,500	14,500
			8	本年度に帳簿では計上されないが控除される費用（項目別）	
5	本年度に控除されないが帳簿では計上されている費用（項目別）			a 減価償却費　　$1,620	
	a 減価償却費			b 寄付金繰越	
	b 寄付金繰越				
	c 旅費および交際費				1,620
		30,177	9	7～8の合計	16,120
6	1～5の合計	310,177	10	課税所得—6から9を控除	294,057

たものが表5-3である。

　表5-3の作成にあたってPub. 542は損益勘定の税引後帳簿利益を出発点にしている。しかしながらインストラクションでは，出発点である帳簿純利益（損失）の源泉を特定しているわけではない。表5-2の損益勘定から，本設例は納税者が米国内で商業を営む個別事業者を想定しているといえるが，この場合でも帳簿純利益の源泉が特定されていないため，他のデータ（たとえば規制産業であれば監督官庁へ提出される財務書類，あるいは監査済財務諸表データ）から帳簿純利益を決定することは可能である。

　納税者が米国に本拠をおく多国籍事業者であり，米国内外に多数の子会社を抱えている場合には，Schedule M-1の出発点である帳簿純利益（損失）の源泉をどこに求めるのであろうか。納税者が個別申告であればSchedule M-1の帳

簿純利益（損失）は，単体の財務諸表利益を意味しているのであろうか。また，それは米国内の事業に限定した財務諸表利益なのか，あるいは世界規模で展開されている事業に関する財務諸表利益なのであろうか。納税者が連結申告であればそれは連結財務諸表利益を意味しているのか，あるいは連結納税グループに限定された連結財務諸表利益を意味しているのか，いずれであろうか。これらの疑問点についてPub. 542は何も明らかにしていない。

　Charles Boynton & Lillian Millsは2000年度のデータをもとに株式を公開しているC法人（普通法人）2,548社を調査している[16]。これらC法人は財務諸表利益と帳簿利益についてともに利益を計上している法人である。これら法人に関する資産規模別の帳簿利益と財務諸表利益の比率は表5-4のとおりであった。

表5-4　資産規模別帳簿利益/財務諸表利益比

| 資産規模 (Schedule L) || $10～50Million ||$50～100Million ||$100～250Million ||$250～1,000Million ||$1,000Million超 ||
		法人数	比率	法人数	比率	法人数	比率	法人数	比率	法人数	比率
帳簿利益/財務諸表利益の比率	0.995未満	90	22.2	83	29.4	140	29	283	41.9	323	46
	0.995～1.005	254	62.6	157	55.7	250	51.9	254	37.6	155	22.1
	1.005～1.250	33	8.1	23	8.2	62	12.9	80	11.8	98	14
	1.250超	29	7.1	19	6.7	30	6.2	59	8.7	126	17.9
合　計		406	100	282	100	482	100	676	100	702	100

出所：Charles Boynton & Lillian Mills The Evolving Schedule M-3: A New Era of Corporate Show and Tell?, *National Tax Journal*, Vol. 57, No. 3, 2004, p. 760のデータから作成。

　帳簿利益と財務諸表利益がほぼ同額のC法人は1,070社に及んでいる。また帳簿利益が財務諸表利益を下回っているのはC法人全体で919社である。両者を合算すると1,989社であり全体の約78％を占めている。資産規模別でみると，資産規模が増大するほど帳簿利益が財務諸表利益を上回るC法人の比率が高まっている。資産規模が10億ドルを超えるC法人についてみてみると，帳簿利益と財務諸表利益が一致しているのは約22％にすぎない。これは資産規模別でみると一番低い比率である。ただし財務諸表利益を下回る帳簿利益を報告するC法人の比率は，資産規模別でみると一番高い比率を示しており46％である。両

者を合算すると約68％を占めている。帳簿利益が財務諸表利益を下回ること自体は自然なことであろう。それは連結財務諸表と連結法人税申告書における連結範囲の相違，あるいは海外子会社の算入の可否で説明できよう。しかし「残りの約32％のC法人は財務諸表利益を上回る帳簿利益を報告しており，それを説明することはできない[17]」。帳簿利益が財務諸表利益を指していると理解すればそれらは同額が報告されるはずであり，また帳簿利益が課税対象法人の財務諸表利益を指していると理解すれば帳簿利益は財務諸表利益を下回るはずである。しかし帳簿利益をどのように理解すれば財務諸表利益を超過するのかは，Boynton & Millsが指摘するように，説明できる材料が見いだせない。

表5-1あるいは表5-3にあるように，Schedule M-1は帳簿利益からスタートし差異項目の調整によって課税所得にいたるプロセスを明らかにしている。しかしながら上述のごとく帳簿利益が確固たるものとして定められているわけではない。実質的には，課税所得からスタートして差異項目の調整により帳簿利益に到達するものといえよう。Boynton, DeFilippes, Lisowsky & Millsは2000年度の法人税申告書データを利用して帳簿利益と財務諸表利益の不一致の問題に取り組んでいる[18]。Boynton他はC法人2,172,705社のうち，Schedule Lの総資産額が10億ドルを超える法人684社を対象に調査した。それら対象法人では連結法人税申告書の作成にあたって会社間配当（分配）の除外に誤りがあり受取配当金の額が過大に算出されているという。受取配当金の過大計上額はForm 1120の課税所得の額を増加させる。その課税所得とSchedule M-1のline10（課税所得）は一致していなければならない。ゆえにSchedule M-1の課税所得も過大に計上されている。このため「Schedule M-1の諸項目がこの過大額を吸収しなければならない[19]」。もしSchedule M-1を帳簿利益から作成していくならば，そしてそれが財務諸表利益と一致しているかあるいは連結範囲の相違を考慮して修正された利益額であるならば，受取配当金の過大計上額は，Schedule M-1の帳簿利益以外の項目で吸収されなければならない。もし帳簿利益以外の項目で吸収できないのであれば，課税所得の過大計上額は帳簿利益で吸収しなければならないのである。Boynton他の調査では，Schedule

M-1のどの項目が過大計上額を吸収しているかは特定できていない。これは「納税者以外にだれも誤りを正すべき場所を決定できない[20]」からである。

　受取配当金にみられる現象は、Schedule M-1で示されている諸項目について相当なフレキシビリィティーが存在していることを示している。Schedule M-1の諸項目のうち法人税申告書の最初の4ページで確認できる数値は課税所得額と連邦所得税額である。他の項目については納税者に相当なフレキシビリィティーがある。連邦所得税額以外の調整項目についてはさらに明細書が添付されるとはいえ、Schedule M-1には純額が示されているにすぎない。したがってその内訳を特定することは困難であり、その相殺のプロセスも判別しない。また具体的に示されている項目が非常に限定されているため、課税所得と帳簿利益の差異の大きな部分を占めるストック・オプションによる差異は他の差異項目と相殺されている。もちろんこれらの数値は法人税申告書のどこかに示されているため、検証は可能である。しかしながら大企業では法人税申告書は1,000ページ以上にも及ぶとされ、その検証には膨大な作業量が要求されよう。そして前述のごとく帳簿利益の内容が明確に定義されていないのである。このためSchedule M-1のスタート地点である帳簿利益の段階で、他の諸項目について生じる不整合を調整できることになる。そして帳簿利益額の正確性を検証する直接的な情報が法人税申告書に含まれていないのである。このためBoyntonらが検証したように、Schedule M-1は課税所得を出発点にして帳簿利益への修正という逆のプロセスで作成されることになる。

　たとえSchedule M-1が正しく作成されたとしても、そこで示されている諸項目は限定されており、表示される金額が純額であるだけでなくそもそもその項目が時代遅れなものであった。くわえて上述のような帳簿利益のあいまいさとフレキシビリィティーを内在しているのである。

　これらのことからSchedule M-1は、税務調査にあたって最初に検討されなければならない明細書[21]であるにもかかわらず、その情報価値は著しく低い[22]ものと理解されたのである。そこで新たに帳簿利益と課税所得の差異が著しい大企業を対象にしたSchedule M-1の改訂が検討されたのである。

第5章　法人税申告書明細書（Schedule M-3）導入の意義　　*123*

3．Schedule M-3第一次草案

(1) 第一次草案の構成

　IRSと財務省の共同チームは，2004年1月28日に第一次草案を公表した。第一次草案は3ページから構成されている。後述する最終草案との主たる相違点は1ページの構成である。2ページと3ページはその後一部項目の修正がなされただけであった。表5-5は第一次草案の1ページである。1ページの目的は，最終版でも同様であるが，帳簿利益の具体化である。これはSchedule M-

表5-5　Schedule M-3　第一次草案

SCHEDULE M-3 (Form 1120) 財務省 内国歳入庁	総資産1000万ドル以上を有する法人の純利益（損失）の一致 Form 1120に添付しなさい 別紙案内を参照しなさい	OMB No. 1545-0123 **2004**
法人名		雇用者のID番号

Part I　企業の財務諸表と広く取引されている普通株式に関する質問
1　Part ⅡのLine 1 に示される純利益の源泉を示せ。 　a □SEC Form10-K 　b □その他の認められたGAAP損益計算書 　c □その他の損益計算書 　d □損益計算書はない。帳簿と記録による 　　注：Line 1 dにチェックしたならば，Part I のLine 2～5およびPart ⅡのLine 1～7をスキップし，対象法人の帳簿および記録による純利益（損失）をPart ⅡのLine 8 に記入しなさい。
2　Part ⅡのLine 1 に示される純利益の損益計算書の期間はいつか。　　　　期首 ／ ／　　　期末 ／ ／
3　本年または過去5年間に法人の損益計算書を再表示したか。　　　　　　　　　　　　　□はい　□いいえ 　（「はい」ならば，明細票を添付）
4　法人の普通株が取引される場合のシンボルは何か。　　　　　　　　　それはどこの取引所で取引されるか。
5　法人の主要な広く取引されている議決権付き普通株の9桁のCUSIP番号を記入しなさい。　　□□□□□□□□□

Part Ⅱ　損益計算書の純利益（損失）と対象法人の純利益（損失）との一致		
1　損益計算書の純利益（損失）	1	
2　非対象外国法人の純利益（損失）を取り除く（明細票を添付）	2	
3　非対象内国法人の純利益（損失）を取り除く（明細票を添付）	3	
4　その他の対象法人の純利益（損失）の算入する（明細票を添付）	4	
5　対象法人と非対象法人間の取引の除外を調整する（明細票を添付）	5	
6　損益計算書会計年度と課税年度を一致させるために純利益（損失）を調整する（明細票を添付）	6	
7　Line 8 の金額に一致させるために要求されるその他の調整（明細票を添付）	7	
8　対象法人の損益計算書上の純利益（損失）。1～7を合算する。	8	

For Privacy Act and Paperwork Reduction Act Notice,　　Cat. No. 37961C　　Schedule M-3 (Form 1120) 2004
see the Instructions for Forms 1120 and 1120-A.

1に内在していたあいまいさを取り除くものである。すでに明らかにしたように，Schedule M-1の帳簿利益はその定義が明確でなくいかなる利益を具体的に指しているかは不明であった。第一次草案では，帳簿利益の源泉をSECのForm 10-Kを含む4つに限定している。そしてその限定された損益計算書の利益から外国法人の純利益と連結納税の対象とならない内国法人子会社の純利益を除外する。連結納税グループ間の取引にかかわる利益を除外し，課税年度調整とその他の調整をおこなって連結納税対象法人ベースの損益計算書利益を算出するものである。この修正された損益計算書利益を帳簿利益と位置づけPartⅢとⅣで帳簿利益と課税所得の相違を明らかにする。

(2) 第一次草案へのコメント

　第一次草案に寄せられたコメントは2種類に大別することができる。1つはSchedule M-3の提出を義務づけられる法人の範囲と導入に伴う法人への負担についてであり，もう1つはSchedule M-3の内容の明確化についてであった。
　前者の代表例としてAmerican Bankers Association (ABA) のコメントを，後者の代表例としてTax Executives Institute (TEI) のコメントを紹介しよう。

1) ABAのコメント

　ABAのコメントは，実効日の繰延，一定の項目の再検討，項目の修正，金融機関用のSchedule M-3の創設，1,000ドルの境界線の引き上げの5点にわたっている。その主たる内容は，Schedule M-3の作成にかかわる負担の増大である。Schedule M-3のPartⅢとⅣでは，帳簿利益と課税所得の差異を項目別に示さなければならない。第一次草案では「利益（または損失）項目」で34項目，「費用／控除項目」で37項目あげられている。たとえば免税利子，値洗法収益，あるいはストック・オプションなどそれぞれの項目について帳簿利益→一時差異→永久差異→課税所得の順序で金額を示さなければならない。項目によってはさらに明細表の添付が求められる。Schedule M-1では限られた項目について差異額のみを開示するものであったのに対して，Schedule M-3では

差異の分類までも求められることになった。これらの作業をするためには，総勘定元帳レベルからマニュアルによるシステム変更が必要とされる。ゆえにプログラムの再構築には「400～500時間が必要とされると試算した金融機関もあった。全米トップ25銀行の1つはSchedule M-3そのものを作成すること自体がとてつもない仕事であると気づいた。その銀行は自行の会社の1つについてSchedule M-3を作成した。その所要時間は16時間であった。銀行の連結納税グループには65社が参加しており，連結グループのSchedule M-3の作成には24時間連続で働き続けて40日以上を必要として，通常の労働時間であれば130日を必要とする[23]」として，金融機関にかかる負担のわりに便益が少ないのではないかと主張する。ABAはSchedule M-3のうちPart IとIIには問題がないとして，Part IIIとIVを問題にしている。Schedule M-3の導入は，「課税所得について二重の表示を要求している：(1) Form 1120の1ページで要求されているブロードな収益と費用のカテゴリーと (2) Schedule M-3で要求されるカテゴリー[24]」によって，総勘定元帳の損益計算書に関する勘定について二重に位置づけなければならないと評価する。ただし上記のコメントは必ずしも金融機関に限られたものではなく，業種を問わずみられるコメントである。ABA独自のコメントとしては，Schedule M-3が主として製造業向けに作成されており資産規模1,000万ドル以上のすべての法人にとって十分に使い勝手を考慮されたものではないこと，また金融機関のような規制産業では監督官庁向けに財務データが整えられておりそのことを考慮した金融機関向けのSchedule M-3を用意すべきであること，資産規模1,000万ドルの境界線は製造業にとっては適切かもしれないが金融機関にはあまりにも低すぎること[25]が挙げられる。

　ABAのコメントに代表される過重負担の問題は最終版Schedule M-3でもほとんど解消されることはなかった。これはSchedule M-3の作成に必要とされるデータの多くは「現行のSchedule M-1を作成するためのワークペーパーですでに利用できるようになっている[26]」との認識をIRSが抱いていたからである。つまりResearch Institute of AmericaのJeff Pretsfelderが指摘するように

「Schedule M-3に記載される情報は他の生産物のいたるところに存在している情報から得られる。結果として情報が現存している場所からSchedule M-3上で必要とされる場所へと移動させるためのプログラミングに相当な負担がかかるにすぎない[27]」と認識されたからであった。このため導入にともなう負担軽減策として，Schedule M-3の作成初年度についてはPart ⅢとⅣの完成を求めないことが決定されたにすぎなかった。実効日についてもソフトウエアが十分に準備されている[28]という認識のもと延期されることはなかった。そして業種別のSchedule M-3の提案も退けられ，財務省ならびにIRSの方針としてはSchedule M-3の作成をForm 1120に限定せず，他のFormにも拡大することとされている。

　2）TEIのコメント
　TEIはSchedule M-3の公表以前から財務省やIRSと意見交換を続けてきており，財務省とIRSの取り組みを全体としては評価している。すなわち「法人納税者の税務調査の即時性を達成し，IRSの資源を政府が最も関心を寄せる問題に割く一方で納税者の負担を最小化する努力を評価する。提案されているSchedule M-3はその目的に向かっていくポテンシャルを備えている[29]」とする。その一方で実行日までに解決されねばならない諸問題があるとして，実務上の観点からSchedule M-3の個別項目の内容を明確にするよう求めている。
　TEIはPartごとに問題点を取り上げている。Part Ⅰでは，たとえばForm 10-Kが帳簿利益の最上位と位置づけられているが，連結グループ内のどの納税者のForm 10-Kが利用されるかを明確にすべきであるとする。もちろんそれは親会社のForm 10-Kであるが，親会社がForm 10-Kを提出していない場合にはどうするのか。さらに子会社がグループ内の最大企業でかつForm 10-Kを提出している場合にはどうするのか。あるいは親会社が外国法人である場合には，最善の損益計算書は何か。その場合には外国法人への報告書なのかあるいは合衆国内の帳簿記録なのかをはっきりすべきであるとする[30]。TEIはSchedule M-3を作成するにあたって作成者が判断に迷う点を具体的に示し詳

第5章　法人税申告書明細書（Schedule M-3）導入の意義　*127*

細なガイドを求めるというスタンスをとっている。

　TEIはABAと同様に一定の規制産業ではSchedule M-3作成上の問題点があることを指摘している。TEIは保険会社を例にして説明している。保険会社は州の保険監督部門により規制されており，アニュアル・ステイトメント（Statutory Annual Statement, STAT）を事業免許の交付をうけた州当局に提出している。保険会社は全米保険監督者協議会（National Association of Insurance Commissioners, NAIC[31]）が定める会計原則にしたがってSTATを作成しなければならない。ただしグループ内の生命保険会社と損害保険会社を連結したSTATは要求されず，個別会社毎に作成される。グループ内の保険業務以外の会社はGAAPにしたがって財務諸表が作成される。法人税申告書も一般事業会社向けのForm 1120とは大きく異なるForm 1120 PC（損害保険会社用）あるいはForm 1120 L（生命保険会社用）が採用されている。これらのFormの形式が大きく異なるため，連結にあたっては課税所得を連結する形式が採用されている。これまで保険会社は課税所得を算定するにあたりSTATによる利益を帳簿利益として採用するように義務づけられてきた。しかしながらSchedule M-3の連結損益計算書の利益は，株式公開会社についてはGAAPにもとづくForm 10-Kによるものとされている。しかし保険会社のそれはNAICにもとづいて作成されている。このため保険会社が所属する連結グループの帳簿利益はSTATとGAAPによる利益が混入することになる。このような場合にはどの数値を使うのか，あるいはどのような調整をするのかを明確にすべきであるとTEIは指摘する[32]。

　これらの問題は保険会社に限定されることなく，公益事業や規制事業の場合には等しく生じる問題である。そしてそれはその事業者に限定されることなく，その事業者を抱える連結納税グループにも等しく影響を与えることになる。TEIはABAとは異なり業種別のSchedule M-3を求めるのではなく，財務省やIRSにSchedule M-3の作成時に生じる問題への明確なガイダンスを要求するのみである。TEIの要求はすでに保険業向けに用意されているForm 1120 PCあるいはForm 1120 Lに修正を加えることであった。

TEIはPartⅠとⅡの問題だけではなく，PartⅢとⅣの個別項目の内容についても詳細に検討している。TEIはインストラクションの草案についても検討し，項目のオーバーラップの問題や，インストラクションの不足点を取り上げて改訂をもとめた。これらの指摘の多くは最終草案までに反映されたが，TEIの指摘のポイントはSchedule M-3の導入初年度の取り扱いであった。TEIは他の利害団体と同様に2004年度からの導入に反対した。しかしTEIは妥協案としてSchedule M-3の導入に移行期間を設け，その間はPartⅢとⅣ（最終草案ではPartⅡとⅢ）のa）欄とd）欄の記入をオプションとする提案[33]をおこなった。この提案はTEIの次のような問題意識による。差異をもたらす主要項目の発生債務について考えると，勘定科目とその内容が財務諸表と法人税申告書で直接的に一致しない場合が多い。それらが一致している場合には，発生ベースのデータと支出ベースのデータとの差額をもって差異を認識できる。さらにこれが可能となるのは，負債勘定とその負債の発生費用勘定が直接に対応している場合である。ところが実際には特定の負債を計上するための総帳簿費用はさまざまな勘定に含まれているか，あるいは逆にさまざまな負債を計上するために1つの費用勘定が割り付けられている場合もあるため項目別に差異を求めるのは困難であるとする[34]。このため勘定科目を統一するための十分な時間が必要であるとして移行期間を求めたのであった。

　IRSは最終草案では引当金に関する分類を変更するなどTEIのコメントに対応したと思われる改正をおこなっている。それだけでなくTEIの指摘したa）欄とd）欄の実行可能性にも配慮し，法人がSchedule M-3を作成する初年度はb）欄とc）欄のみを完成させればよいこととした。これは2004年度の法人税申告書に限定されることなく，初めてSchedule M-3を作成するすべての法人に適用される。

4．Schedule M-3最終草案

(1) Schedule M-3の目的

　財務省とIRSは2004年7月7日にSchedule M-3の最終草案を公表した。最終

草案はその後微修正が施され10月25日に公表され確定版となった。財務省とIRSは最終草案の公表時にあらためてSchedule M-3の目的を明らかにしている。すなわち「本プロジェクトの目的は財務会計純利益と課税所得の相違をより透明にすることであった。Schedule M-3はこの目的を達成している。Schedule M-3は（課税所得を減少させる―永田）攻撃的な取引に従事し税務調査の対象となる納税者を識別する情報を提供する[35]」ものである。Schedule M-1では帳簿利益の内容が曖昧であったが，Schedule M-3ではその内容を財務会計純利益として定義する。そしてそれと課税所得との相違を発生原因別に明らかにするものである。これにより「ハイリスクな領域へと税務調査の労力を振り向けることができ，税務調査の改善と迅速化を図る[36]」のである。Schedule M-1は税務調査マニュアルで「財務会計と税務会計との一時差異および永久差異から生じる潜在的な税問題を識別する重要な明細書[37]」と位置づけられている。しかしその情報は非常に限定的なため潜在的な税問題を識別するためには多くの明細書にあたる必要があり，税務調査の効率性を著しく低下させていた。Schedule M-3で詳細なフォーマットが導入され透明性が向上することによって，「エージェントは優先度の高い緊急項目や変化する事業の動向に調査の焦点をあわせることができる。その結果，税法への準拠について高リスクな法人税申告書を対象に迅速かつタイムリーで効率的な調査がもたらされる[38]」とする。Schedule M-3ではほぼ70項目についてそれぞれ財務会計純利益の算定において計上される金額と課税所得の算定において計上される金額の相違を明らかにする。これらの項目は財務会計純利益と課税所得に相違をもたらす主要な項目が含まれており，税実務上の問題が生じた時点で項目の組み換えや追加がおこなわれることになっている。エージェントはSchedule M-3の検討により調査対象とすべきか否かを容易に判断できる。すなわち攻撃的な取引に従事しているか否か，またその程度を把握することができる。Schedule M-1は十分な情報内容を備えていなかったため，エージェントは膨大な法人税申告書情報から問題な取引を抽出し税務調査をおこなう。すべての税務調査が納税者の違法行為に結びつくわけではない。これらの過程で多くの

時間と労力が問題取引の抽出に割かれ，十分な調査がおこなわれないかあるいは不必要な調査がおこなわれることが多かった。Schedule M-3の導入は問題取引の抽出の効率性を高め，税務調査の効率性を高めることになると期待されている。

　Schedule M-3の導入はIRSに多大なメリットをもたらす。その一方で納税者にも一定のメリットをもたらすとされる。納税者はSchedule M-3の作成によって税務調査のリスクを低下させることができる。それは上述のような不確かな状況下でおこなわれる税務調査が減少するからである。またSchedule M-3はIRSへの情報開示でもある。これを適切に作成することによって攻撃的な取引に従事していないこと，つまり税務調査の対象にならないことを示すことができる。ただし，Schedule M-3はIRSには一方的に直接的な便益をもたらすが，納税者にはこのような間接的な便益をもたらすにすぎない。その一方で納税者にはその導入に伴うシステム変更のコストならびに作成コストが新たに生じる。このため多くの実務家が「Schedule M-3の作成には膨大なコストが生じそうであり，そのコストは期待される便益よりも大きい[39]」と主張している。IRSはこれらの主張については前述のごとく，求められる情報はこれまでの法人税申告書情報に含まれておりそれらを抽出して作成できる性質のものであること，したがってそのためのプログラムが導入されれば容易に作成できること，そしてソフトウエア業界によればそのプログラムはすでに準備ができていることなどを理由に便益のほうが上回るとしている。このため財務省とIRSは，第一次草案以降寄せられたコメントで求められていた導入時期の延期については最終草案でも変更はしなかった。

(2) 最終草案の特徴

　表5-6は最終草案に微修正がなされたあとの確定版である。微修正とは「廃棄損失」と「無価値ストック控除」をPart ⅢからPart Ⅱへの移動と，Part Ⅲから「偶発負債費用」と「その他の引当金費用」の削除である。ここではSchedule M-3作成に関するインストラクションにそくしてその特徴を明らか

第5章 法人税申告書明細書（Schedule M-3）導入の意義　　*131*

にしよう。

1) Schedule M-3を提出する法人納税者

　Schedule M-3は資産要件を満たしたすべての法人（Form 1120を提出する法人）が提出しなければならない。これは連結納税を選択している場合でも同様である。もし連結法人グループに保険会社が含まれている場合には，その保険会社はC法人であるかのようにSchedule M-3を作成するか，損益計算書純利益と課税所得のすべての差異をPartⅡのその他の差異に算入することでSchedule M-3を完成させるかの選択ができる。ただし連結法人グループの親会社が保険会社である場合には，Schedule M-3の提出はグループメンバーのすべてに要求されない(40)。

　連結納税の場合には，資産要件は連結法人グループで判断される。このため個別申告であれば資産要件をみたさない法人であっても，連結法人グループに所属していればSchedule M-3を作成しなければならない。資産要件の判断は，Schedule L（帳簿貸借対照表）による。連結グループに保険会社が含まれている場合には，それを含めたSchedule Lの資産額によって判断される(41)。

　Schedule M-3の提出要件は資産額のみである。このため過年度では提出要件を満たしていても当期に要件を満たさない場合には提出を要求されない。法人納税者は当該年度についてはSchedule M-1かM-3のいずれかを選択できる。資産要件の適用にあたっては，連結グループの全法人の法人税申告書が現金主義で作成され，かつ発生主義で財務諸表を作成するかまたは作成された財務諸表に含まれる法人がない場合を除いて，発生主義にもとづいて資産額が測定されねばならない(42)。

　要約すると，Form 1120を提出する法人は，個別または連結を問わず，Schedule Lで算定される総資産額が1,000万ドル以上となる課税年度ではSchedule M-3（表5-6）を作成しなければならない。資産額の測定にあたっては，グループ内に現金主義納税者がいる場合でも発生主義で測定されなければならない。

132

表 5-6　Schedule M-3　確定版

SCHEDULE M-3 (Form 1120)	総資産1000万ドル以上を有する法人の純利益（損失）の一致	OMB No. 1545-0123
財務省 内国歳入庁	Form 1120に添付しなさい　別紙案内を参照しなさい	**2004**

法人名	雇用者のID番号

Part I　財務情報と純利益（損失）の一致

1 a　法人は本課税年度内に終了する損益計算書期間のSEC Form10-Kを提出したか。
　　□はい。1 b と 1 c をスキップしてSEC Form10-Kに関する 2 a から11の項目を完成させなさい。
　　□いいえ。1 b に進みなさい。
　b　法人は当該期間の監査証明付損益計算書を作成したか。
　　□はい。1 c をスキップしてその損益計算書に関する 2 a から11の項目を完成させなさい。
　　□いいえ。1 c に進みなさい。
　c　法人は当該期間に損益計算書を作成したか。
　　□はい。その損益計算書に関する 2 a から11の項目を完成させなさい。
　　□いいえ。2 a から10をスキップして、帳簿または記録上の純利益（損失）を11に記入しなさい。

2 a　損益計算書の会計期間を記入しなさい：期首　/　/　　期末　/　/
　b　法人の損益計算書は 2 a で示された期間について修正されたものか。
　　□はい。（「はい」ならば修正された各項目の説明と金額を添付しなさい。）
　　□いいえ。
　c　法人の損益計算書は 2 a の期間に先立つ過去 5 年間に修正されたことがあるか。
　　□はい。（「はい」ならば修正された各項目の説明と金額を添付しなさい。）
　　□いいえ。

3 a　法人の議決権付き普通株は広く取引されているか。
　　□はい。
　　□いいえ。「いいえ」ならば 4 に進みなさい。
　b　法人の主要な合衆国で広く取引される議決権付普通株のシンボルを記入しなさい。　　□□□□□
　c　法人の主要な広く取引されている議決権付普通株の 9 桁のCUSIP番号を記入しなさい。　□□□□□□□□□

4	Part I の 1 で識別された損益計算書を源泉とする世界規模の連結純利益（損失）	4	
5 a	非対象外国実体からの純利益（明細書を添付しなさい）	5 a	(　　　)
b	非対象外国実体からの純損失（明細書を添付しポジティブな金額として記入しなさい）	5 b	
6 a	非対象合衆国内の実体からの純利益（明細書を添付しなさい）	6 a	(　　　)
b	非対象合衆国内の実体からの純損失（明細書を添付しポジティブな金額として記入しなさい）	6 b	
7 a	対象実体の純利益（明細書を添付しなさい）	7 a	
b	対象実体の純損失（明細書を添付しネガティブな金額として記入しなさい）	7 b	
8	対象実体と非対象実体間の取引を除外するための調整（明細書を添付しなさい）	8	
9	損益計算書年度と納税申告書年度を一致させるための調整（明細書を添付しなさい）	9	
10	11の金額に一致させるための他の調整（明細書を添付しなさい）	10	
11	対象法人の損益計算書上の純利益（損失）。4～11を合算しなさい。	11	

For Privacy Act and Paperwork Reduction Act Notice,　Cat. No. 37961C　Schedule M-3(Form 1120) 2004
see the Instructions for Forms 1120 and 1120-A.

第 5 章 法人税申告書明細書(Schedule M-3)導入の意義　133

Part II 対象法人の損益計算書純利益(損失)と課税所得との一致

	利益(または損失)項目	(a) 損益計算書の収益(または損失)(選択)	(b) 一時差異	(c) 永久差異	(d) 納税申告書の所得(または損失)(選択)
1	持分法適用外国法人からの利益(損失)				
2	外国法人の未課税配当総額				
3	サブパートF, QEF, および類似の所得算入				
4	Sec. 78 グロスアップ				
5	外国法人の課税済分配				
6	持分法適用内国法人からの利益(損失)				
7	連結納税で除外されない内国法人配当				
8	対象法人の少数株主持分				
9	内国パートナーシップからの利益(損失)(明細票添付)				
10	外国パートナーシップからの利益(損失)(明細票添付)				
11	他の導管実体からの利益(損失)(明細票添付)				
12	報告対象取引にかかわる項目(明細票添付)				
13	利子所得				
14	現金調整への総発生高				
15	ヘッジ取引				
16	値洗法適用収益				
17	棚卸資産評価調整				
18	売上対リース(販売者または賃貸人の場合)				
19	Sec. 481調整				
20	未稼得・繰延収入				
21	長期契約の収益認識				
22	当初発行割引とインピュテーション利息				
23 a	棚卸資産および導管実体以外の資産を販売,交換,廃棄,無価値化あるいはその他の譲渡による損益計算書利得・損失				
23 b	Schedule Dからの総キャピタル・ゲイン ただし導管実体からの金額を除く				
23 c	Schedule Dからの総キャピタル・ロス ただし導管実体からの金額,廃棄損失,無価値ストック損失を除く				
23 d	Form 4797 Line 17で純ゲイン/損失 ただし導管実体からの金額,廃棄損失,無価値ストック損失を除く				
23 e	廃棄損失				
23 f	無価値ストック損失				
23 g	棚卸資産以外の資産の譲渡によるその他のゲイン/ロス				
24	キャピタル・ゲインを超過するロスの否認額				
25	キャピタル・ロス繰延の利用				
26	差異をともなう他の所得(損失)(明細票添付)				
27	所得(損失)項目の総額　1から26の合計				
28	費用・控除項目の総額(Part III Line36)				
29	差異をともなわない他の所得(損失)と費用/控除項目				
30	一致総額　Line27からLine29を控除				

注意:(a)欄のLine30は,Part I のLine11に,(d)欄のLine30はForm1120 Page 1, Line28に一致しなければならない。

Schedule M-3 (Form 1120) 2004

134

PartⅢ 対象法人の損益計算書純利益（損失）と課税所得との一致─費用/控除項目

	費用/控除項目	(a) 損益計算書の費用（選択）	(b) 一時差異	(c) 永久差異	(d) 納税申告書の控除（選択）
1	当期連邦所得税費用				
2	繰延連邦所得税費用				
3	当期州・地方所得税費用				
4	繰延州・地方所得税費用				
5	当期外国所得税費用（源泉徴収税額を除く）				
6	繰延外国所得税費用				
7	外国源泉徴収税額				
8	インセンティブ・ストック・オプション				
9	非適格ストック・オプション				
10	その他の持分ベース報酬				
11	接待費				
12	罰金等				
13	刑罰によるダメージ				
14	パラシュート支払い超過額				
15	Sec. 162 (m) 報酬超過額				
16	年金および利益シェアリング				
17	その他の退職後給付				
18	繰延報酬				
19	現金および有形資産による慈善的寄付				
20	無形資産による慈善的寄付				
21	慈善的寄付の制限				
22	利用された慈善的寄付の繰延				
23	当期の企業取得または再編による投資銀行手数料				
24	当期の企業取得または再編による法律事務所および会計事務所手数料				
25	当期の取得または企業再編によるその他のコスト				
26	のれんの償却/減損				
27	取得・再編・創業コストの償却				
28	その他の償却または減損損失				
29	Sec. 198環境修復コスト				
30	減耗償却				
31	減価償却費				
32	貸倒償却				
33	法人が受取人の生命保険料				
34	購入対リース（購入者または賃借人の場合）				
35	差異をともなう他の費用/控除（明細票添付）				
36	費用・控除項目の総額　Line1からLine35の合計　この欄に記入しPartⅡのLine28に記入せよ				

Schedule M-3 (Form 1120) 2004

連結法人グループでは各メンバーがSchedule M-3を作成しなければならない。たとえば親会社と子会社3社で構成される連結法人グループは6組のSchedule M-3を作成しなければならない。親会社および各子会社は自社の被連結Schedule M-3（Consolidating Schedule M-3）を作成する。これらではPart

ⅡとⅢのみが作成される。同様にPartⅡとⅢのみの被連結Schedule M-3がグループ間取引の排除，控除制限，繰延にかかわる処理のために作成される。そしてこれらを連結して連結Schedule M-3（Consolidated Schedule M-3）が作成される[43]。

従来Schedule M-1を作成するさいには，連結子会社からの関連情報は各項目は相殺されたり，個別項目同士で相殺されたりした純額で親会社に報告されていた。それが個別会社ごとにかつ連結グループで相殺されることなく項目別に総額表示されることになった。親会社だけでなく連結グループ全体で関連情報の報告様式の変更を迫られることになった。

2）PartⅠの特徴

最終草案のPartⅠは，第一次草案のPartⅠとⅡを合体させ再編成したものである。第一次草案の内容を詳細にしたものである。具体的には，除外対象の外国法人からの純損益，除外対象の内国法人からの純損益を純利益と損失の総額を明記する形式に変更されたにすぎない。

そしてTEIなどからのコメントで示されていた損益計算書利益の特定の問題はインストラクションで明らかにされている。それによれば，連結納税グループの親会社が非公開企業であるのに対してグループに所属する子会社が株式公開企業である場合には親会社の損益計算書利益が一致計算の出発点となる。これは親会社が監査済損益計算書を備えていない場合でも変わらない[44]。

PartⅠの内容は図5-1のようにまとめることができる。PartⅠの特徴はSchedule M-1ではあいまいだった帳簿利益の内容を，原則として法人税申告書を提出する納税者（個別・連結問わず）の課税年度と同一期間にもとづく世界規模の損益計算書利益とすることにある。

インストラクションではPartⅠの作成についていくつかの例[45]を示している。たとえば，米国法人の親会社Pは株式を広く公開しForm 10-Kを提出している。そして持株割合80％以上の子会社DS1〜DS75と，持株割合51％以上79％以下の子会社DS76〜DS100と，そして100％所有の在外子会社FS1〜FS50

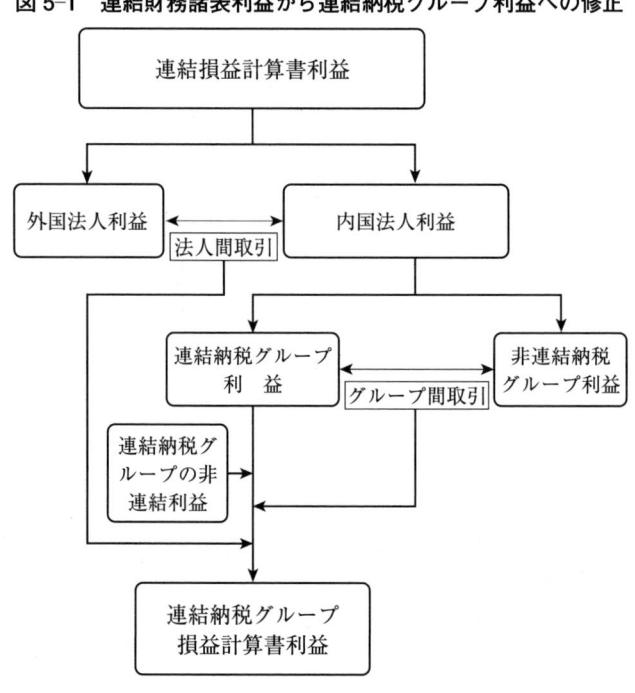

図 5-1 連結財務諸表利益から連結納税グループ利益への修正

```
                    連結損益計算書利益
                    ┌─────┴─────┐
                    ↓           ↓
              外国法人利益 ←→ 内国法人利益
                       法人間取引
                              │
                    ┌─────────┼─────────┐
                    ↓         ↓         ↓
              連結納税グループ      非連結納税
                  利 益    ←→   グループ利益
                         グループ間取引
              ┌─────────┐    │
              │連結納税グ│    │
              │ループの非│────┤
              │ 連結利益 │    │
              └─────────┘    │
                    └─────┬─────┘
                          ↓
                  連結納税グループ
                   損益計算書利益
```

を所有しているとしよう。親会社Pは連結財務諸表の作成にあたってそれら子会社からの配当金を全額除外し，DS1〜DS100の少数株主持分が除外される。ここで親会社PがDS1〜DS75とともに連結法人税申告書を作成する場合には，PartⅠは次のように作成される。親会社PはLine 1aのYesにチェックをつけ，Line 4にForm 10-Kの連結損益計算書利益を記入しなければならない。ここにはすべての連結子会社の純利益（損失）が含まれているので，ここからFS1〜FS50の純利益（損失）を取り除かなければならない。これらがLine 5aまたは5bに記入される。次にDS76〜DS100の少数株主持分控除前の純利益（損失）が取り除かれる。これらがLine 6aまたは6bに記入される。Line 8ではPおよびDS1〜DS75（連結納税法人グループ）とDS76〜DS100およびFS1〜FS50（連結納税対象外）との間で連結損益計算書作成時に除外された取引が戻し入れされ

第5章　法人税申告書明細書（Schedule M-3）導入の意義　*137*

なければならない。この作業には，DS76〜DS100およびFS1〜FS50からの配当金とDS1〜DS100の少数株主持分も含まれる。この結果Line 11は連結納税法人グループの連結財務諸表利益を示すことになる。これによってSchedule M-1に内在していた問題点の1つは解決された。

3）Part II とIIIの特徴

ここでは項目別に損益計算書利益と課税所得の差異を明らかにしている。具体的には，（a）欄には損益計算書利益が（d）には課税所得が記入される。しかしその最大の特徴は（b）欄と（c）欄でその差異を一時差異と永久差異に区分して記入しなければならない点である。

差異の区分はGAAPにしたがって財務諸表が作成されているならば，その区分にしたがって（b）欄と（c）欄に記入される。法人が財務諸表を作成していないか，あるいは財務諸表がGAAPにしたがって作成されていない場合には，法人が将来課税年度でリバースすると判断したか，あるいは過去の課税年度に生じた差異のリバースと判断した項目の金額が一時差異として（b）欄に記入される。（c）欄には法人がかかるリバースが生じないと判断した項目が記入される。法人がある項目について将来課税年度にリバースがあるか否か，あるいは過去の課税年度に生じた差異のリバースか否かが判断できない場合には，永久差異として（c）欄にその金額が記入される[46]。

インストラクションの例[47]をもとに説明しよう。法人Bは株式を広く公開し，GAAPによる連結財務諸表を作成しかつ連結法人税申告書を提出している。法人Bは過年度に7社の買収を通じて知的財産とのれんを取得していた。知的財産は税法上も財務会計上も償却できる。当期に法人Bは知的財産の償却費用を税法では9,000ドル，財務諸表では6,000ドル計上している。財務諸表ではこの差異は一時差異として処理されている。のれんは税法では償却できないが財務会計では減損処理の対象となる。法人Bは当該年度に5,000ドルの減損損失を計上している。財務諸表ではこの差異は永久差異として処理されている。法人Bは償却による差異をPart III Line 28 その他の償却または減損に記入す

る。具体的には，(a) 欄に6,000ドル，(b) 欄に3,000ドル，(d) 欄に9,000ドルが記入される。つぎに営業権の減損損失ついてPartⅢ Line 26 のれんの償却／減損の (a) 欄に5,000ドル，(c) 欄に永久差異 (5,000ドル)，(d) 欄に0ドルが記入される。Schedule M-3（一部）は次のようになる。

費用/控除項目	(a) 損益計算書の費用（選択）	(b) 一時差異	(c) 永久差異	(d) 納税申告書の控除（選択）
26　のれんの償却/減損	5,000		－5,000	0
27　取得・再編・創業コストの償却				
28　その他の償却または減損損失	6,000	3,000		9,000

　一時差異の欄がマイナスになる例としては次のものがある。法人Eは2005課税年度にSchedule M-3の提出を要求される。2005年1月2日に法人Eは100,000ドルの貸倒引当金を設定した。2005年度にさらに250,000ドルの貸倒引当金を設定し，一方で貸倒れ発生時に75,000ドルを取り崩していた。このため2005年度末の貸倒引当金残高は275,000ドルである。2005年度の損益計算書では350,000ドルの貸倒引当損が計上されるが，課税所得の算定においては控除できない。しかし75,000ドルについては課税所得の算定において控除できる。法人EはLine 32 貸倒償却の (a) 欄に350,000ドル，(b) 欄に (－275,000ドル)，(d) 欄に75,000ドルを記入する。このときSchedule M-3は次のようになる。

費用/控除項目	(a) 損益計算書の費用（選択）	(b) 一時差異	(c) 永久差異	(d) 納税申告書の控除（選択）
32　貸倒償却	350,000	－275,000		75,000

2005年度に計上される一時差異は，2006年度に実際に貸倒れが生じた時点で

(d) 欄に計上される。

このようにPartⅡとⅢは差異の生じる要因を一時差異と永久差異に区分して表示するものであるが，それとともにForm 1120の1ページとは異なる方式で実質的に課税所得を算定するものでもある。ここでは各行は課税所得計算で必要とされる勘定項目について損益計算書の収益・費用額を修正して総益金・損金の額を求める形式となっている。PartⅢの費用／控除項目に関する (d) 欄の合計は，PartⅡに記入されるので，最終的にPartⅡ (d) 欄の合計が課税所得として算定される。

(3) Schedule M-3の意義

Schedule M-3の導入はもっぱらIRSの税務行政の効率化を目的として導入されている。差異の生じる項目を数多く明示しその差異要因を一時差異と永久差異に区分表示させることによって，従来IRSサイドでおこなわれていたデータの関連づけを納税者サイドで処理させるものである。IRSサイドでは相当な効率化が図られたといえる。なぜなら課税所得と会計利益に差異が生じる要因を一番把握しているのは納税者自身だからである。納税者は財務報告目的において税効果会計の適用にあたり一時差異と永久差異の識別をおこなっており，Schedule M-3においても財務会計における区分を採用するように指示されている。また納税者は法人税申告書の作成ならびに税効果会計の適用のためにワークシートを作成している。この意味では納税者に新たに生じる負荷は少なく，システム変更である程度は対応できるであろう。納税者に生じる実務上の負荷は損益計算書における勘定科目とSchedule M-3の個別項目のズレを修正することと連結納税グループ内のデータ交換に修正を加えることであろう。とくに後者についてはSchedule M-3の作成にあたった各項別項目の総額データが必要であり，純額を計上するシステムを採用している場合にはこの変更が欠かせない。

税務行政の効率化は次の点で達成される。a) 差異要因の一覧開示，b) 調査対象取引の識別，c) ビジネス動向の把握，d) 問題取引の抽出などである。

a）は上述のごとく，従来はIRSが膨大な提出資料の中から抽出しなければならなかった作業が納税者側に移転した。b）は差異要因が把握された取引の中からハイリスクな取引を抽出しなければならない。これも従来は差異要因をIRSが抽出する作業をしていたため必ずしもハイリスクな取引のみを抽出できていたわけではなく，また逆にそれが漏れる場合もあった。Schedule M-3の導入によりa）の精度が高まることでハイリスク取引の抽出が容易になった。IRSはこれまでリスクのある取引を抽出する作業に多くの資源を割かれてきた。今後は抽出されたハイリスク取引の分析に力を注ぐことができる。c）は項目別に情報が開示されることにより企業の事業活動の状況が把握できる。これによって課税上の問題がどの領域に集中的に発生する可能性があるかを把握できる。d）は開示項目が多岐にわたっているので，新しく登場した取引はその他の項目に集約される。これによって開示項目に問題がないか，あるいは時代遅れになっていないかを量的に把握できる。これとともにその他の項目の詳細な検討により新しい取引の性質を把握することができる。これらの検討により開示項目の増設あるいは入替が検討される。

　税務行政の効率化を達成する具体例としてはストック・オプションがあげられる。Schedule M-1ではストック・オプションによる差異要因はその他に含まれていた。ストック・オプションは会計利益と課税所得の差異要因の重要項目として認識されていたが，それが各法人にどの程度生じていたかは直接的に示すデータはなかった。このためIRSエージェントは膨大な資料から関係データを抽出し結びつけて把握しなければならない。このためストック・オプションによる差異と認識すべきものを見落としたりあるいは認識すべきでないものを含めてしまったりしていた。このような作業に資源を割くことで本来おこなわれるべき作業が進まなかった。Schedule M-3のストック・オプション項目による差異要因開示はこれらの問題を一挙に解決する。ストック・オプションによる差異総額が具体的に示されるからである。これによってIRSは法人の会計利益と課税所得の差異のほとんどがストック・オプションによるものだと判明すれば税務調査の対象から外すであろう。なぜならストック・オプションの

第5章　法人税申告書明細書（Schedule M-3）導入の意義　*141*

取り扱いは企業会計と税務会計では異なり，Schedule M-3の導入時の規定上ではすべて永久差異となるからである。ストック・オプションに係わる控除は立法上の特典として認められているものであるからそれにより生じる差異は立法上許容される差異となるからである。このようにIRSは従来負担となっていた作業を納税者側にシフトすることにより，リスクの高い取引の識別へと資源を集中させることができる。

　他方，納税者側も申告書作成業務負担増大の対価を受け取ることができる。「巨額の帳簿税差異そのものが法人税申告書を税務調査の対象とする(48)」からである。しかしストック・オプションの差異が単独で明示されれば，前述のごとく税務調査の対象となるリスクは低下するからである。差異要因を把握するための税務調査リスクを低下させることができる。IRSの大中規模事業部門長（Commissioner of the Large and Mid-Size Business Division）のDeborah Nolanは Schedule M-3について次のように述べている。すなわち「Schedule M-3は選別の道具であると同時に非選別の道具でもある。なぜならSchedule M-1にはない多くの情報が含まれているのでエージェントや電子システムは納税者にアクセスすることなく，一時差異か永久差異かの問題，特定の項目の相対的な重要性の問題などのリスクを調査することができる(49)」と。Schedule M-3の導入は，法人に対して税務調査リスクの低下と調査に係わる追加コスト発生の軽減をもたらすことができる。

お わ り に

　Schedule M-3の導入は，Schedule M-1の欠陥を補い，税務行政の効率化を目的におこなわれた。しかしそれらの目的とともに本章で明らかにしたように，1990年代半ば以降の課税所得と会計利益の著しい乖離批判，あるいはいわゆる会計スキャンダルでその現象が個別具体的に明らかになったことへの対応でもあった。その意味でSchedule M-3の導入はそれらの批判への税法サイドの対応であったともいえる。少なくとも会計スキャンダルは企業ならびにその関係者の危機意識に火をつけたといえる(50)。しかしSchedule M-3はIRSへの

公開情報であり，これが一般に公開されるわけではない。IRSが有用な道具を手に入れたのは確かである。これによってタックス・シェルターを制約する立法が進むことになろう。これに対して，FASBが課税所得と会計利益の乖離問題にアクションをおこすか否かに焦点は移るであろう[51]。

　Schedule M-3の今後の影響は次の点に絞られるであろう。第1に課税所得を2回算定しなければならない点である。納税者は法人税申告書の1ページとSchedule M-3の両方で課税所得を算定することになる。このため納税者の負担軽減を考慮して1ページをSchedule M-3に置き換えを求める意見もだされている。この点についてIRSの大中規模事業部門の重工業・輸送業部門のアドバイザーであるBob Adamsは「……事実上1ページを廃止することはできる。……M-3から十分な道具を入手できるならばそれをすることはできよう」と述べ，M-3の効用がはっきりしてからの問題であるとしている。もしこれが実現されたならば，税務会計と財務会計の関係は大きく変わる可能性を秘めているといえよう。なぜならSchedule M-3は損益計算書の収益・費用項目から課税所得を求めているからである。

　第2の点は，Schedule M-3の一時差異と永久差異の分類が財務会計に依拠している点である。大きな差異の存在そのものが税務調査の対象となる。今後のIRSによるSchedule M-3の活用次第で財務会計も影響を受けることになろう。法人の税務戦略が課税所得と会計利益を乖離させ，財務会計におけるその差異分類が税務調査リスクに直結することになったからである。

　Schedule M-3導入の効果，あるいは実務への影響は今後の推移を観察していかなければ判明しないであろう。しかしSchedule M-3の導入にいたった経緯を考慮すれば，その制度的な役割はすでに十分果たしつつある。本章で明らかにしたように，Schedule M-3の導入は課税所得と会計利益の乖離現象ならびに会計スキャンダルの広がりを背景としている。とくにエンロン社の問題を契機に個別具体的に乖離現象が明らかになるにつれて，課税所得と会計利益の一致を求める意見もみられるようになった。その議論は最終的に法人税申告書情報の一部公開という議論に収斂していったのであった。その議論では課税所

第5章 法人税申告書明細書（Schedule M-3）導入の意義

得と会計利益がそれぞれ異なる体系で算出される仕組みを維持することが前提であった。そのためには課税所得と会計利益が正しく算出され，相違点が考慮されれば両者の金額が一致することが重要であった。つまり税の観点からは会計利益に適切な修正を施すことによって課税所得に一致することが明示されなければならない。Schedule M-1はその任には適切ではなかったのである。Schedule M-3は詳細な修正プロセスを明らかにすることによって課税所得と会計利益に差異が存在することを論理化したのである。その論理化にあたって一時差異と永久差異の区分という財務会計の論理を包摂したのである。これは現在の乖離現象は税の論理だけでは合理化できないところまで広がっていることの表れともいえよう。

（注）
（1）Pleskoによれば，税引前帳簿利益と課税所得の相違額は1996年時点では925億ドルであったが，1998年には665億ドル増加し1,590億ドルに達していた。(George A. Plesko, Reconciling Corporation Book and Tax Net Income, Tax Years 1996-1998, *Statistics of Income Bulletin*, Vol. 21 No. 4, 2002, pp. 1-16.)
（2）Stewart S. Karlinsky, *Alternative Minimum Tax*, Research Institute of America, 1994, p. 201.
（3）Plesko, *op. cit.*, pp. 1-16.
（4）Glenn Kessler, Enron Appears to Have Paid Taxes, *The Washington Post*, Feb. 3rd, 2002.
（5）税情報の不十分さについては下記の文献を参照されたい。
　　Gil Manzon & George A. Plesko, The Relation Between Financial and Tax Reporting Measures of Income, *Tax Law Review*, Vol. 55 No. 2, 2002, pp. 175-214.
　　Gary McGill & Edmund Outslay, Did Enron Pay Taxes?: Using Accounting Information to Decipher Tax Status, *Tax Notes*, Vol. 96 No. 8, 2002, pp. 1125-1136.
（6）George A. Plesko, Corporate Tax Avoidance and the Properties of Corporate Earnings, *National Tax Journal*, Vol. 57 No. 3, 2004, p. 735.
（7）この議論については第4章を参照されたい。
（8）この点については，下記の文献を参照されたい。

　　　　Jeffrey D. Gramlich, The Effect of the Alternative Minimum Tax Book Income Adjustment on Accrual Decisions, *Journal of the American Taxation Association*, Vol. 13 No. 1, 1991, pp. 36-56.

　　　　Gil B. Manzon Jr., Earnings Management of Firms Subject to the Alternative Minimum Tax, *Journal of the American Taxation Association*, Vol. 14 No. 2, 1992, pp. 88-111.

(9) Gary A. McGill and Edmund Outslay, Lost in Translation: Detecting Tax Shelter Activity in Financial Statements, *National Tax Journal*, Vol. 57 No. 3, 2004, p. 741.

(10) Desaiによれば，差異の半分とは約＄154,400,000,000であり，当該年度の課税所得の33.7％に相当するという。(Mihir A. Desai, The Divergence Between Book and Tax Income, in James M. Poterba ed., *Tax Policy and the Economy*, Vol. 17, MIT Press, 2003, p. 170.)

(11) 本庄資『アメリカン・タックス・シェルター―基礎研究―』税務経理協会，2003年，305～306頁。
　　　　なお，この規制に関する最終規則は2003年2月に公表された。

(12) この議論の経緯については第4章を参照されたい。

(13) Army Hamilton & Natalia Radziejewska, Olson argues for Eliminating Some Book-Tax Reporting Differences, *Tax Notes*, Vol. 98 No. 14, 2003, p. 1935.

(14) Internal Revenue Service, *Instructions for Forms 1120 and 1120-A*, 2004, p. 24.

(15) Internal Revenue Service, Corporations, For use in preparing 2003 Returns, *Publication 542*, 2004, pp. 17-22.

(16) Charles Boynton & Lillian Mills, The Evolving Schedule M-3: A New Era of Corporate Show and Tell?, *National Tax Journal*, Vol. 57, No. 3, pp. 757-769.

(17) *Ibid.*, p. 761.
　　　　Boynton & Millsは，Schedule M-1だけでなくSchedule Lの総資産額についても同様の調査（対象法人は同じ）をおこなっている。それによれば10億ドルを超える資産を有するC法人の35.6％は総資産額が貸借対照表総資産額を下回っているが，46.7％は逆に上回っている。これも帳簿利益が財務諸表利益を上回っているのと同様に，説明のつかない状況である。

(18) Charles Boynton, Portia DeFilippes, Petro Lisowsky & Lillian Mills, Consolidation Anomalies in Form 1120 Corporate Tax Return Data, *Tax Notes*, Vol. 104 No. 4, 2004, pp. 405-417.

(19) *Ibid.*, p. 407.

(20) Boynton & Mills, *op. cit.*, p. 762.

(21) *Internal Revenue Manual.* 4.10.3.6.1.
(22) George A. Plesko, *MIT Professor's Testimony at Finance Hearing on JCT Enron Investigation*, 2003 TNT 31-15.
(23) Mark R. Baran, *Re: Draft Schedule M-3, American Bankers Association*, April 30, 2004. (http://www.aba.com/NR/rdonlyres/16EF662F-4E94-4706-A679-CCA899BD7D91/35924/M3commentletter.pdf)
(24) *Ibid.*
(25) *Ibid.*
(26) Boynton & Mills, *op. cit.*, p.768.
(27) Kenneth A. Gary, Burdens May Outweigh Benefits For Schedule M-3 Filers, *Tax Notes*, Vol. 105 No. 6, 2004, p. 635.
(28) *Ibid.*, p. 635.
(29) Tax Executives Institute, TEI Comments on Proposed Schedule M-3 of Form 1120, *Tax Executive*, Vol. 56 No. 3, 2004, p. 260.
(30) *Ibid.*, p. 260.
(31) NAICは各州の保険監督部門の代表者で構成されている。
(32) Tax Executives Institute, *op. cit.*, p. 261.
(33) *Ibid.*, p. 265.
(34) *Ibid.*, pp. 263-264.
(35) http://www.treas.gov/press/releases/js1770.htm?IMAGE.X=39¥&IMAGE.Y=8
(36) *Ibid.*
(37) *Internal Revenue Manual.* 4.10.3.6.1..
(38) http://www.treas.gov/press/releases/js1770.htm?IMAGE.X=39¥&IMAGE.Y=8
(39) Kenneth A. Gary, *op. cit.*, p.633.
(40) Internal Revenue Service, *Instructions for Schedule M-3（Form 1120）(2004): General Instructions*, 2004, p.1.
(41) *Ibid.*, p. 2.
(42) *Ibid.*, p. 2.
(43) *Ibid.*, p. 3.
(44) Internal Revenue Service, *Instructions for Schedule M-3（Form 1120）(2004): Specific Instructions*, 2004, p.1.
　　TEIが指摘した保険会社に関する問題は，Form 1120PCまたはLの改正ではなく，保険会社のSTATの財務諸表利益をベースにすることが示されている。

したがってグループ内に保険会社が含まれている場合には，財務諸表利益をSTATの財務諸表利益に修正することになる (pp. 5-6)。
(45) *Ibid.*, pp. 5-6.
(46) Internal Revenue Service, *Instructions for Schedule M-3 (Form 1120) (2004): Specific Instructions*, 2004, p. 7.
(47) *Ibid.*, pp. 7-10.
(48) Charles Boynton & Lillian Mills, *op. cit.*, p. 765.
(49) Tax Talk Today, *The New Schedule M-3 Corporate Disclosure and Reconciliation*, Feb. 8. 2005.
(50) 2003年4月にブルッキングス研究所とノースキャロライナ大学共催のシンポジウムで，税情報の一般への公開やSchedule M-1の改訂などに関するコンセプトについて各種利害団体からの反対は表明されなかった。これはIRSにとっては驚きであったという。(Charles Boynton & Lillian Mills, *op. cit.*, p. 764.)
(51) 財務諸表利用者諮問委員会 (User Advisory Council) のメンバーはFASBに所得税会計問題をアジェンダに載せるよう求めている。そのメンバーであるAIM Capital ManagementのStuart CocoはGAO Reportを引用して過去5年間に外国法人の71％と内国法人の61％が合衆国税債務を＄0と報告していることを明らかにし，会計利益と課税所得の非関連性の問題にFASBが取り組むよう求めている。(Steve Burkholder, Taxes, Pensions, Performance Reporting Top List of Topics Analysts Want FASB to Pursue, *Daily Tax Report*, No. 71, April 14, 2004, G-10.)

第6章 税金負債の認識
——FASB解釈案と実務の齟齬——

は じ め に

　FASBは，2006年6月に解釈指針48号「所得税の不確実性に関する会計 (*Accounting for Uncertainty in Income Taxes*)」(以下，FIN48) を公表した。その約1年前に，FASBはその公開草案を公表している。公開草案が公表されたとき，それは「解釈指針というよりもむしろSFAS109の改訂である[1]」との意見が相次いだ。それは公開草案の適用が，ほとんどの企業にとって新たな税金負債の計上をもたらすからである。

　FIN48では公開草案に比べ，税金負債の計上の要件が引き上げられ，企業がその計上を求められる可能性は低下した。しかし公開草案の基本スタンスは，FIN48においても認識の境界に関する変更点と測定規準の変更を除いて変わるものではない。そこで本章では，公開草案の基本的な特徴を明らかにし，FIN48へとつづく税金負債計上の背景とその論理を明らかにしよう。

1．税ポジションの意味

(1) 税ポジションの定義

　FIN48は税ポジションを「当期または繰延所得税資産・負債を測定するにあたって反映される，すでに提出された法人税申告書で採用されたポジション，または将来の法人税申告書で採用すると見込まれるポジション[2]」と定義する。

FIN48公表の目的は，財務会計と税務会計の目的が異なり会計処理やその結果算定される企業利益と課税所得に大きな差異が生じることが当然なアメリカにおいて生じている財務会計上の問題を解決することにある。これに対して確定決算主義と損金経理要件に特徴づけられるわが国の会計制度においては，財務会計数値と税務会計数値に差異を生じさせる取引の余地がアメリカに比べて相対的に限られている。このため上述のFIN48の定義のみをもって「税ポジション」が何を意味しているかを理解することは容易ではないであろう。ここでは，FIN48の定義の理解を助けるべく，税ポジションの意味内容を明らかにするところからはじめよう。

　アメリカでは，納税者（企業）は内国歳入法典，財務省規則，ルーリング，立法趣旨や判例等にしたがって取引を解釈し納税申告をおこなう。納税者がおこなう取引には，前述の内国歳入法典等に明確に定められているかあるいは判例等で確定している取引と，そうでない取引がある。ただし，これらの取引を明確に区分する境界線が存在しているわけではない。このため納税者は内国歳入法典の文言のみならず，取引の実態，諸条件やそれを取り巻く環境等を考慮にいれた判断をおこなう。「確定している取引」とはこれら総合的判断において正しいという結論が下される取引，換言すれば内国歳入庁（または課税当局）が問題にしない取引[3]を意味している。これに対し後者の「確定していない取引」については，納税者および課税当局それぞれが事実関係に照らして課税関係を判断することになる。したがって「確定していない取引」とは，納税者と課税当局の判断が一致しない可能性のある取引[4]を意味している。この取引では，納税者が課税当局の判断と同様の判断を下すならば実質的には「確定している取引」と同様の結果をもたらす。すなわち，課税当局は納税者がおこなう法人税申告書上の会計処理を認めることになる。逆に納税者が自身に有利になるように，すなわち税額の最小化をもたらすように課税関係を判断するならば，その取引をめぐって納税者と課税当局の間で税務紛争が生じることになる。したがって，納税者の申告時の会計処理が最終的にそのまま認められるか否かは不確かなものとなる。これらの取引では，納税申告時の会計処理と税務

紛争解決時の会計処理が異なることになる。

　アメリカではわが国に比べて「確定していない取引」の領域が広い。このため企業は納税申告時点では課税当局と判断の異なる取引にもとづいて税額を申告している。ゆえに，納税申告時の税額と最終的な納税額にはズレが生じる可能性がある。このことは脱税を意図した企業に生じる特殊なものではなく，どの企業にも生じる一般的なものである。

　したがって「税ポジション」とは，企業が納税申告時に採用した会計処理[5]を意味しているといえる。前述のFIN48の定義によれば，その会計処理はすでに提出された法人税申告書におけるものと，決算日時点ではまだ未提出の当期の法人税申告書におけるものとの両方を含んでいる。このことは後述するように，財務会計目的では税ポジションは申告年度の財務諸表で評価されるだけではなく，その税ポジション（会計処理）が確定するまで毎期評価されることを意味する。

　FIN48はこの税ポジションを納税申告時に採用した会計処理にとどめることなく，以下のものも含まれる[6]とする。

a. 法人税申告書を提出しないという判断
b. 課税管轄区間の所得の配分または移転の判断
c. 益金の特徴に関する判断あるいは法人税申告書において課税所得から除外する判断
d. 法人税申告書においてある取引，実体あるいは他のポジションを免税対象として分類する判断

　これによれば，税ポジションとは，法人所得の申告に関するあらゆる判断を含んでいる。もちろん連邦所得税に限定されることなく，州・地方税のみならず，国外の法人所得への課税問題もその対象となる。税ポジションは所得税に係わるすべての意志決定または判断を意味しているといえよう。

(2) 税ポジションの便益

　税ポジションは次の便益を有するとする。すなわち、「未払所得税の恒久的減額、当期に支払義務が生じうる所得税の将来への繰延、あるいは期待される繰延税金資産の実現可能性の変化[7]」をもたらす便益を備えている。これら便益の内容について検討しよう。たとえばA社の収益および益金は1,000ドル、費用は600ドルに対して損金は700ドルであり、また税率は30%とする。税額および税引後利益は以下のように算定される。

　①収益 $1,000 − 費用 $600 = 税引前利益 $400
　②課税所得（益金 $1,000 − 損金 $700）× 税率30% = $90
　③税引前利益 $400 − 所得税費用 $90 = 税引後利益 $310

　②式の損金700ドルは益金1,000ドルに生じる所得税費用300ドルを210ドルだけ減少させる便益を備えている。210ドルの減少は、未払所得税の恒久的減額を意味する。またこの損金700ドルのうち、保守的な（課税当局が問題にしない）税法解釈を適用すれば次年度に控除申請されるべき100ドルが含まれているとしよう。このとき損金700ドルには、未払所得税の恒久的減額180ドルと当期に支払義務が生じうる所得税の将来への繰延30ドルが含まれている。損金計上にかかわる税便益は、税額控除についても同様に存在する。

　保守的な税法解釈によれば次年度に控除申請されるべき100ドルは、前倒し計上されているため次年度の課税所得を増加させることになり、繰延税金資産の実現可能性に影響を及ぼすことになる。同様に、より保守的な税法解釈により控除申請を500ドルとした場合には、差額の100ドルは次年度に控除申請されることになろう。このときには次年度の控除申請は200ドルとなるので、次年度の課税所得は減少することになり、これも繰延税金資産の実現可能性に影響を及ぼすことになる。

　FIN48の税ポジションの定義が示すように、税便益は損金ならびに税額控除のみに生じるものではない。益金を課税所得から除外すること、あるいは益金

の認識を次年度以降に繰り延べることからも税便益は生じる。それらは税ポジション採用年度の所得税債務に影響を及ぼすからである。

2．税ポジションの認識——FIN48以前の実務状況——

　FIN48の設定目的は，税ポジションの便益認識に統一基準を設けるものである。これは税ポジションが内包している不確実性に起因する問題である。前述のように，税ポジションは企業が納税申告時に採用した会計処理を意味する。これら会計処理は納税申告時に確定したものではない。したがってそれら会計処理による未払所得税の額もまた確定したものではない。確定していない税ポジションにもとづき算定された所得税額を財務諸表で計上することは，結果として税ポジションの便益すなわち税額減少の効果を認識していることになる。このことを以下の例で確認しよう。

　企業は本年度1,000ドルの無形固定資産を取得した。当該資産について会計上は償却が実施されず，5年度に除却される。これに対して，税務上の保守的な処理（つまり課税当局が問題にしない処理）は5年間の均等償却であるが，税法等の解釈によれば取得年度に即時償却も可能である。後者の場合には，課税当局がその処理を問題にして税務紛争に発展する可能性が高い。このような税法等を自社に有利に解釈し，課税当局との紛争を厭わない取引を，一般にアグレッシブな取引と呼んでいる。このとき収益および益金は毎年度1,000ドル，その他の費用および損金はないものとし，税率は30％と仮定しよう。

　表6-1は保守的な税ポジションを採用した場合の税額および税効果額の算定，および損益計算書と貸借対照表の5年間の推移である。

　各年度の償却ポジションは200ドルであり，その結果として所得税額は240ドルとなる。各年度の償却ポジションには60ドルの税額減少効果があるが，この便益は各年度において認識されている。なぜならこの便益を認識しないならば，各年度の所得税額は300ドルとなるからである。また，初年度から4年度までに生じる税効果額は5年度に解消される。この償却ポジションは保守的なポジションであるので，申告時点で確定していると考えてよい。これはFASB

表 6-1 保守的な税ポジション

	初年度	2年度	3年度	4年度	5年度
納税申告書					
益金	1000	1000	1000	1000	1000
償却	200	200	200	200	200
課税所得	800	800	800	800	800
税額（30%）	240	240	240	240	240
税効果額の算定					
会計上の資産額	1000	1000	1000	1000	0
税務上の資産額	800	600	400	200	0
一時差異の額	200	400	600	800	0
繰延税金負債	60	120	180	240	0
繰延所得税費用	60	60	60	60	△240
損益計算書					
収益	1000	1000	1000	1000	1000
償却	0	0	0	0	1000
税引前利益	1000	1000	1000	1000	0
当期所得税費用	240	240	240	240	240
繰延所得税費用	60	60	60	60	△240
税引後利益	700	700	700	700	0
貸借対照表					
繰延税金負債	60	120	180	240	0
未払税金	240	240	240	240	240

が問題にする取引ではない。FASBが問題にした状況は，企業が税額の縮減のみを目的としたアグレッシブな税ポジションを採用したときに生じる。

　表6-2はアグレッシブな税ポジションを採用した場合の税額および税効果額の算定，および損益計算書と貸借対照表の5年間の推移である。

　企業は初年度に1,000ドルの即時償却をするので，初年度の税額は0ドルである。2年度以降は損金が生じないので税額は300ドルとなる。即時償却の税額減少効果は300ドルであり，この便益は会計上は初年度に認識されている。これに伴う税効果額は初年度に300ドル発生し，5年度に解消される。即時償

第6章 税金負債の認識—FASB解釈案と実務の齟齬— 153

表6-2 アグレッシブな税ポジション

	初年度	2年度	3年度	4年度	5年度
納税申告書					
益金	1000	1000	1000	1000	1000
償却	1000	0	0	0	0
課税所得	0	1000	1000	1000	1000
税額 (30%)	0	300	300	300	300
税効果額の算定					
会計上の資産額	1000	1000	1000	1000	0
税務上の資産額	0	0	0	0	0
一時差異の額	1000	1000	1000	1000	0
繰延税金負債	300	300	300	300	0
繰延所得税費用	300	0	0	0	△300
損益計算書					
収益	1000	1000	1000	1000	1000
償却	0	0	0	0	1000
税引前利益	1000	1000	1000	1000	0
当期所得税費用	0	300	300	300	300
繰延所得税費用	300	0	0	0	△300
税引後利益	700	700	700	700	0
貸借対照表					
繰延税金負債	300	300	300	300	0
未払税金	0	300	300	300	300

却は企業が自社に有利に税法等を解釈しているため,課税当局がその処理を問題にする可能性がある。FASBはこのようなアグレッシブな税ポジションについてその便益をいつ認識すべきかを問題にするのである。FIN48が公表される前には,この便益の認識実務に統一性がなく,財務諸表の情報能力や比較可能性に問題があったというのである。

FIN48の公表前には,このようなアグレッシブな税ポジションの税便益の認識実務は次のとおりであった[8]。

①税ポジションは申告時または申告予定時に財務諸表で認識される。すなわち，税ポジションの採用時点で当期または繰延税金資産あるいは負債が認識される。そして当期または繰延税便益の最終的な実現可能性が評価され，評価引当金が計上される場合がある。

②税ポジションは不確かではあるがアグレッシブなものではないとして区分され，最善の見積額で財務諸表に認識される。つまり税便益がSFAC6の資産の定義を満たしたときに認識される。

③税ポジションが企業内で事前に定められた規準に照らしてアグレッシブなポジションと見なされたときには，SFAS5のパラグラフ17に定める偶発利得会計のガイダンスにしたがって処理される。

④税ポジションはそれが税務調査で維持されるか否かに関して事前に定められた境界にもとづき認識され，境界をもはや満たせなくなった時点あるいは課税当局への支払がプロバブルになった時点で偶発損失にかかわる負債を計上し，税便益の額を減少させる。

　FASBによるこれら実務状況の分類によれば，税ポジションの確かさあるいはアグレッシブの判断に関する問題とそれらの判断の結果としておこなわれる会計処理の問題について実務上の相違が生じていることになる。ここで表6-2の例で考えてみよう。表6-2では即時償却はすでにアグレッシブなポジションとして分類されているが，実務ではこの分類の判断あるいは判断基準にばらつきがみられるというのである。

　①の実務は，アグレッシブか否かは認識時点では考慮せずに，繰延税金資産の実現可能性を評価する段階において，その税便益の実現可能性を検討することになる。したがって表6-2は①の実務を採用し，実現可能性についても問題ないと評価したことになる。

　②の実務は，税ポジションを確かなものと，不確かではあるがアグレッシブではないもの，およびアグレッシブなものとに区分して，それらが資産の定義を満たしたときに最善の見積額で認識されるものである。表6-2の例によれ

ば，初年度に1,000ドルの損金について300ドルの税便益を認識することはないであろう。アグレッシブな取引であるので，資産の定義を満たすまで認識が繰り延べられ，最善の見積額が計上されることになろう。

 ③の実務は，アグレッシブと分類されたものについては，その便益が実現するまで認識しないというものである。この場合には，税務紛争が解決した時点で税ポジションにかかわる認識がおこなわれる。したがって税務紛争の解決状況に応じて税便益の認識時期および測定額は異なってくる。表6-2の例によれば，1,000ドルの即時控除は税務紛争を生じさせると考えられるので，税務紛争が解決する時点までその便益の認識は繰り延べられる。このためおそらく初年度には税便益は認識されないだろう。このときには所得税費用の額が300ドル増額され，未払税金も同額増額されることになる。これがタックス・クッションとよばれるものである。

 ④の実務は，税便益の実現可能性に疑義が生じた時点で引当金を計上するものである。実現可能性に疑義が生じた時点で③と同様に所得税費用が増額される。これもタックス・クッションとよばれている。つまりタックス・クッションは，法人税申告書で記載された税額と，税務紛争の解決後に生じる追加的な税費用（追徴課税や利子およびペナルティなど）を含む納税予定額との差額である。したがって表6-2の例では初年度の未払税金は0ドルではなく，税務紛争が生じたときに生じる追加的な税費用が所得税費用に計上されるはずである。

 このように税ポジションがアグレッシブなものと分類された場合でも，認識時点および計上額に相違が生じているとされるのである。

 Raby & Rabyによれば，このような実務状況に照らしてFASBが焦点を充てた問題は次の2点であるという[9]。

① 繰延税金資産勘定は，請求された税便益のうち実現すると期待されない金額だけ減額されるべきである。
② 租税債務は最終的に支払うと期待される金額で認識されるべきである。

繰延税金資産の実現可能性は，第一義的には将来の課税所得の発生状況に左右される。表6-1と表6-2の繰延税金負債の額に着目しよう。表6-1は保守的なポジションを採用しているので，初年度の繰延税金負債は60ドルである。この60ドルは5年後に解消される。表6-2はアグレッシブなポジションを採用しているので初年度の繰延税金負債は300ドルである。この300ドルは5年後に解消される。5年間で解消される差異の額は，表6-1の5年度の損金計上額を含めれば同じである。したがって初年度に5年後に解消されるはずの繰延税金資産があれば，その繰延税金資産は300ドル相当額について実現可能性があると考えられよう。しかし重要なのは，表6-2で初年度に1,000ドルの損金を計上しているために2年度以降に1,000ドルの課税所得が生じている点である。ここで初年度に繰延税金資産が900ドルあり，2～4年度に毎年度300ドル解消するとしよう。表6-2では2～4年度に毎年度1,000ドルの課税所得が生じており，300ドルの税額が発生する。このとき繰延税金資産の実現可能性は十分にあると判断されることになろう。ところが，初年度の1,000ドルの控除が否認されたならばどうであろうか。たとえば，初年度の1,000ドルが否認され，表6-1の保守的な会計処理を課税当局から求められたならば，2～4年度の課税所得は800ドルになるため，税額は240ドルとなる。このときには初年度に計上される繰延税金資産900ドルの実現可能性には問題が生じることになり，180ドルの評価引当金の設定が検討されるかもしれない。

　FIN48公表以前では，貸借対照表に記載される未払税金の額は原則として法人税申告書に記載されている金額である。ただし，タックス・クッションを所得税費用に計上しているならば，その額だけ増加しているはずであるが，企業がタックス・クッションを計上しているか否かは財務諸表では明示されているわけではない。「平均的な法人税申告書にはおおくの税ポジションが含まれている。それらは通常の事業過程に特有のものである。そして税ポジションは相当かつさまざまな解釈に晒されている[10]」。つまり企業は必ずしもアグレッシブな税ポジションのみに税務調査のリスクを抱えているわけではない。このため企業は，多かれ少なかれ課税当局が問題にする税ポジションを抱えていると

いえる。この意味では，未払税金は企業の租税債務を表示しているとは言い難く，過小表示しているといえるであろう。企業の納税額は未払税金計上額よりも多くなる可能性が高いからである。FIN48は，このような実務状況に対応することを目的としているといえよう。

3．解釈案の公表

(1) 解釈案の公表

FASBは2005年9月に解釈案「SFAS109号の解釈—不確かな税ポジションの会計（*Accounting for Uncertain Tax Position*）」（以下，解釈案）を公表した。解釈案公表の目的は前述のような問題解決を念頭にSFAS109号により生じている会計実務の相違を解消することであった。FASBによれば「SFAS109号には，企業が税ポジションから生じる財務諸表便益を認識するために満たすべき必要条件たる信頼性の水準（confidence level）が定められていない[11]」という。その結果，税ポジションによる便益認識について下記のような会計実務の相違が生じているとする。

「・法人税申告書に計上または計上すると予想されるすべての税ポジションを財務諸表で認識する。そして，税ポジションの調査及びポジションの維持可能性に関する不確実性の影響を繰延税金資産評価引当金あるいは所得税債務の十全性の分析に含めている。
・税ポジションの便益を当初認識するにあたり，あらかじめ定めた信頼性の水準の境界を利用する。そして，不確実な税ポジションに関する偶発損失に備えてプロバブルロスの境界を利用している。
・一定の属性にしたがって不確かな税ポジションを識別し，SFAS5号に定める偶発利益のガイダンスを適用している[12]。」

これらの実務の相違は，税ポジションによる便益の認識時期や測定金額の相違をもたらし，財務諸表の比較可能性や表示上の誠実性を低下させることにな

る。解釈案はこれらの問題の解決策として以下の主たる提案をおこなった。

① 税ポジションによる便益（税便益）の認識とその解除の要件を定める。
② 認識されない税便益について税金負債を計上する。
③ 税便益の額を最善の見積額にもとづき測定する。
④ 税便益の認識や税金負債の計上は一時差異であるか永久差異であるかを問わず適用する。

以下において，その特徴を明らかにしよう。

(2) 税便益の認識

　企業の納税申告時の税ポジションは「そのポジションのテクニカル・メリット（technical merits）に関する税務調査で否認されないことがプロバブルであれば，その財務諸表効果が当初認識されねばならない[13]」。税ポジションはテクニカル・メリットに関する税務調査の対象となるので，すべての税ポジションが解釈案の対象となった。ゆえに，税便益の認識にあたっては取引への税務調査のリスクに応じて認識の可否や測定をするアプローチは採用しない。

　解釈案を適用すれば，すべての税ポジションは税務調査で否認されないものと否認される恐れのあるものとに分類される。課税当局と税法の解釈で争う余地がない税ポジションは前者に属することになり，解釈案が公表される前の実務と相違はない。またアグレッシブな税ポジションの多くは後者に属することになる。アグレッシブな税ポジションについては，従前から課税当局の否認の可能性が高いと判断されれば，企業は保守的な処理を採用していたであろう。これら税ポジションに対する解釈案の適用は，その後の税ポジションの認識時期についてである。これらの認識時期については実務上の相違がみられていたからである。

　しかし，それよりも実務で大きな相違が生じていたのは，税務調査で否認されないものと否認される恐れのあるものとの境界である。税務調査で否認され

るポジションについてもっとも保守的な処理を採用するならば，上記のごとくその税便益は認識されない。その判断の境界について企業間で相違が生じていたのである。たとえ税務調査で否認される可能性が同レベルと判断されても，その会計処理もまた企業間で相違が生じていたのである。そこでFASBはその境界を明確にしようとしたのである。

　すべての税ポジションはあらかじめ定められた境界にもとづき確かな税ポジションと不確かな税ポジションに区分される。前者については従来どおり税便益を財務諸表で認識し，後者については税便益が認識されず，その未認識税便益は基本的に税金負債として財務諸表で認識される。従来は税ポジションについてもっとも保守的な処理をする場合を除けば，基本的にすべての税便益が財務諸表で認識されていた。したがって不確かな税ポジションに分類された場合には，その税便益は財務諸表では認識されない。この実務の相違点を前述の例をもとに考えてみよう。A社の収益および益金は1,000ドル，費用は600ドルに対して損金は700ドルであり，また税率は30％であった。税額および税引後利益は以下のように算定された。

　①収益＄1,000－費用＄600＝税引前利益＄400
　②課税所得（益金＄1,000－損金＄700）×税率30％＝＄90
　③税引前利益＄400－所得税費用＄90＝税引後利益＄310

　このとき費用と損金の差額100ドルが（将来加算）一時差異であれば，③式は次のようになる。

　④税引前利益＄400－（当期所得税費用＄90＋繰延所得税費用＄30）
　　＝税引後利益＄280

　②式における損金700ドルのうち200ドルについて不確かな税ポジションと判断された場合には，損金200ドルが備えている経済便益（200ドル×30％＝60ド

ル）は認識されない。しかしSFAS109号ではこの経済便益は④式において下記の仕訳により認識され，当期所得税費用をすでに減額させている。

  （借） 当期所得税費用 90 （貸） 未 払 税 金 90
     繰延所得税費用 30   繰延税金負債 30

　解釈案にしたがえば，60ドルの経済便益（その損金は一時差異ではないとする）は認識できないため，下記の仕訳が行われねばならない。

  （借） 当期所得税費用 150 （貸） 未 払 税 金 90
     繰延所得税費用 30   繰延税金負債 30
                 税 金 負 債 60

　この仕訳は，損金700ドルのうち税務調査で否認されない税ポジション500ドルについてのみ税費用の縮減効果を認識していることを意味する。税務調査で否認される恐れのある税ポジション60ドルの経済便益は，税務調査の結果否認されないことが明らかになるまで（必ずしも税務調査の実施あるいは終了を意味しない），あるいは税務紛争が決着するまで（時効を含む）税金負債として計上される。

(3) 税ポジションの継続的評価—その後の認識と認識の解除

　税ポジションは，税結果が確定するまでその維持可能性が評価される。したがって当期のみならず過去に採用した税ポジションすべてがその対象となる。当初認識されなかったポジションの便益は，下記の期間に認識される。

> 「(a) プロバブルな認識の境界がその後満たされた期間，(b) 課税当局との交渉や訴訟により最終的に解決された期間，あるいは (c) 当該課税当局による税ポジションの調査期間が時効を迎えた期間[14]。」

上記期間では，税ポジションが当初認識されなかった年度に計上された税金負債または繰延税金負債の減少をつうじて税ポジションの便益が認識される。

他方，過去に認識された税ポジションは税務調査で否認される恐れが生じたと判断した期間に税便益の認識が解除されねばならない。このとき「評価勘定または評価引当金の利用は，その代替方法としては認められない[15]」。ゆえに認識の解除は税金負債の計上または繰延税金資産の減少をつうじて税ポジションの便益が財務諸表から取り除かれる。

これらの判断は事実と環境にもとづいてあらゆる利用可能な証拠に照らして評価されるが，税ポジションの当初認識の可否を検討する際に利用した情報を再検討することは認められない。したがって当初認識された税便益の認識を解除する場合には，あるいは当初認識されなかった税便益を新たに認識する場合には，新規の利用可能な証拠が必要とされる。たとえば，同種の事案を争っている税務紛争の解決や判決などがこれに該当する。

(4) 認識および認識の解除の境界

解釈案は税便益の認識およびその解除の境界として二重規準を提案した。すなわち税便益は課税当局による税務調査で否認されないことがプロバブルであるならば認識される。他方認識の解除の境界は，「税務調査で維持されない可能性がおそらくある（more likely than not）ことになった期間にその便益の認識を解除されなければならない[16]」。

プロバブルな境界が満たされたか否かは，個々の事実と環境にもとづいてあらゆる利用可能な証拠に照らして評価される。解釈案はその例として下記のものをあげている。

「a. 税ポジションを支持する曖昧ではない税法
b. 資格ある専門家からの税オピニオンであり，かつすべての条件が客観的に検証可能な税オピニオンに優っている。
c. 過年度に法人税申告書で示され，かつ調査期間に課税当局から受け容れ

られたか，否認もしくは調査対象にされなかったものと同じポジション。
　d. 他の納税者が課税当局と訴訟をつうじて納税者に有利に解決したポジションから法的先例があり，そのポジションとの類似性が妥当である場合[17]。」

　これらの証拠によれば，認識対象となる税ポジションは課税当局と見解にあまり相違が生じないものに限られる。したがって企業に解釈の余地がある税ポジションはプロバブルな境界を満たせないため，その便益は認識されずに税金負債または繰延税金負債の計上をもたらすことになる。
　認識の解除の境界である「可能性がおそらくある」は，プロバブルよりもハードルが低い。しかし前述したように，当初認識された税便益の認識解除は新規の情報にもとづいておこなわれねばならない。したがってこの境界にもとづく認識の解除は税ポジションの評価におおきな影響を与える判決や解釈が下された場合に限定されるだろう。

(5) 税便益の測定—最善の見積額

　プロバブルな境界を満たした税ポジションの便益の額は，「課税当局による調査でポジションが否認されないことがプロバブルである最善の見積額[18]」でなければならない。調査には関連する訴訟などのプロセスも含まれる。したがって最善の見積額には税務紛争の最終的な結果を含むものである。また過少申告による追加コスト（追徴税額や利子など）は，税ポジションがそれらを回避するための「最低限の法規の境界を満たさないならば，それらが生じたと考えられる年度の収益に対応させなければならない[19]」とする。
　税ポジションは認識の境界を適用した結果，測定の観点からは以下のように3区分することができよう。

　① 認識の境界を満たし，かつ課税当局と見解の相違が生じないポジション

② 認識の境界を満たしているが，測定額について課税当局と見解が異なる可能性があるポジション
③ 認識の境界を満たせないポジション

　認識の境界は①・②と③を区分するものであるので，③については税便益の最善の見積額を測定する必要性は生じない。③の税ポジションは法人税申告書では請求されているが，その税便益（税額を減少させる便益）は財務諸表では認識されない。この場合には，税ポジションの税便益は税金負債として計上される。①の税ポジションは保守的な税務処理にもとづき納税申告をしている場合である。このときには課税当局との間で税務紛争は生じないので，最善の見積額は法人税申告書における請求額に一致するであろう。②の税ポジションは，税務調査で否認されることはないであろうが，そのポジションについて法人税申告書で請求されている金額がそのまま認められるか否かが不確かなものである。たとえば，ある費用は損金として請求することに疑義はないが，その金額について見解がわかれる場合などが想定される。したがって解釈案の適用対象は実質的に②および③のポジションとなろう。

(6) 税金負債の計上と永久差異

　解釈案の適用により財務諸表便益の額とそれに相応する法人税申告書の額に相違が生じる。つまり財務諸表に税便益として計上されない額が生じる。その額はその相違が生じる原因に応じて分類され，税ポジションが否認されたときに将来減算一時差異の減少（あるいは純事業損失や税額控除の減少）をもたらすならば，繰延税金資産の減少または負債として認識する[20]。たとえば，ある損金が純事業損失の原因であるとき，その損金が否認されたならば純事業損失の将来の税額減算効果は消滅するからである。また解釈案による負債の増加は，その増加要因がプロバブルな認識の境界を満たした税ポジションから生じたであろう将来加算一時差異を原因とするならば，繰延税金負債として認識される。そしてこれらを除く負債の増加はいずれも税金負債として認識され

る[21]。したがって解釈案の適用による負債の増加は，それが生じる年度の原因に応じて分類されることになる。この分類によれば，SFAS109号では繰延税金負債として認識されていた差異が税金負債として分類され，繰延税金資産と相殺される繰延税金負債が減少することになる。

　解釈案はすべての税ポジションに適用されるため，SFAS109号の適用により永久差異に分類され，繰延税金負債の計上をもたらさなかった税ポジションについても税金負債計上の可能性が生じることになった。むしろ，永久差異に分類される税ポジションの多くは，タックス・シェルター取引に代表されるアグレッシブな税ポジション[22]を多く含んでいるため，プロバブルな認識の境界を適用したならばその多くが税金負債計上の要因となることであろう。

4．解釈案への批判

　FASBの提案は現状の税ポジションの実務を大幅に変更するものであるため，多くの批判を招いた。たとえば，税ポジションが課税当局に否認されないという判断を下すには多くの文書証拠が必要となるであろう。また，それらの文書は逆に課税当局に対してポジションの詳細な内容あるいは取引の仕組みを提供することになる，いわゆるロードマップの問題も生じさせる。ただし，これらの問題は通常の税実務に共通して生じる問題である。しかしFASBの提案はあくまでも税ポジションの便益を財務諸表でいかに認識するかという問題であるので，その批判の多くは税便益の認識の境界に向けられた。それらの批判は税便益の認識と認識の解除における二重規準の問題と，認識の境界の水準の問題に集約することができる。

(1) 認識にかかわる二重規準

　解釈案で示された認識にかかわる規準は税ポジションの評価に関する一貫性の問題を生じさせる。これはすべての税ポジションがその最終的な結果が生じるまで毎期評価されるからである。企業が採用した税ポジションは，採用の年度にその税便益を財務諸表で認識するか否かを判断される。税便益は採用年度

においても，また当初認識がされずにその後の年度に認識される場合においても，その認識の境界はプロバブルである。税ポジションが税務調査で否認されないことがプロバブルでないかぎり，その税便益は財務諸表では認識されずに，税金負債または繰延税金負債が計上される。たとえ税ポジションがプロバブルの境界を満たしたとしても，そのポジションはその後も最終的な結果が確定するまで評価を受け続ける。一般に，税務調査そしてその後の税務紛争の解決のプロセスは長期にわたる。このため解釈案が問題にしているような不確かな税ポジションの評価が単年度で終了することは稀である。最終的な結果が確定するまでは数年間を要するであろう。この状況下では，同様の税ポジションでありながら，一方はその税便益が認識され続け，他方はその認識が認められない問題が生じる。

　ある税ポジションがプロバブルな認識の境界を満たしたとしよう。したがってその税便益は財務諸表で認識され所得税費用と未払税金を減額させるだろう。このとき企業はこの税ポジションは課税当局から否認される可能性が低いと判断しているので，今後も同様の税ポジションを採用する決定を下すであろう。ところが次年度に同様の税ポジションを採用したが，他の企業が課税当局との税務紛争で企業に不利な解決が図られたとしよう。この解決は課税当局との妥協によるのか，判決によるのかは重要ではない。このときかかる税ポジションが課税当局の税務調査で否認されない可能性は低下することになる。この場合には，次年度に新たに採用されたかかる税ポジションは，プロバブルな認識の境界を満たせないためにその税便益は財務諸表では認識されずに，税金負債が計上されることになる。ところが前年度に採用され，そしてその税便益が認識された税ポジションは，課税当局が否認する可能性がおそらくある (more likely than not) と判断されないかぎり，財務諸表からその税便益は取り除かれない。同じ税ポジションが，その課税当局の否認の可能性が「プロバブル」と「おそらくある」の中間に位置するときには，その税便益の財務諸表上での取扱が異なるのである。ある期間の財務諸表に異なる規準にもとづいて税便益が計上され，比較可能性と一貫性の問題を生じさせるのである。

(2) 認識の規準の水準

　企業は一般には，合理的な根拠がない限り税ポジションを採用しない。これは企業の立場では，納税申告にあたって課税当局の税務調査に耐えられる水準，または課税当局が問題にした場合に妥協できる水準にもとづき納税申告をしていることを意味する。企業は課税当局が否認する可能性の高い税ポジションは採用しないであろう。実務の観点からは，FASBが解釈案で採用した規準と企業が納税申告にあたって採用している規準との相関関係が重要であろう。わが国と異なり，納税申告にあたって税法解釈の余地が広範なアメリカの税実務では，この点は重要である。税務会計と財務会計が独立しているとされる制度体系においても，両者の関係を完全に切り離すことはできない。

　税実務において，企業が税ポジションを採用するか否かは，課税当局による税務調査で維持される可能性が「おそらくある」規準にもとづき判断される。「おそらくある」規準は内国歳入法典で要求される水準である。これは企業がペナルティを回避するために最低限必要な水準である[23]。この規準と解釈案で要求される水準が一致しない，という点が批判の対象になった。

　企業が納税申告にあたって採用する税ポジションについては，とくにアグレッシブなポジションについては，外部の税専門家による意見表明 (tax opinion) が用意されているのが一般的である。それらの意見表明は下記のようにまとめることができる[24]。

① Will
② Should
③ More likely than not
④ Substantial authority or Realistic possibility
⑤ Reasonable basis

　これらは①～⑤に向かって信頼性の程度が低下する。①および②は一般にそのポジションの確実性が高いことを意味し，①は100%を②は70%程度を意味

するという。解釈案にあるプロバブルは②レベルのオピニオンが必要とされる。しかし内国歳入法典で要求される水準は③のレベルであり，解釈案と一般の税実務とは一致しないことになる。とくに，解釈案が想定したアグレッシブな取引，たとえばタックス・シェルター取引についてはこのレベルのオピニオンが用意されているのが普通である。④および⑤は企業にとっては非常にリスキーな税ポジションであり，そのポジションについては課税当局が問題にして行動を起こすことを想定しているといえる。なお，⑤は税ポジションを採用する上で最低限の水準である。税専門家から⑤の意見表明を得られない場合には，一般に企業はその税ポジションを採用しない。

このため解釈案公表以前の税実務と，解釈案の要求水準に大きな違いが存在するため，解釈案がそのまま導入されたならば，すでに採用されている税ポジションについては税金負債が計上され，またその後も大きな齟齬が生じると考えられる。

多くの企業は③のレベルで税ポジションを採用しているにもかかわらず，解釈案では②のレベルでその税便益の認識が問われることになる。また，税ポジションの採用にあたって②のレベルの意見表明が必要とされることにもなりかねないため現実的ではないとも考えられよう。

お わ り に

解釈案の導入はいくつかの実務上の問題を生じさせるが，それらは解釈案と税実務との乖離として説明することもできる。税務会計と財務会計の目的の相違は，それら実務の相違を合理化してきた。そのもとで多額の会計利益を計上しつつも，それに相応した納税額を負担しないことを可能としてきた。そしてそのギャップを会計上認識せずにやり過ごしてきたのである。

しかし税ポジションの評価問題は，アメリカの税務会計と財務会計の関係を変容させる可能性がある。税ポジションを評価し，それを税便益の財務諸表上での認識に反映させることは，税務会計と財務会計の双方に影響を及ぼす。第1に，税ポジションの採用にあたって財務諸表への影響を考慮せざるをえない

ことであり，第2に，財務会計が税務会計の判断に影響されるということである。税務会計と財務会計が独立していることが前提であるために，双方の会計制度は他方への影響を考慮することなく実務上の判断が可能であった。ところが解釈案は，納税申告で採用された税ポジションが，財務諸表上の報告数値に影響を与える仕組みとなっている。とくに，アグレッシブな税ポジションを採用すればするほど財務諸表数値は影響を受けることになり，これまでの実務では計上されることのなかった税金負債の計上をもたらすことになる。企業が税金負債の計上を避けようとするならば，納税申告にあたってより保守的なアプローチを採用することになろう。その結果として課税所得は増大することになるので，これまでの課税所得と企業利益の乖離現象は縮小されることになる。税ポジションの認識問題は，課税所得と企業利益の乖離問題に対する財務会計サイドからの解決案であったといってよいであろう。税務会計と財務会計の独立した制度体系を変容させるものではないが，今後は税務会計における判断が財務会計の判断に大きな影響を及ぼすことになろう。

(注)
（1）Burgess J.W. Raby & William L. Raby, Painting the Accounting Practitioner Into a Tax Practice Corner, *Tax Notes*, Vol. 108 No. 13, 2005, p. 1400.
（2）FASB, FASB Interpretation 48, *Accounting for Uncertainty for Income Taxes*, 2006, par. 4.
（3）内国歳入庁が問題にしない取引であるので，逆に必ずしも内国歳入法典等に処理が明記されていない取引，たとえば行政慣行上問題にされない取引も含まれる。
（4）税務上の処理が確定していない取引であるので，納税者と課税当局の解釈が一致する場合もありうる。
（5）わが国では納税申告時に採用した会計処理を「税務処理」と称することが一般的であろう。しかし，FIN48で定義する「税ポジション」を「税務処理」と訳すのは誤解を招くと考えられる。アメリカでは税務処理（tax treatment）は，税法と会計のルールが一致している状況，あるいはルールが明確であるがそれらが一致していない（たとえば，税法上の原価回収制度と財務会計上の減価償却制度の相違）状況でおこなわれる処理を意味する。つまり税法上解釈の余地

がない状況でなされた法人税申告書上の会計処理である。これに対して税ポジション (tax position) は広義には上記の税務処理を含む法人税申告書上の会計処理すべてを指し，狭義には税法が明確ではないために解釈の余地がある状況において法人税申告書上でなされる会計処理を指す。FIN48の「不確かな税ポジション」とは，ほぼ狭義の税ポジションを意味していると考えられる。

(6) FASB, FIN48, par. 4.
(7) Ibid., par. 4.
(8) Ibid., pars. B4-6.
(9) Burgess J.W. Raby & William L. Raby, Quantifying Uncertain Tax, *Tax Notes*, Vol. 113 No. 2, 2006, p. 153.
(10) Brett Cohen and Reto Micheluzzi, Lifting the Fog: Accounting for Uncertainty in Income Taxes, *Tax Notes*, Vol. 113 No. 3, 2006, p. 233.
(11) FASB, *Proposed Interpretation, Accounting for Uncertain Tax Positions-an interpretation of FASB Statement No. 109*, 2005, par. 1.
(12) Ibid., par. 2
(13) Ibid., par. 6.
(14) FASB, *Accounting for Uncertain Tax Positions-an interpretation of FASB Statement No. 109*, par. 8.
(15) Ibid., par. 10.
(16) Ibid., par. 10.
(17) Ibid., par. 9.
(18) Ibid., par. 11.
(19) Ibid., par. 17.
(20) Ibid., par. 13.
(21) Ibid., par. 14.
(22) 税法に解釈の余地がある場合に，租税回避または節税を目的として税務調査で否認され追徴課税等のペナルティが課されるリスクの高い税務処理をおこなうことをいう。たとえば，SECおよびPCAOBはアグレッシブな税ポジション取引 (aggressive tax position transactions) を次のように定義している。
「登録会計事務所が直接または間接的に最初に勧めた取引であり，その取引の主要な目的が租税回避にあり，その取引が認められることは当該税法では少なくともおこりそうにない (more likely than not) もの。」(http://www.sec.gov/rules/pcaob/34-53427.pdf, 2006年 6 月30日取得)
(23) Treasury Regulations, 1.6664-4 (f) (2) (i) (B) (2).
(24) James R. Browne, Financial Reporting for Uncertain Tax Positions, *Tax Notes*,

第7章　FASB解釈指針48号公表の意義

はじめに

　エンロン事件に端を発した会計不正は，多くの制度改正をもたらした。税にかかわる制度体系もまたその例外ではない。税務会計領域では一連のタックス・シェルター取引[1]への規制や報告義務の導入，また一定規模の法人に対しては課税所得と企業利益の一致に関するより詳細な一覧表としてSchedule M-3が導入された。これには従来作成が義務づけられていたSchedule M-1に比べはるかに詳細な内容が含まれている。他方，財務会計領域では税情報の公開レベルに疑念が向けられた。たとえば，財務諸表利用者諮問委員会（User Advisory Council）のメンバーがFASBに所得税会計問題をアジェンダに載せるよう求める動き[2]も見られた。

　2006年6月に公表された解釈指針48号「所得税の不確実性に関する会計（*Accounting for Uncertainty in Income Taxes*）」（以下，FIN48）は，FASBによるこれらの動向への対応といえる。これは税務会計領域での制度改正により，企業の納税申告にかかわる詳細な情報が課税当局に提供されることが背景となっている。これにより企業の税ポジションは税務調査の対象となるリスクが高まり，結果として追加の税コストを負担する可能性が高まったのである。このために既存の実務における税便益の認識について確固たる基準が必要であるとの論理のもとにFIN48が公表されたのである。

1．税ポジションの内容

(1) 税ポジションの範囲

　税ポジション（tax position）という用語は，わが国では馴染みの薄い用語である。類似の用語として税務処理（tax treatment）がある。これらをたんに納税申告上の処理を意味するものと理解するならば，二つの用語はともにその意味を含んでおり，わが国では二つの用語を区別する意味は現状ではあまりない。これに対してアメリカでは，両者を区別して用いることがある。

　前章で明らかにしたように，税ポジションは法人税申告書の作成にあたって採用される会計処理を意味しており，財務諸表目的における税額等の会計処理を意味するものではない。しかしFIN48ではこれにとどまることなく，税ポジションは法人所得の申告にかかわるあらゆる判断を含んでいる。もちろんそれは連邦所得税に限定されることなく，州・地方税さらに国外の法人所得への課税問題もその対象となる。税ポジションは所得税に係わるすべての意志決定または判断を意味しており，たんなる税務処理よりもその範囲が広いといえる。

(2) 所得税の不確実性－税ポジションの不確かさ

　FIN48が対象にしている所得税の不確実性とは，税ポジションの結果が確定するまで時間がかかり，納税申告ならびに財務諸表作成時点でその結果も確実ではないことを意味している。

　わが国では納税申告にあたって課税当局の法解釈にそくした税務処理をおこなう傾向がみられる[3]。このため多くの場合には，納税申告時の税務処理は確定しているものと考えられる。これは確定決算主義と損金経理要件などによって，財務会計と税務会計で異なる会計処理を採用する余地が少ないことに起因しよう。

　これに対してアメリカでは，企業は税法，規則，ルーリング，立法趣旨や判例等にしたがって取引の課税関係を解釈し納税申告をおこなう。企業がおこなう取引には，税法等に明確に定められているかあるいは判例等で確定している

取引と,そうでない取引がある。ただし,これらの取引を明確に区分する境界線が存在しているわけではない。このため企業は税法の文言のみならず,取引の実態,諸条件やそれを取り巻く環境等を考慮にいれた判断をおこなう。「確定」とはこれら総合的判断において正しいという結論が下されること,換言すれば課税当局がそのまま企業の税務処理を受け入れることを意味している。この場合には企業と課税当局との間でかかる税務処理は確定し,それに関する税務紛争は生じない。たとえば,ある損金の計上が税法あるいは規則等の他の源泉に明記されている場合などがこれにあたる。このとき損金の控除可能性は「確定」しており,問題にならない。しかし損金の控除については企業と課税当局の見解が一致している場合であっても,当期の控除額については見解が一致しないかもしれない。償却性資産の償却費の当期控除については見解が一致しているが,その当期控除額については見解が一致しない場合がこれにあたる。この損金にかかわる税ポジションは「確定していない」取引となる。

しかし「確定していない」取引は上述のような取引に限定されない。税法や判例等を検討したところその適用・解釈に曖昧な部分が存在し,判例等と事実関係が異なり独自の解釈が可能な状況が数多くある。この状況では企業および課税当局それぞれが事実関係に照らして課税関係を判断している。このときには企業と課税当局ではある取引について異なる判断をする可能性がある。たとえば,ある取引の損金控除の可能性が,税法や判例等に照らして微妙な状況にある場合である。企業はこのような状況で税ポジションを採用する場合には,税専門家に見解を求めるのが一般的である。この見解を税オピニオンという。税オピニオンが取引の採用あるいは法解釈について「合理的な水準 (reasonable basis)」に達するものでなければその税ポジションは採用されない[4]。したがって,控除の可能性がない税ポジションは採用されないため,税ポジションは次のように分類できる。

① 税法等に照らして税ポジションの取り扱いが確定しており,その金額についても見解の相違が生じないもの。

②　税法等に照らして税ポジションの取り扱いが確定しているが，その金額について見解の相違が生じるもの。
③　税法等に照らして税ポジションの取り扱いについて見解の相違が生じるもの。

　税ポジションは「合理的な水準」に達するもののみが採用されるので，「税ポジションの取り扱いが確定している」とは，益金・損金等の認識や繰延等について課税当局が異議を差し挟まないことを意味する。それらが課税当局に否認されることが確定しているものは含まれない。
　税ポジションについて取り扱いの見解に相違がある場合には，その金額についても見解の相違が生じる。なぜなら，益金・損金等の認識や繰延等について見解が異なっているので，企業の判断が否認されれば金額の問題は生じないからである。逆に企業の判断が認められるならば，これは必ずしも課税当局が認める必要はなく裁判所で決定されるかもしれないが，その後で金額の争いが生じるからである。
　FIN48が対象にしている「所得税の不確実性」とは上記の税ポジションを区別し，それらの財務会計上の処理規準を明確にしようとしている。すべての企業は法人税の申告をおこない，その申告は連邦税のみならず，州・地方税にくわえ，米国以外の国々でもおこなっている。それら税ポジションもFIN48の対象となる。さらに，後述するようにFIN48は上記税ポジションの①と③を対象にしているのではなく，すべての税ポジションを対象にしているのである。「平均的な法人税申告書にはおおくの税ポジションが含まれている。それらは通常の事業過程に特有のものである。そして税ポジションは相当かつさまざまな解釈に晒されている[5]」ので，FIN48の公表はほとんどの企業に影響を及ぼすことになる。これがFIN48の公開草案が公表されたときに，「解釈指針というよりもむしろSFAS109の改訂である[6]」とまで評された所以でもある。

2．FIN48公表の背景——実務の統一——

　前述のごとく，税ポジションは納税申告における企業の判断を意味しているので，個々の税ポジションを財務会計上どのように処理するのか，という問題は生じない。ある年度の個々の税ポジションの累積的効果は当期所得税費用および未払所得税，さらに繰延所得税費用および繰延税金資産・負債として財務諸表に反映されている。また，税ポジションにかかわる会計処理は税務会計でおこなわれており，それをあらためて財務会計でおこなうわけでもない。企業が取引をおこない，その取引を税務会計上であるいは財務会計上でどのように会計処理するかは，それぞれの会計上の問題である。取引に関する会計上の処理が，異なる場合もあれば一致する場合もある。財務会計上の処理が税務会計上の処理と一致すると判断されれば，財務会計と税務会計の帳簿は一致することになるので，税目的のために財務会計目的の帳簿の修正記録を作成する必要はない。一方，両会計の処理が一致しない場合には，財務会計目的の帳簿について修正記録が必要とされる。しかしいずれの場合であっても，FIN48にしたがえば，税務会計処理が課税当局あるいは裁判所で認められるか否かについて検討されなければならない。ある取引について税務会計と財務会計で処理が一致していることはFIN48の適用には影響を与えない。その一致は税務紛争において企業が自社の会計処理の正当性を主張する場合には重要であるが，FIN48の適用に当たっては検討要因の１つに過ぎない。FIN48が対象にしているのは，税ポジションに備わっている便益（以下，税便益）の認識・測定問題なのである。

　税便益は納税申告額を当期所得税費用・未払所得税として計上することによって財務諸表で認識されることになるが，納税申告額と所得税費用等の額は必ずしも一致するわけではない。これは税ポジションの不確かさに対応した会計処理がおこなわれるからである。

　前述のように，納税申告にあたって採用された税ポジションは不確定な状態にある。厳密には，税ポジションが確定するのは時効の時点である。しかし実

際には，税ポジションのすべてが税務調査の対象になるわけではなく，税法が曖昧な部分や解釈が確定していない税ポジションがその対象となる。これら税ポジションにかかわる税便益を認識するか否かによって納税申告額と所得税費用等の額の異同が生じる。前章で示したように，これら税便益への対応に大きな相違が存在した。それは税ポジションたとえばある費用の損金計上が，法人税申告書どおりに認められるか否かに関する判断に実務上大きな相違が見られた。そしてその相違が財務諸表上で明確ではなかったという問題があった。これらがFIN48公表の要因となったのである。

3．FIN48による税便益の認識と税金負債

FIN48は税ポジションの不確実性の処理規準を統一することを目的とし，その主たる内容は以下の点にまとめることができる。

① 税便益の認識およびその解除の規準を定める。
② 未認識または認識を解除された税便益について税金負債（未払所得税）を計上する。
③ 税便益の見積最大額にもとづき測定する。
④ 税便益の認識や税金負債の計上は一時差異であるか永久差異であるかを問わず適用する。
⑤ 利子およびペナルティを発生させる。
⑥ 財務諸表注記において「不確実性の重要な変動に関する情報」を開示する。

以下，その特徴を明らかにしていこう。

(1) 税便益の認識およびその解除の規準
1) 当初認識──維持可能性が50％超の税ポジション

税便益は，その税ポジションが「テクニカル・メリット（technical merits）

に関して税務調査で認容される可能性がおそらくある（more likely than not）場合には財務諸表に認識されなければならない[7]」。可能性がおそらくあるとは「50％を超える見込みを意味する[8]」ので，税務調査で税ポジションが否認されない可能性が50％を超えるならばその税便益は認識される。この判断は報告日時点で利用可能な事実，環境および情報にもとづいておこなわれ，その判断にあたって「すべての税ポジションは，それについて適合的なあらゆる情報を有している課税当局により調査される[9]」という前提に立たなければならない。これにより税務調査のリスクを考慮しそのリスクのある税ポジションについてのみ維持可能性を検討するアプローチは否定され，すべてのポジションに対してFIN48が適用されることになる。

　テクニカル・メリットは，個別の事実及び状況により異なるとしてその判断材料や証拠書類は規定されず，法規，立法趣旨，ルーリングや判例法を含む税法および課税当局のこれまでの業務慣行や先例等も考慮に入れて判断される[10]。課税当局のこれまでの業務慣行や先例等とは，「税法には直接的な根拠が示されていないが，課税当局により一般的な事業慣行として明白に受け入れられている[11]」ものを意味する。たとえば，資産の取得にあたっての資本化の境界がある。税法にはその境界が明確に定められていないが，企業が資本化と即時償却の境界を定め，それがこれまでの課税当局の慣行に一致し，また課税当局による規則的な調査を受けている他の企業の慣行と一致するならば，その規準にもとづく税ポジションは維持される見込みがおそらくあると判断してよい[12]。

　換言すれば，テクニカル・メリットは損金控除であれば，それが税法の定めにしたがっているか否かの問題である。損金控除の根拠が税法や課税当局の業務慣行に見いだせないかあるいは曖昧な場合には，その税ポジションは認識の要件を満たせないため税便益を認識できない。しかし先に述べたように，企業は税ポジションを採用するにあたり税専門家のオピニオンを求め，その適法性を検討している。このため「多くの税ポジションには税法に明白な根拠があり，認識の境界を満たすために文書証拠を確保する努力はそれほど必要ではな

い[13]」。認識されない税ポジションは，タックス・シェルター取引のようなものが中心となるであろう。多くの税ポジションにとっては，認識の境界を満たしているか否かよりも，測定の問題が重要となる。

　2) 継続的な評価——その後の認識と認識の解除

税ポジションはその採用時のみならず，その最終的な結果が判明するまで中間期および年度末に継続的に評価される。当初認識されなかった税ポジションは次のいずれかの条件を満たしたときに認識されなければならない[14]。

　① 　報告期日までに認識の境界をみたしている。
　② 　課税当局との争点が交渉や訴訟において最終的に解決されている。
　③ 　税ポジションの調査等にかかわる時効が成立している。

　認識の境界を満たしたか否かを判断するにあたって過去の判断材料に新解釈を適用してはならない。その判断にあたっては新規の事実，情報または証拠にもとづかなければならない。②および③は新規の事実，情報または証拠に該当する。たとえば，類似の案件を扱っている訴訟において企業に有利な判決が下された場合などは，新規の事実，情報または証拠に該当するため，税ポジションの認識の可否を検討しなければならない。

　税ポジションは，認識の境界を満たせなくなった期間にその便益の認識を解除されなければならない。その後の認識と同様に，この判断は新規の事実，情報または証拠にもとづいておこなわれ，この際に認識の解除に代えて評価引当金を設定してはならない[15]。新規の事実等は認識の解除にいたらない場合でも，認識されている税便益の額には影響を与える場合もある。

　3) 勘定の単位

税ポジションの認識の可否は，個々の税ポジションで検討される。また税ポジションの便益は相殺されない。このため適切な勘定の単位の決定が重要とな

る。勘定の単位の設定は「利用可能なすべての証拠を考慮して税ポジションの個々の事実と環境に基づいた判断[16]」による。この判断にあたって「経営者は法人税申告書を裏付ける情報の集積レベルと課税当局が調査にあたって関心をもつと予測されるレベルの両方を検討しなければならない[17]」。この単位の設定次第で認識しなければならない税便益およびその額が変化することになる。

　このように認識の境界については，テクニカル・メリットに限定した客観性の高い規準を定めているが，その規準を適用する税ポジションの単位については柔軟性がある。FIN48は勘定の単位の決定方法を具体的に定めておらず，税ポジションの個々の事実と環境にもとづいて決定するとする。このため経営者の判断次第で税便益の認識が異なることになる。これは税ポジションを構成する勘定単位ごとには相殺できないが，勘定単位内での相殺は実質的に可能となるからである。

(2) 税金負債（未払所得税）の計上

　すでに述べたように，認識される税便益の会計処理は従来と変わるものではない。それは税便益を認識することにより所得税費用が減少しているからである。したがってすべての税ポジションが認識対象であるならば，法人税申告書に記載される税額が当期所得税・未払所得税として認識され，測定要件が適用される。

　これに対して，認識の境界を満たさない税ポジションについては従来と異なる会計処理がおこなわれる。これを前章の例をもとに考えてみよう。A社の収益および益金は1,000ドル，費用は600ドルに対して損金は700ドルであり，また税率は30％であった。税額および税引後利益は以下のように算定された。

　①収益＄1,000－費用＄600＝税引前利益＄400
　②課税所得（益金＄1,000－損金＄700）×税率30％＝法人所得税＄90
　③税引前利益＄400－所得税費用＄90＝税引後利益＄310

このとき費用と損金の差額100ドルが（将来加算）一時差異であれば、③式は次のようになる。

④税引前利益$400－（当期所得税費用$90＋繰延所得税費用$30）＝税引後利益$280

このとき②式における損金700ドルのうち200ドル相当の損金項目について認識の境界が満たせなかったとしよう。この場合には損金200ドルが備えている税便益（200ドル×30％＝60ドル）は認識されない。この損金が一時差異ではないとすると、60ドルの税便益については下記の仕訳がおこなわれる。

（借）　当期所得税費用　150　　（貸）　未 払 所 得 税　　90
　　　　繰延所得税費用　 30　　　　　　繰 延 税 金 負 債　30
　　　　　　　　　　　　　　　　　　　　税　金　負　債　60
　　　　　　　　　　　　　　　　　　　　（未払所得税）

これに対して、すべての税便益が認識されたならば、すなわち従来どおりであれば下記の仕訳がおこなわれる。

（借）　当期所得税費用　 90　　（貸）　未 払 所 得 税　　90
　　　　繰延所得税費用　 30　　　　　　繰 延 税 金 負 債　30

FIN48により新たに税金負債（未払所得税）が計上されることになる。本例では、損金は一時差異ではないので、この税金負債は繰延税金資産との相殺に利用できない。たとえ損金が一時差異であったとしても、繰延税金資産との相殺に税金負債を利用できるわけではなく、発生期間に応じて繰延税金負債に分類されるもののみが利用できる。また繰延税金資産の実現可能性評価にあたっても同様である。

(3) 測定－税便益の見積最大額

認識の境界を満たした税ポジションについては、財務諸表に計上される税便益の額が測定されなければならない。その額は「課税当局との最終的な紛争解

決にあたって実現している見込みが50％を超える税便益の最大額[18]」となる。これは「累積的な発生見込にもとづく新測定法[19]」である。この測定法の特徴を下記の例[20]で明らかにしよう。

企業Aは，100ドルの税便益を備えている税ポジションが認識の境界を満たしたと判断し，その額を測定することにした。企業Aはこの税ポジションについて次のような起こりうる見積結果を検討している。

起こりうる見積結果	発生見込	発生見込の累積
$100	5％	5％
80	25	30
60	25	55
50	20	75
40	10	85
20	10	95
0	5	100

企業Aは，起こりうる見積結果の発生見込みを検討する。この作業は見積最大額から順次おこなっていく。この例では，最大額は100ドルであるが，その発生見込みは50％を超えない。ゆえに次の最大額について発生見込みを検討するが，その見込みは25％にすぎない。この時点での累積見込みは30％である。次の最大額は60ドルである。この発生見込みも25％であるが，その累積見込みは55％である。このとき実現する見込みが50％を超えるもののうちの最大額が税便益の測定額となる。この見積りにもとづき企業Aは，発生見込みの累積が50％を超える60ドルを税務紛争解決時に実現すると見込まれる最大額とする。

多くの場合，ある予測結果の発生が他の予測結果の発生よりも可能性が高いと判断できるだろう。この場合には，その優位性の高い予測結果が税便益の測定額となる。しかしさまざまな予測結果が起こりえる状況にあり，それらのなかの優位性がはっきりしない場合には上記の例にある見積結果の一覧表を作成

し，税便益を測定する[21]。

一般に，税額は企業と課税当局との協議によって最終的に決着する。したがってこれら最大見積額の決定プロセスには経営者の判断が強く影響する[22]。

(4) 繰延税金資産・負債への影響

ここまで述べてきた税ポジションは永久差異を前提としている。しかしFIN48はすべての税ポジションを対象にしているので，一時差異の要因となる税ポジションにも適用される。一時差異は損金と費用あるいは益金と収益のズレにすぎないので，その税ポジションは認識の境界を満たす可能性が高い。なぜなら損金の控除あるいは益金の除外・繰延は税法に定められているはずだからである。このとき次の例を検討してみよう。

企業B（税率40%）は1,000ドルの償却性資産を取得した。財務会計上では5年の均等償却をおこなうが，税務会計上では2年の均等償却による税ポジションを採用する。取得年度の減価償却費は財務会計上では200ドルに対して，税ポジションは500ドルである。この税ポジションは，テクニカル・メリットの点では認識要件を満たすことになる。なぜなら税法が減価償却費（原価回収）の損金計上を認めているからである。

① FIN48以前の処理

　　（借）当期所得税費用　××　　（貸）未 払 所 得 税　××
　　　　　繰延所得税費用　120　　　　　繰 延 税 金 負 債　120

② FIN48の処理

　　＊前述の見積もりの結果，4年の均等償却による場合が見積最大額となるとする。

　　（借）当期所得税費用　××　　（貸）未 払 所 得 税　××
　　　　　繰延所得税費用　20　　　　　繰 延 税 金 負 債　20
　　　　　当期所得税費用　100　　　　　未 払 所 得 税　100
　　　　　　　　　　　　　　　　　　　（税 金 負 債）

税便益の最大見積額は250ドルとなるので,税務会計上の償却性資産残高は750ドルになる。これに対する財務会計上の同残高は800ドルなので,その差額50ドルに税率40%を乗じた20ドルについて繰延税金負債を計上する。損金計上額500ドルのうち認識されない税便益100ドル（$250×40%）は当期所得税費用・未払所得税（税金負債）として各100ドル計上される。この未払所得税は繰延税金資産との相殺には利用できない。

当期の未払所得税の増加は,次年度以降の課税所得の発生見込みに影響を与えるので,繰延税金資産の実現可能性評価に影響を及ぼすことになる。

(5) 利子・ペナルティの発生

財務諸表で認識された税便益の額と法人所得税の申告額との差額は,過少申告額または過大申告額を意味する。過少申告については利子が発生する。これについては過少申告分に関して要求される利子を税法の規定にしたがって利子が発生するとされる会計期間から計上する[23]。

税ポジションが税法で最低限の要件を満たしていない場合には,ペナルティが発生する。これについても当該税ポジションを採用した期間に発生させなければならない[24]。

従来の実務でも,利子・ペナルティはタックス・クッションとして計上されていたが,その対象は限定的であった[25]と考えられる。FIN48の適用により財務諸表に認識されない税便益が増加するため,利子・ペナルティをタックス・クッションとして計上していた場合に比べ,その計上は早期化することになる。

(6) 「不確実性の重要な変動に関する情報」

FIN48は財務諸表の注記に税情報の開示を新たに要求している。要求される情報は,「不確実性の重要な変動に関する情報（tabular reconciliation of the total amounts of unrecognized tax benefits）」,実効税率に影響を及ぼしうる未認識税便益の総額,財政状態変動表等で認識される利子やペナルティの総額,未

認識税便益の総額が12ヶ月以内に大幅に変動するポジションに関する情報，主要な税務管轄区で調査対象となっている課税年度の詳述[26]，が求められている。

「不確実性の重要な変動に関する情報」では，少なくとも以下の項目について期首と期末時点の残高を明らかにしなければならない[27]。

① 過年度に採用した税ポジションの結果をうけて増減した未認識税便益の総額
② 当期に採用した税ポジションの結果をうけて増減した未認識税便益の総額
③ 課税当局と合意に達したことにより減少した未認識税便益の額
④ 時効により減少した未認識税便益の額

FIN48では，税便益の認識にかかわる実務の統一を論理の出発点にしている。このため税便益の認識規準を明確にし，認識できるものとそうでないものを区別しようとしている。これは実務の不統一が財務諸表における税情報の不足・不統一を生じさせ，財務諸表の情報能力を低下させていることに理由が求められている。税便益の認識規準を確立したことによって財務諸表に計上されない税便益が生じるため，それらに関する情報を注記で開示することにより，財務諸表の情報能力向上の論理を貫徹させているといえる。

税ポジションは課税当局によるその処理が確定するまで不確実な状況（exposure）にさらされている。そして税ポジションが確定するには長期間を要する。本章で詳述した税ポジションの認識・測定プロセスもまた長期にわたって実施されることになる。この税ポジションのライフサイクルは図7-1のようにまとめることができよう。

図7-1にあるように，不確かな税ポジションの偶発性は課税当局との合意または時効を迎えた時点で解除される。課税当局との合意は過去の経験や状況の変化ならびに判例等に基づき判断される。ここでは経営者による判断が税ポ

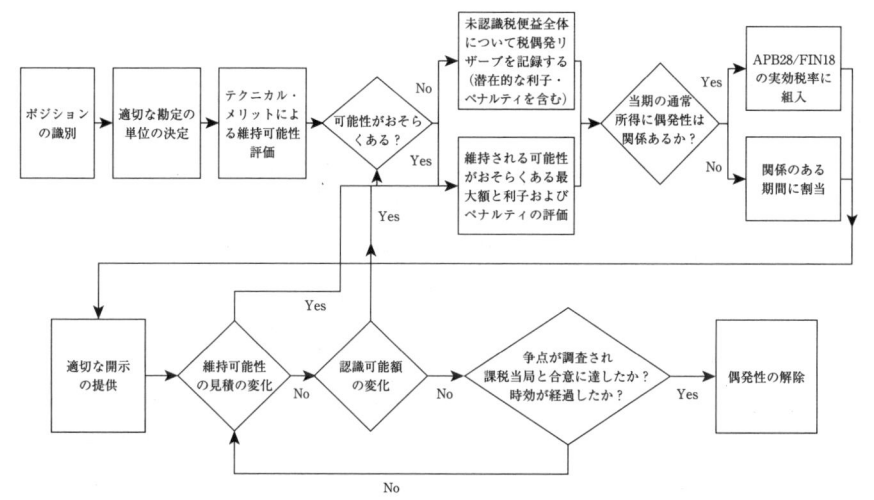

図7-1 不確かな税ポジションのライフサイクル

[フローチャート: ポジションの識別 → 適切な勘定の単位の決定 → テクニカル・メリットによる維持可能性評価 → 可能性がおそらくある？ — No の場合、未認識税便益全体について税偶発リザーブを記録する（潜在的な利子・ペナルティを含む）→ 当期の通常所得に偶発性は関係あるか？ — Yes: APB28/FIN18 の実効税率に組入、No: 関係のある期間に割当。Yes の場合、維持される可能性がおそらくある最大額と利子およびペナルティの評価 → 適切な開示の提供 → 維持可能性の見積の変化 → 認識可能額の変化 → 争点が調査され課税当局と合意に達したか？時効が経過したか？ → Yes: 偶発性の解除]

出所：PwC Assurance Services, *Dataline 2006-18:Interpretative Guidance on FASB Interpretation No. 48, Accounting for Uncertainty in Income Taxes, and Related Implementation Issues*, Pricewaterhouse Coopers, p. 15.

ジションの偶発性の解除を決定することを意味しよう。FIN48の適用においては，税ポジションの維持可能性，認識される税ポジションの測定時における課税当局との合意見込み，そして最終的な課税当局との合意の主たる3段階で経営者の判断が税便益の認識を左右することになる。

お わ り に

FIN48の導入には2つの推進力があったといえる。第1に，会計不信の高まりを背景とした税情報の開示不足への批判である。そして第2に，内国歳入庁への提出書類の詳細化を背景とした税務調査リスクの増大である。これらを背景として税ポジションの認識の境界を明確にし，関係する情報を財務諸表やその注記に開示することで財務諸表の有用性を高めるという論理である。

この結果，税便益の認識実務は1つの方式に収斂された。これまで税便益は，タックス・クッションや認識の偶発利得ガイダンスの利用などの一部の例外を除いてすべて認識されていたといってよいであろう。税便益は所得税費用

を減少させるものであるから，その認識は未払所得税の縮小に貢献してきた。FIN48の導入はこの関係を大きく逆転させることになった。すべての税ポジションは課税当局の税務調査にさらされているという前提のもと，その維持可能性が評価されることになったのである。その結果は，当期所得税費用と未払所得税（税金負債）の増加である。FIN48は従来認められていなかった税金負債（利子やペナルティを含む）計上の論理を組み立てたのである。

　ここで重要なのは，未払所得税（税金負債）の増大が課税当局への納税額の増大と直接結びつかないことである。FIN48の目的は，法人税申告書で採用された税ポジションが課税当局により最終的に維持されるか否かを評価し，それを財務諸表に反映させることである。この評価を法人税申告書に反映させるものではない。法人税申告書では従来どおり課税所得または税負担額の最小化を目的にした税ポジションを採用することができる。これまで課税所得または税負担額の最小化は，財務諸表では当期所得税費用および未払所得税の最小化を伴っていた。しかし課税所得または税負担額の最小化は，それが原因となって財務諸表における当期所得税費用および未払所得税（税金負債）の増大をもたらすのである。前章で検討したように，会計不信が頂点に達した頃，大企業は財務会計では多額の利益を計上しておきながら法人所得税を支払っていないとの趣旨の批判がよくみられた。これは法人税申告書情報が公開されていないことと，財務諸表に計上されている未払所得税[28]の額に着目したものであった。FIN48は納税額が非公開の法人所得税額を最小化しつつも，他方で法人所得税の負担額を表示しているとみなされる当期所得税費用と未払所得税について当期のキャッシュ・アウト・フローを実質的に伴うことなく引き上げることを可能にしたといえよう。

　他方で，Schedule M-3の導入などにより課税所得と企業利益の差異の存在そのものが税務調査の対象になることから，両者の差異を縮小させる動きもみられるであろう。個別企業の動向を取り上げればそのような傾向もみられるであろうが，FIN48はこれまでのアメリカの税務会計と財務会計の関係を変更することなく相反する目的を同時に達成できる仕組みを会計制度に組み込んだと

第 7 章　FASB解釈指針48号公表の意義　　*187*

いえる。

(注)
(1)　「タックス・シェルター」の定義は必ずしも明確ではない。タックス・シェルターは「一般的には所得税，法人税の軽減及び回避を狙った租税回避手段」とされるが，「租税回避」もまた明確な定義がされているわけではない。またタックス・シェルター取引は，個別取引を指すよりも，いくつかの取引を組み合わせたスキームを指すことが多く，少なくともわが国では明確に定義されているとは言い難い。

　　本庄資教授は内国歳入法典におけるタックス・シェルターの定義を次のようにまとめておられる。

　　「投資における持分の売却のオファーの説明から当該投資の売却のオファー後に終了する 5 年のいずれの年の末日においても「投資家のタックス・シェルター割合」が 2 対 1 より大きくなると誰もが合理的に推測できる投資であって，①連邦・州の証券法に基づく登録を要し，②連邦・州の証券規制当局に通知を要する登録の免除により売却されるか，または③「相当の投資」に該当するものをいう」（本庄資『タックス・シェルター　事例研究』税務経理協会，2004年，8 〜 9 頁）。

　　この定義に該当しない租税回避手段は税法上はタックス・シェルター取引に該当しないが，文献やさまざまな議論では必ずしもこの内容に限定されて用いられているわけではない。
(2)　Steve Burkholder, Taxes, Pensions, Performance Reporting Top List of Topics Analysts Want FASB to Pursue, *Daily Tax Report*, No. 71, April 14, 2004, G-10.
(3)　近年においては，課税当局と企業との間で税務判断が異なる場合も増えている。徐々にアメリカと同様の現象が生じつつあるといえるかもしれない。
(4)　James R. Browne, Financial Reporting for Uncertain Tax Positions, *Tax Notes*, Vol. 109 No. 1, 2005, pp. 78-79.
(5)　Brett Cohen and Reto Micheluzzi, Lifting the Fog: Accounting for Uncertainty in Income Taxes, *Tax Notes*, Vol. 113 No. 3, 2006, p. 233.
(6)　Burgess J.W. Raby & William L. Raby, Painting the Accounting Practitioner Into a Tax Practice Corner, *Tax Notes*, Vol. 108 No. 13, 2005, p. 1400.
(7)　*Ibid.*, par. 6.
(8)　*Ibid.*, par. 6.

(9) *Ibid.*, par. 7.
(10) *Ibid.*, par. 7.
(11) PwC Assurance Services, *Dataline 2006-18: Interpretative Guidance on FASB Interpretation No. 48, Accounting for Uncertainty in Income Taxes, and Related Implementation Issues*, PricewaterhouseCoopers, par. 16. (http://www.cfodirect.pwc.com/CFODirectWeb/Controller.jpf?ContentCode=EDYR-6RP4D8 & SecNavCode=USAS-68ANW8 & ContentType=Content, 2006年8月5日取得)
(12) FASB, *FASB Interpretation 48*, pars. A12-13.
(13) PwC Assurance Services, *op. cit.*, par. 14.
(14) FASB, *FASB Interpretation 48*, par 10.
(15) *Ibid.*, par. 12.
(16) *Ibid.*, par. 5.
(17) *Ibid.*, par. A-6.
(18) *Ibid.*, par. 8
(19) PwC Assurance Services, *op. cit.*, par. 19.
(20) FASB, *FASB Interpretation 48*, pars. A21-22.
(21) PwC Assurance Services, *op. cit.*, par. 22.
(22) FASB, *FASB Interpretation 48*, pars. A3.
(23) *Ibid.*, par. 15.
(24) *Ibid.*, par. 16.
(25) これまでの財務諸表では，タックス・クッションの額は推測できるにすぎず，またその内訳も把握することはできない（Cristi A. Gleason & Lillian F. Mills, Materiality and Contingent Tax Liability Reporting, *The Accounting Review*, Vol. 77 No. 2, 2002, p. 323.）
(26) FASB, *FASB Interpretation 48*, par. 21.
(27) *Ibid.*, par. 21.
(28) 未払所得税には，アメリカの連邦所得税だけはなく，州・地方税から世界各国で負担する所得税が含まれているので，企業が連邦所得税を支払っているか否かが判明しないという問題点も指摘されていた。

第8章 偶発税損失負債から税金負債へ
──FIN48適用後の税情報──

は じ め に

　2006年6月に公表された解釈指針48号「所得税の不確実性に関する会計 (*Accounting for Uncertainty in Income Taxes*)」(以下, FIN48) は, 2007年1月1日以降に始まる会計年度から適用された。FIN48が公表されるまで, 所得税の不確実性については財務会計基準ステイトメント第5号「偶発事象の会計 (*Accounting for Contingencies*)」(以下, SFAS5) において定められていた。FIN48では, 税ポジションの採用年度からその不確実性を評価するため, 偶発税損失負債がSFAS5に比べて早期に計上されると考えられる。本章はCoca Cola社の税情報についてSFAS5が適用されていた期間とFIN48が適用されていた期間とを比較することにより検討している。そして2007年度第1四半期のForm 10-QについてのNicholsらによる調査結果[1]をもとに税金負債の開示状況を検討し, 税実務の財務会計に及ぼす影響を明らかにし, 税務会計と財務会計の連携の状況を明らかにする

1. 税ポジションの採用と偶発損失

(1) 当期所得税費用の意味

　損益計算書に計上される当期所得税費用は, 主として当期の課税所得にもとづき負担する税額と追加の税額からなる。前者は当期の法人税申告書に記載されている数値を意味するが, それは当期の課税所得にかかわる最低限の税額を

意味しているにすぎない。企業は法人税法規定の明確ではない部分について自社に有利な解釈を試みることにより、あるいはリスキーなタックス・シェルター取引に取り組むことにより税負担の最小化を図っている。当期所得税費用はその取り組みの成果であるため、その後の課税当局による税務調査で否認される可能性を孕んでいる。

　課税当局は提出された法人税申告書を受理するが、そのことがその申告内容を受け入れたことを意味するわけではない。一般的には、大企業の場合には毎年税務調査がおこなわれ、法人税申告書の内容がそのまま受理されるのは稀と理解してよいだろう。企業と課税当局が法人税申告書の内容を争う（税務紛争）場合にはいくつかの段階があり、最終的には裁判所の判断を仰ぐことになる。しかし税務紛争が裁判所に持ち込まれる事例は少なく、もし持ち込まれたとしても現在では最高裁判所まで争うケースは非常に限られ、その多くは租税裁判所で決着が図られる。他の多くの税務紛争は交渉で決着が図られるのが普通である。しかし交渉で決着が図られるとしても、税務紛争の期間は相当に長くなる。たとえばCoca Cola社の2007年第1四半期のForm 10-Qによれば、「2002年以前の課税年度についてはもはや連邦所得税の調査対象にはなっていない。2003年と2004年の当社の連邦所得税申告書の調査は2007年度末までに完了する見込み[2]」であるとし、5年程度は法人税申告書の内容が確定しないことを示している。またNicholsらの調査によれば、ExxonMobil社は2007年度第1四半期時点で1988年までの連邦所得税申告書までしか確定していないとされ、多くの企業はまだ1990年代の法人税申告書は税務調査が継続されているかまたは裁判所の審理中であるという[3]。このように法人税申告書で採用された税ポジションが最終的に確定するまでには相当な期間を有する。

　課税当局との間で生じた税務紛争が企業に有利に解決すれば問題ないが、そうでない場合には追加の税費用および利子が発生し、状況によってはペナルティも生じる。これらの費用は当期所得税費用に算入されることになる。

　このように当期所得税費用は、その税務上の取り扱いが不確かな税ポジションをも含んで算定された課税所得にもとづく税額と、過去の法人税申告書に含

まれている税ポジションの確定にともなって生じる追加の税費用等が含まれている。

追加の税費用等はその確定または支出時点まで待つことなく，これまでSFAS5にしたがってその発生がプロバブルであり，かつその金額が合理的に算定できる時点で偶発損失負債として計上されてきた。FIN48の導入は，この追加の税費用等について偶発損失負債を計上する実務が統一されておらず比較可能性に欠けていることを根拠としている。

(2) 税ポジションの不確かさと繰延税金負債

当期所得税費用の主たる部分が最低限の税額を意味しているという事実は，一方で税効果会計の適用にも影響をおよぼしている。税ポジションに内在する不確かさは，そのまま繰延税金にも反映される。

ここでは無形資産の償却を例に考えてみよう。企業Aは2006年度に1,000ドルの無形資産を取得したとする。他方，税務会計上では同資産については償却が認められており，5年間の定額法処理であれば課税当局から問題なく受け入れられる。しかし税法条文には曖昧な部分があり即時償却も可能である。このとき企業Aが無形資産の即時償却を選択したとしよう。この即時償却という税ポジションはFIN48が対象にしている不確かな税ポジションに該当するとする。即時償却により企業Aには300ドル（税率を30％とする）の税額減少効果（税便益）が生じる。もし5年間の定額法償却を採用していれば，60ドルの税便益が生じる。両者の差額240ドルが即時償却をしたことにより生じる税便益である。FIN48は差額の240ドルの税便益は不確かであり，財務会計上では認識されるべきではないとする。さらに企業Aが2006年度に益金が3,000ドルあり，損金項目は他にないとしよう。企業Aは即時償却を選択したので2006年度の課税所得は2,000ドル，税額は600ドルである。損益計算書には当期所得税費用600ドルが計上される。しかしFIN48にもとづけば当期所得税費用は840ドルが計上される。これは5年間の定額法償却と即時償却との差額（800ドル）が課税当局に認められるか否かは不確かであり認識されるべきではないと考えるからであ

る。そこで財務会計上は課税所得が2,800ドルであったとみなし、税額は840ドルであったと考えるからである。このとき注意すべきことは、FIN48を適用しても企業Aの納税額は600ドルで変化しないことである。FIN48は損益計算書の当期所得税費用の金額として600ドルは適切ではなく、不確かな税ポジションの部分を取り除いた840ドルを計上するのが適切だとするのである。

　上記の例において企業Aは無形資産の帳簿価額の差異に税効果会計を適用するはずである。無形資産の2006年度末の帳簿価額は、財務会計上は1,000ドルに対して税務会計上は0ドル（即時償却の場合）である。したがって300ドルの繰延所得税費用と繰延税金負債が生じる。しかしこの処理は即時償却による税便益をすべて認識したうえでおこなわれるものである。上述のごとくFIN48は不確かな部分の税便益を認識しないので、無形資産の税務会計上の帳簿価額は800ドルとみなされねばならない。ゆえに一時差異の金額は200ドルになるので繰延所得税費用と繰延税金負債は60ドルが計上されるにすぎない。従来のSFAS109とFIN48の適用による相違額240ドルは税金負債として計上される。

2．FIN48とSFAS5の相違

(1) SFAS5による不確かな税ポジションへの対応

　FIN48はこれまでの不確かな税ポジションの実務を大きく変更した。これまでの会計実務ではSFAS5に定める以下の2つの条件を満たしたときに偶発損失が計上できる[4]こととされ、その時点までは不確かな税ポジションから生じる税便益は財務諸表において認識されていた。

（a）　財務諸表の公表以前に利用できる情報により、資産が減損していたかあるいは負債が財務諸表日に発生していたことがプロバブルであること。この条件には損失の事実を確認できる1つ以上の将来事象の発生がプロバブルでなければならないことが含まれる。

（b）　損失の金額が合理的に見積ることができること。

これを法人税申告書上の税ポジションにあてはめるならば，(a) 税ポジションが税務調査の対象となり，その税務上の処理が否認され，課税当局との合意あるいは裁判での決着において損失を被ることがプロバブルであること，そして (b) その金額が合理的に見積もることができること，を意味する。しかし「プロバブルの明確な定義が存在しないために，基準の解釈ならびに適用は実体間でさまざまであった[5]」。偶発損失の計上の時期の不統一さにくわえて，「SFAS5では偶発損失の性質と発生高を，財務諸表のミスリードを防ぐために必要な場合には開示しなければならない。しかし多くの企業がこの要件を偶発損失が記録されたならば開示はほとんど要求されないと解釈[6]」していた。このため税ポジションにかかわる偶発損失の情報は量的にも質的にも十分ではないとされていた。このようなことを背景としてFIN48が導入されたが，ここでFIN48とSFAS5の相違点を整理しよう。

FIN48はSFAS109と同様に資産・負債アプローチを採用しているので，税ポジションの有する税便益の認識問題としてその論理が組み立てられている。しかしSFAS5と比較するならば，偶発的な税損失をどの時点で認識するかの問題とも理解できる。FIN48とSFAS5の認識時点の相違は図8-1のように表す

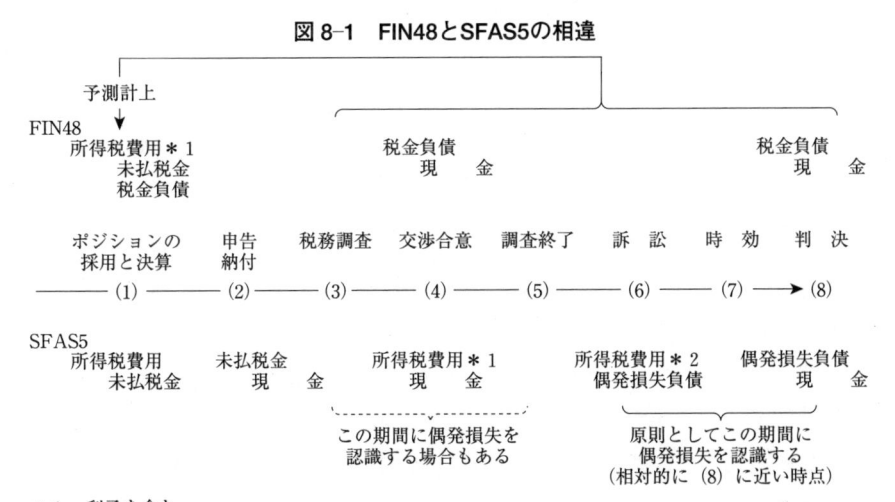

図8-1　FIN48とSFAS5の相違

FIN48
　予測計上
　↓
　所得税費用＊1　　　　　　　税金負債　　　　　　　　税金負債
　　未払税金　　　　　　　　　現　金　　　　　　　　　現　金
　　税金負債

　ポジションの　申告　税務調査　交渉合意　調査終了　訴訟　時効　判決
　採用と決算　納付
　──(1)──(2)──(3)──(4)──(5)──(6)──(7)──▶(8)

SFAS5
　所得税費用　　未払税金　　所得税費用＊1　　所得税費用＊2　　偶発損失負債
　　未払税金　　現　金　　　現　金　　　　　偶発損失負債　　　現　金
　　　　　　　　　　　　　└──────┘　　└─────────┘
　　　　　　　　　　　　　この期間に偶発損失を　　原則としてこの期間に
　　　　　　　　　　　　　認識する場合もある　　　偶発損失を認識する
　　　　　　　　　　　　　　　　　　　　　　　　（相対的に (8) に近い時点）

＊1　利子を含む
＊2　タックス・クッション

ことができる。

　図8-1の横軸は，企業が税ポジションを採用し，そのポジションが最終的に裁判所の判決で確定するまでのプロセスを示している。とくに（5）調査終了以降は，さまざまなプロセスを経る。たとえば再調査が実施される場合，調査終了後に合意に至る場合，あるいは訴訟以降でもさまざまなプロセスや順番の入れ替わりが生じうる。ここでは非常に簡略化してそのプロセスを示している。

　SFAS5は税ポジションの認識問題を扱った基準ではない。FIN48が公表されるまでその問題を扱った基準がないため，税ポジションの採用後に生じる問題に対してはSFAS5が適用されてきた。SFAS5においては，すべての税ポジションの便益が認識されているので，納税申告後に実施される税務調査の結果生じる偶発損失に対処することになる。納税申告にかかわる負債が最終的に確定するのは（4）の交渉合意の段階かまたは（8）の裁判所の判決の段階である。いかなる税務紛争であってもそれを裁判所に持ち込むと考えるならば，図8-1に示すように偶発損失負債の計上は（6）〜（8）の期間に認識することになるだろう。なぜなら，企業が訴訟にいたる過程ですでに偶発損失負債を計上しているならば，それはすでに敗訴を認めていることに等しいからである。当然，自社に不利な判決が下される状況がプロバブルになるまで偶発負債損失は計上されないであろう。

　しかし前述のごとく税務紛争が裁判に持ち込まれる事例はそれほど多いわけではなく，それ以前に合意に至る場合が多い。ゆえに（3）〜（4）の期間でも偶発損失負債が計上されることも多いであろう。なぜなら，企業はこれまでの経験からどのような税ポジションが税務調査の対象になるか，そして課税当局との交渉で控除申請額がどの程度縮減されるかを想定できるからである。また否認される可能性が相当に高いことがわかっている場合でも，あえて控除請求をする場合もある。たとえば研究開発費控除は明確に定義されていない部分が多いため，多くの企業が否認のリスクを抱えつつもその税額控除を請求する[7]。このような場合には納税申告からそれほど時間を経ることなく偶発損失負債を計上することになろう。

FIN48では勘定の単位を設定しその単位ごとにポジションの維持可能性を検討するように求められているが，SFAS5ではそのようなことは要求されていない。実務上では，税務調査の確率にもとづき偶発損失負債が計上されるようなこともあった。この場合には（2）以降の相当に早い段階で偶発損失負債が計上されることになろう。

　このように，SFAS5では税ポジションの税便益を納税申告時にすべて財務諸表で認識し，保守的に会計処理する場合には，偶発損失負債は敗訴の可能性がプロバブルになった時点で計上される。その一方で，税ポジションの性質や内容によっては否認の可能性が納税申告後比較的早期にプロバブルとなり，早期に偶発負債損失が計上されることになる。SFAS5では税ポジションの不確かさの判断の時点がさまざまであり統一されていない。そしてその判断がいつおこなわれ，計上されている追加税費用を意味する偶発負債損失の程度が判然としていなかったのである。FIN48導入以前では，「偶発税損失負債をその決済の時期が定かではないという理由で流動負債として計上する企業もあれば，繰延税金に含めている企業もみられ[8]」，その開示状況もまた統一されていなかった。

(2) FIN48による不確かな税ポジションへの対応

　SFAS5が税便益をすべて認識しその後税ポジションの維持可能性に疑問が持たれた時点で偶発損失を認識していくのに対して，FIN48は税ポジションの採用時点でその維持可能性が検討され，認識の境界を上回ったものについてのみ税便益が認識される。税ポジションの採用時点でそのポジションの維持可能性が検討されるということは，図8-1にあるように法人税申告書の提出からポジションが確定するまでのすべてのプロセスを検討することを意味する。このため税ポジションの採用年度においてポジションの維持可能性がおそらくある（more likely than not）水準を下回るのであれば，税便益を認識することはできず，所得税費用を計上しなければならない。これはSFAS5に比べて，偶発税損失を早期に計上することになる。表8-1は税便益・偶発損失の認識に

表 8-1　税便益・偶発損失の認識時点に関するSFAS5とFIN48の相違

		20×1年度末	20×2年度末	20×3年度末
		税ポジションの採用	ポジションの維持可能性がmore likely than notを下回る	ポジションにかかわる税務紛争で損失の発生がプロバブル
SFAS5		税便益をすべて認識	会計処理は生じない	偶発税損失負債の計上
FIN48	ポジションの維持可能性がmore likely than notを上回ると判断	税便益を認識（注1）	認識の解除（税便益は未認識）所得税費用の計上	税便益は未認識
	ポジションの維持可能性がmore likely than notを下回ると判断	税便益は未認識所得税費用の計上	税便益は未認識	税便益は未認識

（注1）課税当局との最終的な紛争解決にあたって実現している見込みが50％を超える税便益の最大額が計上される。(FIN48, Par. 16)

ついてSFAS5とFIN48の相違をまとめたものである。

　FIN48では，ポジションの採用年度において追加の税費用の発生可能性が検討される。FIN48では追加の税費用という表現を用いないが，税ポジションが否認されたならば追加の税費用と利子が発生し，状況によってはペナルティも生じよう。利子および費用は未認識税便益つまり未払所得税または税金負債に計上される。したがって，税ポジションの採用年度に税便益を認識しないことは，SFAS5における偶発税損失負債を計上することと同じであり，その認識が早まることにほかならない。

　表8-1にあるように，FIN48では20×2年度末あるいは20×3年度末の税ポジションの維持可能性を20×1年度末に判断する。20×1年度末に税ポジションが最終的に維持されることが起こりそうであると判断されるならば，SFAS5と同様に税便益が認識される。ただし，必ずしも全額が計上されるわけではなく，実現の見込みが50％を超える税便益の見積最大額が計上される。税ポジションの税便益総額と税便益の見積最大額の差額は，それから生じる利子[9]とともに税金負債または未払所得税として計上される。20×2年度末に税ポジションが最終的に維持されることが起こりそうにないと判断されれば，20×1年度末に計上されていた税便益は認識を解除され，それから生じる利子

およびペナルティとともに税金負債または未払所得税として負債計上される。20×3年度末は税ポジションの維持可能性に変化がなければ，そのポジションに関する変化は利子およびペナルティに限られるだろう。

　20×1年度末に税ポジションが維持されることが起こりそうにないと判断されるならば，その税ポジションから生じる税便益は認識されることができない。このため，税ポジション採用年度にその税便益はそれから生じる利子およびペナルティとともに税金負債または未払所得税として負債計上される。その後も認識の境界を上回ることがなければ，税便益は認識されることなく最終的な決着の時期を迎えることになろう。

　このように税ポジションは，採用後その最終的な決着が図られる各年度末にその後の維持可能性が検討されるので，維持されないと判断された年度末に追加税費用と税金負債または未払所得税が計上される。SFAS5において同様の追加税費用と偶発税損失負債の認識が，税務紛争が生じた後でその進行程度に応じて認識されるのに対して，FIN48では税務紛争が生じる前にすでに税ポジションの維持可能性が検討され追加税費用と税金負債または未払所得税が計上される。20×3年度末に計上される偶発税損失負債が，20×1年度末に計上することが可能となるのである。

3．財務諸表における税情報の開示

(1) FIN48導入以前

　税ポジションの認識および偶発損失負債にかかわる情報は，脚注における税情報（Income Tax Note）と偶発事象情報（Contingencies Note）にて開示されていた。一般に「税情報は情報の宝庫である[10]」と評され，以下の内容が含まれている。

・国内源泉所得と国外源泉所得の区分
・所得税費用（未払税金）の詳細な分析
・繰延税金資産および負債の詳細な分析

・実効税率の一致（ドルベースまたは比率ベース）
・重要な税問題の検討

　これらのうち税ポジションの認識にかかわる情報は，主として法定税率と実効税率の一致および重要な税問題の検討に関する情報である。実効税率の一致の目的は「企業の帳簿上の実効税率と『仮構的税率（hypothetical rate）』がいかに関連しているかを示すことであり，それは帳簿利益に35％の米国連邦税率が課税されたかのようにおこなわれる。これは（法人税申告書に添付される―永田）Schedule M-1またはM-3に似ているが，税情報における実効税率の一致は永久差異が原因となる相違を報告するだけである[11]」とされる。つまり，税引前の帳簿利益に法定税率（35％）を乗じて，一時差異の主たる部分は繰延税金資産および負債の詳細な分析において示されるので，これら2つの源泉を分析することで企業の税行動を把握することになる。とくに実効税率の一致は「企業のタックス・プランニング戦略を解明する手掛かり[12]」と理解されている。

　さらに偶発事象情報においても重要な税問題についてほぼ税情報と同様の内容が開示される。

　しかしこれまでの税情報は情報の宝庫という評価にもかかわらず，「過去には，企業が利益に影響を及ぼす偶発税損失の重大な変動を開示したときもあるが，偶発税損失負債の総残高を開示したことはなかった[13]」という。一般に，税務紛争について追加税費用の発生がプロバブルになった時点で偶発損失負債を計上していることを明らかにしても，その金額の開示はみられなかった。また特定の税事案の解決による追加税費用の発生あるいは好ましい解決による偶発損失負債の取り崩しが開示されることもあるが，それは実効税率に影響を及ぼすものにほぼ限られていた。これは前述のごとく，SFAS5が偶発損失を記録すれば開示は必要ないと解釈されていたからであろう。

(2) FIN48により要求される税情報

FIN48では新たに以下の情報を開示することが義務付けられた[14]。

1. 企業は利子およびペナルティの表示区分に関する会計方針を開示しなければならない。
2. 企業は年度末のアニュアル・リポートにおいて以下の項目を開示しなければならない。
   a. 会計期間内の不確実性の重要な変動に関する情報（tabular reconciliation of the total amounts of unrecognized tax benefits)、これには少なくとも以下の情報が含まれていなければならない。
      1) 過年度に採用した税ポジションの結果をうけて増減した未認識税便益の総額
      2) 当期に採用した税ポジションの結果をうけて増減した未認識税便益の総額
      3) 課税当局と合意に達した結果減少した未認識税便益の額
      4) 時効により減少した未認識税便益の額
   b. 認識されたならば実効税率に影響を及ぼす未認識税便益の総額
   c. 業務計算書で認識される利子およびペナルティの総額と財政状態表で認識されるペナルティの総額
   d. 未認識税便益の総額が翌12ヶ月以内に相当に増減することが合理的に起こりうるポジションについて以下の情報
      1) 不確実性の性質
      2) 変動の原因となる翌12ヶ月以内に起きる事象の性質
      3) 合理的に起こりうる変動幅の見積あるいはその見積ができないこと
   e. 主要な税務管轄区において税務調査が終了していない課税年度の明示

FIN48では，税ポジションの税便益認識の規準を明確化し，ポジション採用時にはその維持可能性がおそらくあるものについてのみ認識し，未認識税便益については認識の境界を上回った時点で認識される。未認識税便益は未払所得税または税金負債として計上されるが，貸借対照表において個別表示されるわけではない。このため未認識税便益の総額ならびに性質，翌12ヶ月の変動予測，さらに利子とペナルティの総額を開示することで将来予測に資する情報を提供する。

　上記税情報のうち，FIN48採用時のForm 10-Qでは2. a. 1)～4) を除いてすべて開示され，2. a) については採用時の未認識税便益の総額のみが開示される[15]。

4．Coca Cola社の開示状況

　FIN48ではSFAS5に比べて，税便益の認識条件の大幅な変更とともに，税情報の開示内容に大幅な変更をもたらした。ここではFIN48導入による税情報の変化を偶発税損失負債あるいは未認識税便益にかかわる部分についてCoca Cola社を例に検討しよう。

1．2005年12月期　Form 10-K

　2005年度はSFAS5が適用されており，以下の記述がみられる。

　「……年間の税費用の測定や税ポジションの評価にあたっては相当な判断が要求される。当社は一定の問題について追加の納税義務を負うことがプロバブルであると判断した時点で偶発損失負債（reserve）を計上している。当社はこれら偶発損失負債を，事実と環境の変化たとえば税務調査の進行度合いに応じて，利子やペナルティに及ぼす影響も含めて修正している。……かかる負債は当社の貸借対照表では未払所得税で計上され……偶発損失計上対象の税問題について当社に好ましい解決にいたったときには，その金額が判明した時点で所得税費用の減少として計上される。……当社は好ましくない

結果が生じることが合理的に起こりうると判断したさまざまな税問題にかかわっている。当期に継続中の税問題の結果生じる負債は，全体としては当社の財政状況に大きくネガティブな影響を与えるものではない[16]。」

　Coca Cola社は追加税費用の発生がプロバブルと判断した時点で偶発税損失負債を計上していること，それには利子・ペナルティが含まれていることを明らかにするが，2005年度に偶発税損失負債をいくら計上したか，そしてその累積額がいくらかは示されていない。同社の偶発税損失負債に関する情報は，実効税率の一致に関する情報として「……さまざまな税問題の好ましい解決によりリバースされた所得税便益が約1億100万ドル[17]」あることが示されているにすぎない。この情報は税務紛争が自社に有利に解決し，その紛争による追加税費用に備えていた偶発税損失負債の取り崩しにより所得税便益が認識されたことを示している。前年度比較情報でも2004年度に同様の所得税便益が1億2,800万ドルあったことが示されており，追加税費用の発生がプロバブルとなった時点で偶発税損失負債が計上されているにもかかわらず，その偶発事象が発生せずに所得税便益が生じている。このような現象はCoca Cola社に限られたことではなく多くの企業で見られるため，偶発税損失負債が利益調整に使われている[18]と指摘される要因となっている。さらに，SFAS109が同負債の計上による税費用が当期所得税費用か繰延所得税費用かについてガイダンスを提供していないこと，および企業は課税当局への支払義務は流動負債として事実上計上しなければならないこと[19]を反映して，Coca Cola社の記述もまた，同負債が未払所得税に計上されていることは明らかにされているがその内訳は示されていない。

　「コミットメントと偶発事象」にかかわる情報についても，偶発税損失負債に関しては同様の情報となっている。これらSFAS5による情報開示においては，偶発税損失負債が計上されていることは示されているが，その累積額や増減，今後の影響に関する情報は示されておらず，さまざまな批判をうける状況となっていた。

2．2006年第1四半期　Form 10-Q

2006年度もまたSFAS5の適用年度であり，2005年度と大きな相違点はない。2005年度 Form 10-Kと同様に追加税費用の発生がプロバブルとなった時点で偶発税損失負債が計上されること，偶発税損失負債が1,000万ドル増加したこと[20] が示されている。

3．2006年第2四半期　Form 10-Q

第2四半期では，FIN48の公表にともなう情報が適用予定の会計基準（Recent Accounting Standards Pending Adoption）として下記のように開示されている。

「2006年7月にFASBはFIN48を公表した。FIN48はSFAS109にしたがって企業の財務諸表で認識される所得税の不確実性の会計を明確にしている。FIN48は法人税申告書で採用またはその見込みのある税ポジションの財務諸表での認識と測定について認識の境界と測定属性を定めている。またFIN48は認識の解除，分類，利子およびペナルティ，期間間会計，開示と移転のガイダンスも定めている。当社は現在，本解釈指針の財務諸表におよぼす影響を評価中である。当社はFIN48を2007年1月1日より採用する[21]。」

上記のFIN48に関する記述を除いて，第1四半期と開示情報には相違がなく，新たに偶発税損失負債2,200万ドルが計上されたことが示されている。

4．2006年第3四半期　Form 10-Q

第3四半期においても，第2四半期と大きく相違する情報は開示されておらず，適用予定の会計基準に関する情報にも変化はなく，FIN48の影響は評価中であるとされる。偶発税損失負債に関する情報では，前年度比較において2005年第3四半期に税問題の好ましい解決によりリバースされた所得税便益が約1,800万ドルあった[22] ことが示されているが，2006年度第3四半期の偶発税損

失負債計上額は示されていない。代わりに，9月30日までの9ヶ月間比較において2006年度第3四半期までに「一定の税問題について予想される将来の解決に備えて約6,100万ドルの税費用を計上した[23]」と開示されている。2006年度第1～2四半期の情報から，第3四半期では約2,900万ドルの偶発税負債損失が新たに計上されたと推察される。

5．2006年12月期　Form 10-K

　Form10-Kでは，「最新の会計基準とプロナウンスメン」情報および税情報の部分でFIN48について言及している。いずれも同一表現であり，2006年第2四半期以降の「適用予定の会計基準」と基本的に変わらず，唯一の変更点は「当社の場合，FIN48は2007年1月1日より適用であった。ゆえに累積的効果の調整は2007年第1四半期に計上される。当社はFIN48の採用が連結財務諸表に大きな影響を与えないと考えている[24]。」との文言が加筆されたことである。

　また偶発税損失負債の計上についても，一定の税問題の解決にかかわる税費用が約2,400万ドル計上された[25]とされている。このことから2006年第4四半期には，第3四半期までの情報から2,700万ドルの偶発税損失負債が取り崩されたと考えられる。

6．2007年第1四半期　Form 10-Q

　FIN48の適用にあたり，新会計基準採用の影響として「最新の会計基準とプロナウンスメント」において，連結財務諸表において未認識税便益に関する未払所得税の増加が6,600万ドル[26]であったとしている。これはCoca Cola社が，過去の税ポジションについてFIN48による認識の境界と測定属性の条件を満たすことができないことで予想される将来の追加税費用が6,600万ドル生じたことを意味する。FIN48の適用により実質的には偶発税損失負債が同額増加したことを意味する。ただしそれらについて偶発税損失負債（reserve）は計上されず，それらは未払所得税または税金負債に移行することになる。しかしCoca

Cola社の場合には，2005年12月期Form 10-Kにあるように偶発税損失負債は未払所得税で計上されていた。ゆえにFIN48の適用により，他の偶発負債項目から未払所得税に偶発税損失負債が移行することはおきない。

FIN48適用による未払所得税の増加は，会計基準の変更によるものなので，所得税費用ではなく利益剰余金残高（reinvested earnings）の修正となる。

さらに「コミットメントと偶発事象」の開示では，FIN48の適用によりこれまでの開示内容から大きく変化し，以下のように記載されている。

「当社はさまざまな税問題にかかわっている。その多くは結果が不確かである。当社は税ポジションから生じる税便益の一部またはすべてを，次のいずれかにもとづき不確かになったと判断した時点で取り除くために偶発損失負債を計上している。すなわち（1）税ポジションが維持されることが起こりそうにない，（2）税ポジションが維持されることは起こりそうであるが，その金額が計上されている便益よりも少ない，（3）税ポジションが維持されることは起こりそうであるが，税ポジションが当初に採用された会計期間ではない場合である。税ポジションが確かか否かを評価する目的で，（1）当社は税ポジションがすべての適合的な情報について完全に知りうる当該課税当局から調査をうけることを前提とし，（2）税ポジションのテクニカル・メリットが，たとえば立法および法規，立法の意図，規則，ルーリングおよび判例法などの権威とそのポジションの事実と環境へのそれらの適用可能性にもとづき，（3）各税ポジションが，他のポジションと相殺されたり合算されたりすることを想定することなく評価される。特定の不確かな税ポジションへの調査が終了し最終的に解決するまでに，あるいは税務調査が解かれる（raise）までに多くの年数が経過する。税務調査の年数は税務管轄区に応じてさまざまである。「起こりうる」の境界を満たせないために過去に負債計上されていた税便益は，以下の条件のいずれかにもとづき不確かさがみられなくなった最初の期間に所得税費用（勘定）で認識されるだろう。すなわち（1）税ポジションが維持されることが起こりそうである（2）税ポジション，

金額あるいは認識時期について交渉や訴訟を通じて最終的に解決している(3) 税ポジションの時効が成立している，である[27]。」

上記は，法人税申告書で採用された税ポジションについて，FIN48で定める規定にしたがって認識および認識の解除，ならびに測定をおこなっていることを明らかにしている。

「税情報」では3．(2) で示された情報が開示されている。税務調査の対象年度について (3．(2) 2.e) は「2002年以前の課税年度連邦所得税申告書は税務調査の対象ではなく……2003年と2004年の同申告書の税務調査は2007年度末までに完了する見込み……州および地方および国外については，一部には例外があるが2000年以前の課税年度については税務調査の対象にはなっていない[28]」とされる。

また2007年1月1日時点でFIN48採用による未認識税便益の増加が約6,600ドル (3．(2) 2.a)，同時点で未認識税便益の総額は約5億1,100万ドル (3．(2) 2.a)，そのうち認識されたならば実効税率に影響を及ぼす額は約1億1,400万ドル (3．(2) 2.b)，未認識税便益に関する未払利子とペナルティは同時点で約1億9,000万ドル (3．(2) 2.c) とされる。未払利子とペナルティは所得税費用として計上されている (3．(2) 1.)[29]。

翌12ヶ月以内の未認識税ポジションにかかわる税便益の額の大幅な増減に関する情報 (3．(2) 2.d) についても「これらの変動は，継続中の調査の決着，移転価格について競合する権威，訴訟状態にある移転価格問題の最終判決の結果によるかもしれない。この時点で，結果について合理的にポシブルな範囲の見積をすることはできない[30]」とする。

Coca Cola社の税情報の開示状況の変化をみてみると，たしかにFIN48の適用によりその税情報は豊富になっている。少なくとも未認識税便益として表示される従来の偶発税損失負債の総額が明らかとなり，それに占める利子とペナルティの額も明らかになっている。FIN48の導入は税便益の認識に関する実務の相違を統一し，比較可能な情報を提供することにあった。ゆえにこの意味で

はFIN48はその目的を達成しているといえる。

5．FIN48採用後の税金負債の変化

　先に述べたように，FIN48は実務を統一し比較可能な情報を提供することにある。NicholsらはFIN48採用の影響をフォーチュン上位200社のうち2007年5月31日時点でForm 10-Qを提出していない会社や非公開企業を除いた130社について調査し，その比較可能性を検討している。それによれば，FIN48採用による利益剰余金残高への影響では，「0～5,000万ドルの減少幅」に属する企業が46社と最大であり，ついで「0～5,000万ドルの増加幅」に属する企業が25社となっている。それに次ぐのが「影響は重要でない」とする17社である。減少幅の最大企業はWyeth社でありその額は2億9,500万ドルである。増加幅の最大企業はFord社でありその額は13億ドルである[31]。利益剰余金残高の変動は会計方法の変更による影響であるので，FIN48導入による残高の減少は未認識税便益つまり税金負債（偶発税損失負債）の増加を意味する。この調査によれば，増加企業が減少企業を若干上回る程度であり，増減幅5,000ドルでは100社[32]であった。個別企業でみれば，増減幅の大きい企業もみられるが，全体としては税金負債の増減は大きくないといえる。SFAS5に比べFIN48は税金負債の計上が早まると考えられたが，実際にはそのような現象はそれほどみられない。逆にFord社は多額の取り崩しをおこなっている。

　2007年第1四半期のForm 10-Qの作成にあたって企業がFIN48を適用した税ポジションは2005年課税年度までのはずである。たとえばCoca Cola社であれば主として連邦税であれば2003年から，その他の所得税が2001年からのものである。また，FIN48の適用により税便益の認識ができない税ポジションの多くはタックス・シェルター取引等の節税目的の攻撃的な税ポジションであろう。なぜならこれらの税ポジションはFIN48で定める認識の境界をクリアできるか否かが問題とされるポジションだからである。これらを除けば，税ポジションの多くは認識の境界をクリアし測定の問題となる。ゆえにその多くは一時差異をもたらす税ポジションであるといえる。税ポジションが否認され実際に巨額

の追加税費用が発生するのは，課税当局と損金控除の時期を争う税ポジションではなく損金控除の可能性を争う税ポジションである。なぜなら前者は控除が否認された場合でも税費用の総額に影響を与えない，つまり税支出が早まるにすぎないからである。一方，後者は控除が否認されたならば，その否認された控除額だけではなくペナルティが課せられ，税費用の総額に影響を与えるからである。FIN48が「認識されたならば実効税率に影響を及ぼす未認識税便益の総額」の開示を求める理由はここにある。Nicholsらの調査において，税金負債計上額のうち「実効税率に影響を及ぼす未認識税便益の総額」の割合は60%以上が75社あり，80%以上では26社，そして100%は14社となっている[33]。このことから税金負債計上額の大半は損金控除の可能性を争う税ポジションについて設定されたと判断できよう。FIN48の導入によりそれほど税金負債に増減がみられないなかで，この比率の高さは，これらの税ポジションについてはSFAS5にもとづいて偶発税損失負債が計上されていたことを示唆しよう。

さらに，FIN48では損金控除の時期を争う税ポジションについてその税効果は繰延税金負債ではなく税金負債で計上される。このため従来同ポジションについてそれが税務調査で維持されることを前提に計上されていた繰延税金負債は，税金負債として計上される[34]。ゆえにFIN48採用によって繰延税金負債から税金負債への区分変更が生じるので，これもまた税金負債の増加要因となるはずであった。しかし前述のごとく税金負債にそれほど増減がみられないという事実は，この増加要因を吸収するほどに偶発税損失負債が保守的に計上されていたことを示唆しよう。

お わ り に

FIN48は税便益の認識および偶発税損失負債の計上実務の多様性を排除し，比較可能性を向上させる目的で導入された。FIN48は税便益の認識および認識の解除，測定属性について明確に定め，かつ未認識税便益（税金負債）に関する税情報を充実させることにより，その目的を達成しようとしている。FIN48の認識の境界ならびに測定属性は，SFAS5との比較で明らかにしたように，

従来に比して早期に偶発税損失負債（税金負債）の計上をもたらすことになる。本章ではCoca Cola社のForm 10-Kおよび10-Qに開示されている情報をもとにSFAS5による税情報とFIN48による税情報を比較することで偶発生損失負債に関する情報にいかなる変化が生じたかを検討した。Coca Cola社の例では，税情報は従来よりも豊富になったことは明らかであり，情報内容の改善という目的は達成されたようである。他方で，Nicholsらの調査では，FIN48の導入の結果必ずしも税金負債の増加はみられていない。これはSFAS5のもとで偶発税損失負債が十分に，あるいは過大に計上されていたものと考えられる。SFAS5のもとでの偶発税損失負債実務は，その計上基準が曖昧で統一されていないがために，負債の情報が開示されていないこと，ならびに利益調整に使われているという批判をうけてきた。FIN48はこのような批判への対応という形式をとりながら，SFAS5のもとでの実務を，認識および測定属性に関する統一ルールを提供することによって，偶発税損失負債の計上として論理化したといえよう。偶発税損失負債の存在が大きくなり，SFAS5のもとでは論理化できなくなったがゆえにFIN48が必要とされた。FIN48による税金負債がSFAS5による偶発税損失負債に比べて金額的に大きな増減がみられないことは，逆にFIN48が必要とされるほど偶発税損失負債の実務の広がりがみられたことを意味している。これを税実務の変更（Schedule M-3の導入等）を契機として論理化した。偶発税損失負債実務の論理化は財務会計だけではなしえなかったといえる。

（注）

(1) Nancy B. Nichols, John W. Briggs & Charles P. Baril, And the Impact Is... First-Quarter Results From Adopting FIN48, *Tax Notes*, Vol.116 No.5, 2007, pp. 377-388.
(2) Coca Cola, *Annual Report 2007 First Quarter Form 10-Q*, p.10.（http://www.sec.gov/edgar.shtml）
(3) Nancy B. Nichols, John W. Briggs & Charles P. Baril, *op. cit.*, p. 378.
(4) Financial Accounting Standards Board, Statement of Financial Accounting

第8章　偶発税損失負債から税金負債へ—FIN48適用後の税情報—　　209

　　　Standard No.5, *Accounting for Contingencies*, 1975, par. 8
（5）Nancy B. Nichols, John W. Briggs, & Charles P. Baril, *op. cit.*, p. 387.
（6）Jennifer Blouin, Cristi Gleason, Lillian Mills & Stephanie Sikes, What can we learn about uncertain tax benefits from FIN48?, *McCombs Research Paper Series*, No. ACC-02-07, The University of Texas at Austin, 2007 p. 8.
（7）企業は税ポジションを採用するにあたって外部の専門家に意見をもとめるのが一般的である。外部専門家が作成するオピニオンには，そのポジションの確証度を示す5段階の評価がある。①Will ②Should ③More likely than not ④Substantial authority or Realistic possibility ⑤Reasonable basisの評価である。①はほぼ100％控除が認められることを意味する。企業が④レベル以上のオピニオンを取得している控除については，それが否認された場合でもペナルティは課されない。④は30〜40％程度を意味すると理解されており否認される可能性のほうが高いが，それでもチャレンジする企業は多い。（James R. Browne, Financial Reporting for Uncertain Tax Positions, *Tax Notes*, Vol. 109 No. 1, 2005, pp. 78-79.）
　　　ただし，*Small Business and Work Opportunity Tax Act of 2007*により，外部専門家は③のレベルのオピニオンを求められ，④以下はペナルティの対象となることが定められた。これは，タックス・シェルター取引で求められる確証度と同レベルとなっている。同取引では，かかるレベルに達していないポジションについて企業の主張が退けられたならばペナルティが課せられる。さらに*U. S. Troop Readiness, Veterans' Care, Katrina Recovery, and Iraq Accountability Appropriations Act of 2007*により，法人税申告書作成者は④以下のポジションについてペナルティの対象になることとなった。したがって従来よりもペナルティが課せられる可能性は高まっている。
（8）Nancy B. Nichols, John W. Briggs, and Charles P. Baril, *op. cit.*, p. 384.
（9）認識の境界を上回るポジションについては，ポジションの控除可能性は否定されるわけではないので，課税当局による否認は損金申請額の減額を意味する。この場合にはペナルティは課されないのが普通である。
（10）James E. Smith, William A. Raabe & David M. Maloney, *Taxation of Business Entities*, Thomson South-Western, 2007, p. 3-23.
（11）*Ibid.*, p. 3-25.
（12）*Ibid.*, p. 3-25.
（13）Blouin., *op. cit.*, p. 8.
（14）Financial Accounting Standards Board, Financial Accounting Interpretations No.48, *Accounting for Uncertainty in Income Taxes*, 2006, para. 20-21.

(15) AICPA, AICPA SEC Regulations Committee discussion document, Disclosure Under FIN48 in Form 10-Q in the Period of Adoption. (http://www.aicpa.org/cpcaf/download/AppendixA_FIN48_092606.pdf.)
(16) Coca Cola, *Annual Report 2005 Form 10-K*, p. 96. (http://www.sec.gov/edgar.shtml)
(17) *Ibid.*, pp. 52-53.
(18) たとえばDhaliwalらは，企業がしばしばアナリストの予測を税費用の減少で達成していることを示している。(Dan Dhaliwal, Cristi Gleason & Lillian Mills, Last-chance earnings management: Using the tax expense to meet analysts' forecasts, *Contemporary Accounting Research*, Vol. 21 No. 2, 2004, pp. 41-459.) 偶発税損失負債が利益調整のクッションとなっていることから，同負債あるいはその借方項目である税費用をタックス・クッションと呼ぶ場合がある。
(19) Cristi A. Gleason & Lillian F. Mills, Materiality and Contingent Tax Liability Reporting, *The Accounting Review*, Vol. 77 No. 2, p. 323.
(20) Coca Cola, *Annual Report 2006 First Quarter Form 10-Q*, pp. 9-10. (http://www.sec.gov/edgar.shtml)
(21) Coca Cola, *Annual Report 2006 Second Quarter Form 10-Q*, p. 7. (http://www.sec.gov/edgar.shtml)
(22) Coca Cola, *Annual Report 2006 Third Quarter Form 10-Q*, p. 13. (http://www.sec.gov/edgar.shtml)
(23) *Ibid.*, p. 31.
(24) Coca Cola, *Annual Report 2006 Form 10-K*, p. 78. (http://www.sec.gov/edgar.shtml)
(25) *Ibid.*, p. 56.
(26) Coca Cola, *Annual Report 2007 First Quarter Form 10-Q*, p. 7. (http://www.sec.gov/edgar.shtml)
(27) *Ibid.*, pp. 8-9.
(28) *Ibid.*, p. 10.
(29) *Ibid.*, p. 10.
(30) *Ibid.*, p. 10.
(31) Nancy B. Nichols, John W. Briggs, & Charles P. Baril, *op. cit.*, pp. 379-384.
(32) *Ibid.*, p. 379.
(33) *Ibid.*, p. 385.
(34) 一時差異項目にFIN48を適用した場合の仕訳については第7章を参照。

参　考　文　献

I　欧　文　文　献
1．著　書
Abrams, Howard E. & Richard L. Doernberg, *Federal Corporate Taxation, Fifth Edition*, Foundation Press, 2002.
American Institute of Certified Public Accountants, *Practice Guide on Accounting for Uncertain Tax Positions Under FIN48*, AICPA, Inc., 2006.
Bank, Steaven A. & Kirk J. Stark ed., *Business Tax Stories*, Foundation Press, 2005.
Brownlee, W. Elliot, *Federal Taxation in America*, Woodrow Wilson Center Press and Cambridge University Press, 1996.
Caron, Paul ed., *Tax Stories: An In-Depth Look at Ten Leading Federal Income Tax Cases*, Foundation Press, 2003.
Causey, Denzil Y. Jr. & Frances M. McNair, *The Tax Practitioner, 1990 Edition*, Accountant's Press, 1990.
Davenport, Charles & Seago, W. Eugene, *The Income Taxation of Inventories Under the Last-in, First-Out Method*, The Edwin Mellen Press, 2002.
Dodge, Joseph M., J. Clifton Fleming & Deborah A. Geier, *Federal Income Tax: Doctrine, Structure and Policy*, Michie Co., 1995.
Dodge, Joseph M., J. Clifton Fleming, Jr. & Deborah A. Geier, *Federal Income Tax: Doctrine, Structure and Policy*, Lexis Law Publishing, 1999.
Gertzman, Stephen F., *Federal Tax Accounting*, Warren, Gorham & Lamont, 1988.
Joseph, Richard J., *The Origins of the American Income Tax*, Syracuse University Press, 2004.
Karlinsky, Stewart S., *Alternative Minimum Tax*, Research Institute of America, 1994.
Kieso, Donald E., Jerry J. Weygrandt & Terry D. Warfield, *Intermediate Accounting*, 10th ed., John Wiley & Sons, Inc., 2001.
Lang, Michael B., Elliott Manning & Steven J. Willis, *Federal Tax Accounting*, LexisNexis, 2006.
Rossotti, Charles O., *Many Unhappy Returns*, Harvard Business School Press, 2005.
（猪野　茂・大柳久幸・井澤伸晃・鈴木友康　共訳『巨大政府機関の変貌』大蔵財務協会，2007年）
Sawicky, Max B., *Bridging the Tax Gap: Addressing the Crisis in Federal Tax*

Administration, Economic Policy Institute, 2005.

Scholes, Myron S., Mark A. Wolfson, Merle Erickson, Edward L. Maydew & Terry Shevlin, *Taxes and Business Strategy: A planning approach*, third edition, Pearson Education, Inc., 2004.

Smith, James E., William A. Raabe & David M. Maloney, *Taxation of Business Entities*, Thomson South-Western, 2007.

2. 論　文

Anthony J., Stopping the Enron End-Runs and Other Trick Plays : The Book-Tax Accounting Conformity Defense, *Columbia Business Law Review*, Vol. 35, 2003.

Arnett, Harold E., Taxable Income vs. Financial Income: How Much Uniformity Can We Stand?, *The Accounting Review*, Vol. 44 No. 3, 1969.

Baran, Mark R., *Re: Draft Schedule M-3*, American Bankers Association, April 30, 2004. (http://www.aba.com/NR/rdonlyres/16EF662F-4E94-4706-A679-CCA899BD7D91/35924/M3commentletter.pdf)

Beale, Linda M., Book-Tax Conformity and the Corporate Tax Shelter Debate: Assessing the Proposed Section 475 Mark-to-Market Safe Harbor, *Virginia Tax Review*, Vol. 24, 2004.

Blouin, Jennifer & Irem Tuna, Tax Contingencies: Cushioning the blow to earnings?, *paper for the 2006 NBER Financial Reporting and Taxation Conference*, 2006.

Blouin, Jennifer, Cristi Gleason, Lillian Mills & Stephanie Sikes, What can we learn about uncertain tax benefits from FIN48?, *McCombs Research Paper Series*, No. ACC-02-07, The University of Texas at Austin, 2007.

Boynton, Charles & Lillian Mills, The Evolving Schedule M-3: A New Era of Corporate Show and Tell?, *National Tax Journal*, Vol.57 No. 3, 2004.

Boynton, Charles, Portia DeFilippes, & Ellen Legal, Prelude to Schedule M-3: Schedule M-1 Corporate Book-Tax Difference Data 1990-2003, *Tax Notes*, Vol. 109 No. 12, 2005.

Boynton, Charles, Portia DeFilippes & Ellen Legal, A First Look at 2004 Schedule M-3 Reporting by Large Corporations, *Tax Notes*, Vol. 112 No11, 2006.

Boynton, Charles, Portia DeFilippes, Petro Lisowsky & Lillian Mills, Consolidation Anomalies in Form 1120 Corporate Tax Return Data, *Tax Notes*, Vol. 104 No. 4, 2004.

Boynton, Charles, & William Wilson, A Review of Schedule M-3: The Internal Revenue Service's New Book-Tax Reconciliation Tool, *Petroleum Accounting and Financial Management Journal*, spring 2006.

Brighton, Gerald D., Accrued Expense Tax Reform -Not Ready in 1954-Ready in

1969?, *The Accounting Review*, Vol. 44 No. 1, 1969.

Browne, James R., Financial Reporting for Uncertain Tax Positions, *Tax Notes*, Vol. 109 No. 1, 2005.

Canellos, Peter C., Enron and Tax Shelters: Similarities and Differences, *Tax Notes*, Vol. 94 No. 7, 2002.

Canellos, Peter C. & Edward D. Kleinbard, Disclosing Book-Tax Differences, *Tax Notes*, Vol. 96 No. 7, 2002.

Cohen, Brett & Reto Micheluzzi, Lifting the Fog: Accounting for Uncertainty in Income Taxes, *Tax Notes*, Vol. 113 No. 3, 2006.

Desai, Mihir A., The Divergence Between Book and Tax Income, in James M. Poterba ed., *Tax Policy and the Economy*, Vol. 17, MIT Press, 2003.

Dhaliwal, D. & S. Wang, The Effect of Book Income Adjustment in the 1986 Alternative Minimum Tax on Corporate Financial Reporting, *Journal of Accounting and Economics*, Vol. 15 No. 1, 1992.

Dhaliwal, Dan, Cristi Gleason & Lillian Mills, Last-chance earnings management: Using the tax expense to meet analysts' forecasts, *Contemporary Accounting Research*, Vol. 21 No. 2, 2004.

Dubroff, Harold, M. Connie Cahill & Michael D. Norris, Tax Accounting: The Relationship of Clear Reflection of Income To Generally Accepted Accounting Principles, *Albany Law Review*, Vol. 47, 1983.

Engler, Mitchell L., Corporate Tax Shelters and Narrowing the Book/Tax "GAAP", *Columbia Business Law Review*, Vol. 2001 No. 3, 2001.

Falk, Alfred F., Tax Accounting and Business Accounting: How To Maintain Two Sets of Books to the Satisfaction of the Treasury, *Institution on Federal Taxation*, Vol. 28, 1970.

Fleming, Damon M. & Gerald E. Whittenburg, Accounting for Uncertain, *Journal of Accountancy*, Vol. 204 No. 4, 2007.

Gamino, John, The (new) Other Side of The Planning Coin: Identification And Disclosure of Tax 'Uncertainty', *Journal of Taxation*, October 2006.

Garofalo, William & Mark Valente, Measuring Tax Benefits under FIN48-Eliminating Some of Agita, *The Tax Executive*, Vol. 59 No. 1, 2007.

Gary, Kenneth A., Burdens May Outweigh Benefits For Schedule M-3 Filers, *Tax Notes*, Vol. 105 No. 6, 2004.

Geier, Deborah A., The Myth of the Matching Principles as a Tax Value, *The American Journal of Tax Policy*, Vol. 15, 1988.

Gleason, Cristi A. & Lillian F. Mills, Materiality and Contingent Tax Liability Reporting, *The Accounting Review*, Vol. 77 No. 2, 2002.

Gramlich, Jeffrey D., The Effect of the Alternative Minimum Tax Book Income Adjustment on Accrual Decisions, *Journal of the American Taxation Association*, Vol. 13 No. 1, 1991.

Guenther, D., E. Maydew & S. Nutter, Financial Reporting , Tax Costs, and Book-Tax Conformity, *Journal of Accounting and Economics*, Vol. 23, 1997.

Gunn. Alan, Matching of Costs and Revenue as a Goal of Tax Accounting, *Virginia Tax Review*, Vol. 4 No. 1, 1984.

Hamilton, Army & Natalia Radziejewska, Olson argues for Eliminating Some Book-Tax Reporting Differences, *Tax Notes*, Vol. 98 No. 14, 2003.

Hanlon M. & T. Shevlin, Accounting for Tax Benefits of Employee Stock Options and Implications for Research, *Accounting Horizons*, Vol. 16 No. 1, 2002.

Hanlon, M., What Can We Infer about a Firm's Taxable Income from its Financial Statements?, *National Tax Journal*, Vol. 56 No. 4, 2003.

Hanlon, M., The Persistence and Pricing of Earnings, Accruals and Cash Flows When Firms Have Large Book-Tax Differences, *The Accounting Review*, Vol. 80 No. 1, 2005.

Hanlon, Michelle & Terry Shevlin, Book-Tax Conformity for Corporate Income: An Introduction to the Issues, in James M. Potebra ed., *Tax Policy and the Economy* 19, MIT Press.

Hanlon, Michelle, Stacie Kelley Laplante & Terry Shevlin, Evidence for the Possible Information Loss of Confirming Book Income and Taxable Income, *The Journal of Law & Economics*, Vol. 48 No. 1, 2005.

Helflin, Frank & William Kross, Book versus Taxable Income, available at SSRN: http://ssrn.com/abstract=604528.

Jensen, Erik M., The Deduction of Future Liabilities by Accrual-Basis Taxpayers: Premature Accruals, the All Events Test, and Economic Performance, *Florida Law Review*, Vol. 37 No. 3, 1985.

Jensen, Erik M., The Supreme Court and the Timing of Deductions for Accrual-Basis Taxpayers, *Georgia Law Review*, Vol. 22 No. 2, 1988.

Johnson, Calvin H., A Book Income Tax, *National Tax Association Proceedings of the 91 Annual Conference on Taxation*, 1998.

Johnson, Calvin H., GAAP Tax, *Tax Notes*, Vol. 83 No. 31, 1999.

Johnson, Calvin H., Replace the Corporate Tax with a Market Capitalization Tax, *Tax Notes*, Vol. 117 No. 11, 2007.

Knott, A. & Rosenfeld, Book and Tax (Part One) : A Selected Exploration of Two Parallel Universes, *Tax Notes*, Vol. 99 No. 6, 2003.

Knott, A. & Rosenfeld, Book and Tax (Part Two) : A Selected Exploration of Two

Parallel Universes, *Tax Notes,* Vol. 99 No. 7, 2003.

Lenter, David, Douglas Shackelford & Joel Slemrod, Public Disclosure of Corporate Tax Return Information: Accounting, Economics, and Legal Perspectives, *Working Paper,* 2003 (the April 25, 2003 conference on Public Disclosure of Corporate Tax Returns : Academic Look at How (and Whether) It Would Work).

Lev, B. & D. Nissim, Taxable Income, Future Earnings, and Equity Values, *The Accounting Review,* Vol. 79 No. 4, 2004.

Luip-Sher, David L., Idea of Greater Corp. Disclosure Sparks Controversy, Concerns, *Tax Notes,* Vol. 97 No. 2, 2002.

Manzon Jr., Gil B., Earnings Management of Firms Subject to the Alternative Minimum Tax, *Journal of the American Taxation Association,* Vol. 14 No. 2, 1992.

Manzon Jr., Gil B. & George A. Plesko, The Relation Between Financial and Tax Reporting Measures of Income, *Tax Law Review,* Vol. 55 No. 2, 2002.

McClelland, John & Lillian Mills, Weighing Benefits and Risks of Taxing Book Income, *Tax Notes,* Vol. 114 No .7, 2007.

McGill, Gary A. & Edmund Outslay, Did Enron Pay Taxes? : Using Accounting Information to Decipher Tax Status, *Tax Notes,* Vol. 96 No. 8, 2002.

McGill, Gary A. & Edmund Outslay, Lost in Translation: Detecting Tax Shelter Activity in Financial Statements, *National Tax Journal,* Vol. 57 No. 3, 2004.

Mills, Leslie, Tax Accounting and Business Accounting-Present Status and Remaining Differences, *National Tax Journal,* Vol. 8, 1955.

Mills, Lillian, Book-Tax Differences and Internal Revenue Service Adjustments, *Journal of Accounting Research,* Vol. 36 No. 2, 1998.

Mills, Lillian F. & George A. Plesko, Bridging the reporting gap: a proposal for more informative reconciling of book and tax income, *Working Paper* (the April 25, 2003 conference on Public Disclosure of Corporate Tax Returns : Academic Look at How (and Whether) It Would Work).

Mills, Lillian, Kaye Newberry & William B. Trautman, Trends in Book-Tax Income and Balance Sheet Differences, *Tax Notes,* Vol. 96 No. 8, 2002.

Morse, Edward A., Reflections on the Rule of Law and "Clear Reflection of income": What Constitutes Discretion, *Cornell Law Journal & Public Policy,* Vol. 8 No. 3, 1999.

Nichols, Nancy B., John W. Briggs & Charles P. Baril, And the Impact Is…First-Quarter Results From Adopting FIN48, *Tax Notes,* Vol. 116 No. 5, 2007.

Nolan, John S., The Merit in Conformiy of Tax to Financial Accounting, *Taxes-the Tax Magazine,* Vol.50 No. 2, 1972.

Phillips, J., M. Pincus & S. Rego, Earnings management: New evidence based on defered tax expense, *The Accounting Review*, Vol. 78 No. 2, 2003.

Plesko, George A., Book-Tax Differences and the Measurement of Corporate Income, *National Tax Association Proceedings of the 92 Annual Conferences on Taxation*, 1999.

Plesko, George A., Reconciling Corporation Book and Tax Net Income, Tax Years 1996-1998, *Statistics of Income Bulletin*, Vol. 21 No. 4, 2002.

Plesko, George A., Corporate Tax Avoidance and the Properties of Corporate Earnings, *National Tax Journal*, Vol. 57 No. 3, 2004.

Plesko, George A. & Nina Shumofsky, Reconciling Corporation Book and Tax Net Income, Tax Years 1995-2001, *Statistics of Bulletin*, Vol. 24 No. 4, 2005.

Pomp, Richard D., The Disclosure of State Corporate Income Tax Data: Turning the Clock Back to the Future, *Capital University Law Review*, Vol. 22, 1993.

Raby Burgess J. W. & William L. Raby, Painting the Accounting Practitioner Into a Tax Practice Corner, *Tax Notes*, Vol. 108 No. 13, 2005.

Raby, Burgess J. W. & William L. Raby, Quantifying Uncertain Tax, *Tax Notes*, Vol. 113 No. 2, 2006.

Raby, William L. & J. W. Raby, Consistency, Matching, and Economic Performance, *Tax Notes*, Vol. 71 No. 6, 1996.

Raby William L. & Robert F. Richter, Conformity of Tax and Financial Accounting, *Journal of Accountancy*, Vol. 139 No. 3, Mar, 1975

Reasn, T., Align the books?, *CFO Magazine*, November 1, 2002.

Root, Jennifer C., The Commissioner's Clear Reflection of Income Power under 446 (b) and Abuse of Discretion Standard of Review: Where has the Rule of Law Gone and Can we Get it Back?, *Akron Tax Journal*, Vol. 15, 2000.

Schon, Wolfgang, The Odd Couple: A Common Future for Financial and Tax Accounting?, *Tax Law Review*, Vol. 58 No2, 2005.

Schrand, C.M. & M.H.F. Wong, Earnings Management Using the Valuation Allowance for Deferred Tax Assets under SFAS No.109, *Contemporary Accounting Research*, Vol. 20 No. 3, 2003.

Seago, Eugene W., A Modest Proposal Regarding the Matching Principle, *Tax Notes*, Vol. 90 No. 13, 2001.

Seago, Eugene W. & Edward J. Schnee, Deference Under The Clear Reflection of Income Requirement: SUI Generis, *Houston Business and Tax Law Journal*, Vol. 5, 2005.

Shackelford, Douglas A., Joel Slemrod & James M. Sallee, A Unifying Model of How the Tax System and Generally Accepted Accounting Principles Affect Corporate Behevior, *National Bureau of Economic Research Working Paper* 12873, 2007.

Shaviro, Daniel, The Optimal Relationship between Taxable Income and Financial Accounting Income: Analysis and a Proposal, *Law & Economics Research Paper Series Working Paper* No. 07-38 (New York University School of Law), 2007.

Sheppard, Lee A., Financial Accounting Conformity: Not the Silver Bullet, *Tax Notes*, Vol. 101 No.6, 2003.

Shevlin, T., Corporate Tax Shelters and Book-Tax Differences, *Tax Law Review*, Vol. 55 No. 3, 2002.

Simonetti, Jr., Gilbert, A Challenge: Can the Accounting Profession Lead the Tax System?, *Journal of Accountancy*, Vol. 126 No. 3, 1968.

Sjogren, Wade R., The World According to "GAAP": Tax Accounting For Accrued Expenses, *Rutgers Law Journal*, Vol. 20, 1988.

Streer, Paul J., Conforming Financial and Tax Accounting: Will the Conceptual Framework Help?, *Journal of Accounting, Auditing & Finance*, Vol. 2, 1979.

Tax Executives Institute, Public Disclosure of Corporate Tax Returns, *The Tax Executive*, Vol. 54 No.4, 2002.

Tax Executives Institute, TEI Comments on Proposed Schedule-M3 of Form 1120, *The Tax Executive*, Vol. 56 No.3, 2004.

Thorndike, Joe, Promoting Honesty by Releasing Corporate Tax Return, *Tax Notes*, Vol. 96 No. 3, 2002.

Weiner, Joann M., Closing the Other Tax Gap: The Book-Tax Income Gap, *Tax Notes*, Vol. 115 No. 9, 2007.

Weinman, Howard M., Conformity of Tax and Financial Accounting, *Taxes-The Tax Magazine*, Vol. 59 No. 7, 1981.

Wertz, Keneeth L., A Book Income Tax: First-Order Computations, *National Tax Association Proceedings of the 91 Annual Conference on Taxation*, 1998.

Whitaker, Celia, Bridging the Book-Tax Accounting Gap, *The Yale Law Journal*, Vol. 115 Issue 3, 2005.

Yin, George K., Business Purpose, Economic Substance, and Corporate Tax Shelters: Getting Serious About Corporate Tax Shelters: Taking a Lesson from History, *Southern Methodist University Law Review*, Vol. 54, 2001.

Yin, George K., How Much Tax Do Large Public Corporations Pay? Estimating the Effective Tax Rates of the S&P 500, *Virginia Law Review*, Vol. 89 No. 8, 2003.

3. その他

A Bill to Revise the Internal Revenue Laws of the United States, H.R. Rep. No. 1337 to accompany H.R. 8300, 83d Congress, 2nd Sess. 49.

A Bill to Repeal sections 452 and 462 of the Internal Revenue Code of 1954, H.R. Rep.

No. 293 to accompany H.R. 4725, 84th congress, 1st Sess. 3–4.
AICPA, *AICPA SEC Regulations Committee discussion document, Disclosure Under FIN48 in Form 10–Q in the Period of Adoption.* (http://www.aicpa.org/cpcaf/download/AppendixA_FIN48_092606.pdf.)
Burkholder, Steve, Taxes, Pensions, Performance Reporting Top List of Topics Analysts Want FASB to Pursue, *Daily Tax Report*, No. 71, April 14, 2004, G–10.
Financial Accounting Standards Board, Financial Accounting Interpretation 48, *Accounting for Uncertainty for Income Taxes*, 2006.
Financial Accounting Standards Board, *Proposed Interpretation, Accounting for Uncertain Tax Positions–an interpretation of FASB Statement No. 109*, 2005.
Financial Accounting Standards Board, Statement of Financial Accounting Standard No. 5, *Accounting for Contingencies*, 1975.
Grassley, Charles E., *Grassley's letter to O'Neill and Pitt*, Sep. 8 2002. (http://www.senate.gov/~grassley/release/2002/p02r7-08.htm)
Grassley, Charles E., *The letter to President Bush from Senator Charles E. Grassley*, Oct. 7 2002, 2002 TNT 196–16.
Internal Revenue Service, *Instructions for Forms 1120 and 1120–A, 2004.*
Internal Revenue Service, *Instructions for Schedule M–3 (Form 1120) (2004): General Instructions.*
Internal Revenue Service, Corporations, For use in preparing 2003 Returns, *Publication 542*, 2004.
Internal Revenue Service, *Internal Revenue Manual.* (http://www.irs.gov/irm/)
Kessler, Glenn, Enron Agrees to Let Congress See Tax Returns, *The Washington Post*, Feb. 16th, 2002.
Kessler, Glenn, Enron Appears to Have Paid Taxes, *The Washington Post*, Feb. 3rd, 2002.
Murray, Alan, Narrowing Tax Gap Should Be Priority of Next Congress, *The Wall Street Journal*, 8 October 2002.
Murray, Alan, Political Capital : Credibility Gap In Corporate Books Should Be Closed, *The Wall Street Journal Europe*, 2nd July 2002.
O' Neill, Paul H., *O' Neill Letter to Grassley on Public Disclosure of Corporate Tax Returns*, Aug. 16 2002, 2002 TNT 196–18.
Outslay, Edmund, *Michigans Professor's Testimony at Finance Hearing on JCT Enron Investigation*, 2003 TNT 31–16.
Pitt, Harvey L., *SEC Letter to Grassley on "Marginal" Benefit of Public Access to Corporate Returns*, Aug. 15. 2002, 2002 TNT 196–17.
Plesko, George A., *MIT Professor's Testimony at Finance Hearing on JCT Enron*

Investigation, 2003 TNT 31-15.

PwC Assurance Services, *Dataline 2006-18 : Interpretative Guidance on FASB Interpretation No. 48, Accounting for Uncertainty in Income Taxes, and Related Implementation Issues*, PricewaterhouseCoopers. (http://www.cfodirect.pwc.com/CFODirectWeb/Controller.jpf?ContentCode=EDYR-6RP4D8&SecNavCode=USAS-68ANW8&ContentType=Content)

Tax Talk Today, *The New Schedule M-3 Corporate Disclosure and Reconciliation*, Feb. 8. 2005.

The Joint Committee on Taxation, *Report on Investigation of Enron's Federal Tax and Compensation Issues*, 2003.

The Staff of the Joint Committee on Taxation, *Present Law and Background Relating to Corporate Tax Reform: Issues of Conforming Book and Tax Income and Capital Cost Recovery*, 2006.

The Staff of the Joint Committee on Taxation, *Study of Present-Law Taxpayer Confidentiality and Disclosure Provisions as Required by Section 3802 of the Internal Revenue Service Restructuring and Reform Act of 1998, Volumes I-III*, 2000.

U.S. Department of the Treasury, *The problem of corporate tax shelters: discussion, analysis and legislative proposals*, 1999.

II 和文献
1. 著書

井上徹二『税務会計論の展開』税務経理協会，1997年。
浦野晴夫『アメリカ減価償却論—税法上の総合償却の会計学的考察』中央経済社，1988年。
浦野晴夫『確定決算基準会計』税務経理協会，1994年。
浦野晴夫『会計原則と確定決算基準主義』森山書店，1996年。
大城建夫『税務会計の理論的展開』同文舘，2006年。
梶原　晃『税効果会計』神戸大学経済経営研究所，1996年。
加藤盛弘『現代の会計原則[改訂増補版]』森山書店，1987年。
加藤盛弘『一般に認められた会計原則』森山書店，1994年。
加藤盛弘『負債拡大の現代会計』森山書店，2006年。
齋藤真哉『税効果会計論』森山書店，1999年。
佐橋義金『税務会計の歴史的展開』法律文化社，1972年。
品川芳宣『課税所得と企業利益』税務研究会，1982年。
末永英男『税務会計研究の基礎』九州大学出版会，1994年。
末永英男『法人税法会計論』中央経済社，1998年。
税理士法人トーマツ/Deloitte Tax LLP『米国税務申告ハンドブック』中央経済社，

2006年。
田中久夫『税務会計論序説』税務経理協会，1997年。
田村威文『わが国における会計と税務の関係』清文社，2006年。
忠　佐市『決算利益と課税所得』森山書店，1973年。
忠　佐市『アメリカの課税所得の概念及び計算の法学論理—アメリカ連邦最高裁判所判例を核心として—』日本大学商学部会計学研究所研究資料第2号，1984年。
富岡幸雄『税務会計学』森山書店，1978年。
富岡幸雄『税務会計論講義』中央経済社，1993年。
中田信正『税金配分会計』中央経済社，1973年。
中田信正『アメリカ税務会計論』中央経済社，1989年。
中田信正『財務会計・税法関係論—国内的調整から国際的調和へ—』同文舘，2000年。
西村幹仁『欠損下における税効果会計の理論』滋賀大学経済学部，1984年。
西村幹仁『税効果会計の理論：国際的調和化の動向とその問題点』同文舘，2001年。
日本租税研究協会確定決算研究会『確定決算主義についての報告』日本租税研究協会，1994年。
本庄　資『アメリカン・タックス・シェルター—基礎研究—』税務経理協会，2003年。
本庄　資編著　梅辻雅春・須藤一郎『タックス・シェルター事例研究』税務経理協会，2004年。
水野忠恒『アメリカ法人税の法的構造』有斐閣，1988年。
村瀬儀祐『現代会計の基礎』森山書店，1981年。
村瀬儀祐『現代会計制度論』森山書店，1987年。
弥永真生・足田浩『税効果会計』中央経済社，1997年。
山下壽文『偶発事象会計の国際的調和化—米国基準・IAS・日本基準の比較—』同文舘，2000年。
弓削忠史『会計規範論—企業会計と税法—』創成社，2006年。

2．論　文
エリック・ゾルト著・中里実訳「アメリカにおける法人税改革の展望」『税研』Vol. 15 No. 6, 2000年。
岡村忠生「タックス・シェルターの構造とその規制」『法学論叢』136巻4・5・6号，1995年。
川端康之「米国内国歳入法典における『会計方法』と帳簿適合性要件」『総合税制研究』第4号，1996年。
坂本雅士「アメリカの内国歳入法における「帳簿の一致要求」：帳簿上の会計方法と課税所得計算」『信州短期大学研究紀要』第11巻第1・2号，1999年。

坂本雅士「アメリカ内国歳入法における「会計方法の総則」について―IRC第446条にみる企業会計依存の視点―」『産業経理』61巻1号，2001年。
坂本雅士「法人所得課税と企業会計―アメリカと比較して―」『租税研究』655号，2004年。
下津芳夫「米国FIN48　法人所得税の不確実性に関する会計処理」『旬刊経理情報』No. 1143，2007年。
下津芳夫　堀内文子「『法人所得税の不確実性に関する会計処理』の概要と適用プロセスの解説及び適用日前開示分析の紹介」『トーマツリサーチセンター　会計情報』Vol. 370，2007年。
中里　実「企業課税における課税所得算定の法的構造（（一）～（五・完））」『法学協会雑誌』第100巻第1，3，5，7，9号，1983年。
永田守男「アメリカ税務会計実務の実質優先主義―現金主主義会計を題材にして―」『常葉学園浜松大学研究論集』第6巻第1号，1993年。
永田守男「アメリカ税実務における会計の機能」『會計』第148巻第5号，1995年。
原　省三「法人税法と商法，企業会計の相互関係と今後調整すべき課題について」『税大論叢』第51号，2006年。
畠山武道「アメリカに於ける法人税の発達―〈法人－株主〉課税を中心に―（一～四）」『北大法学論集』第26巻第3号，第28巻第2号，1976年，1977年。
本庄　資「エンロンの租税動機取引の分析研究について（第1～2回）」『租税研究』第646号，2003年。

索　引

あ行

アグレッシブな税ポジション ……152
アグレッシブな税ポジションの税便益
　　の認識実務 ……………153
アグレッシブな取引 ……………151
American Automobile Association v.
　　United States ………………72
American Bankers Association
　　（ABA） ……………………124

一時差異 ………………………137
一般に認められた会計原則（Generally
　　Accepted Accounting Principles,
　　GAAP） ……………3, 14
インストラクション …………130, 135
INDOPCO, Inc. v. Commissioner …70

永久差異 …………………137, 163
エンロン社 ………………83, 112
エンロン社の納税額 …………82, 95
エンロン社の連邦税ならびに報酬問題
　　に関する調査報告書 ……81

Automobile Club of Michigan v.
　　Commissioner ………………72

か行

会計不信 ………………………88
会計プロフェッション ……………26
解釈的規則 ……………………29
回収可能性 ……………………22
外部の税専門家による意見表明 …166
科学的な会計原則 ……………16, 63
確定していない取引 …………148, 173
確定している取引 ……………148
課税所得と会計利益の乖離 ………39
課税所得と企業利益の乖離現象 …168
仮定的な釣合 ……………………17
貨幣の時間価値 …………………77
貨幣の時間価値原則 ……………56
勘定の単位 ……………………178

キャッシュフロー消費税 …………57
巨大な税控除 …………………82

偶発債務 ………………………65
偶発事象情報 …………………197
偶発税損失 ……………………195
偶発税損失負債 ………………200
偶発損失負債 …………………191
繰延所得税費用 …………160, 180
繰延税金資産（負債）の構成 ………83
繰延税金資産の実現可能性評価 …183
繰延税金資産・負債の開示 ………102

経済的成果 …………………………24
経済的成果テスト ………………………26
現金主義 …………………………14
現在価値の導入 ……………………77

公表財務諸表―法人税一致明細書 …98
合理的な水準 ………………………173
合理的な正確さ ……………………21, 25
Coca Cola社 …………………………189
コミットメントと偶発事象 ………201

さ行

最高裁判所 ……………………………17
歳入法（1916年）……………………62
歳入法（1918年）……………………35
財務諸表利用者諮問委員会 ………171

時価主義的法人所得税 ………………39
時間価値 ……………………………76
資産・負債アプローチ ……………193
Citizens for Tax Justice Report …8, 41
執行上の価値 ………………………57, 60
実効税率 ……………………………198
実効税率に影響を及ぼす未認識税便益
　の総額 ……………………………207
資本市場への影響 …………………47
Supreme Court Trilogy ……………71
受領の権利 …………………………19
『純粋に人工的な』配分 ……………72
上院財政委員会 ……………………81
償却ポジション ……………………151
上下院合同歳入委員会 ………………36
上下院合同税務委員会 ………………81
消費税 ………………………………57

所得税債務の十全性 ………………157
所得税の価値 ………………………56
所得税の不確実性 …………………174
所得の明瞭な反映 ……………6, 28, 55
信頼性の水準 ………………………157

Schlude v. Commissioner……………74
Schedule L ……………………115, 121, 131
Schedule M-1 …………10, 92, 97, 111
Schedule M-2 ………………………116
Schedule M-3…………………………10, 128
SFAS5 …………………………189, 192
SFAS109 ………………………147, 192
ストック・オプション ……82, 95, 122

税オピニオン ………………………173
税金負債 …………………159, 163, 179
税裁量の機会 ………………………66
税情報 ………………………………83, 197
1986年税制改革法 ……………8, 23, 112
税便益 ………………………………150
税便益の見積最大額 ………………180
税ポジション ……………………147, 189
税務処理 ……………………………172
Sec.446………………………2, 13, 18, 55
Sec.452………………………………36
Sec.462………………………………36
全事象テスト ………………19, 62, 64
全米保険監督者協議会 ……………127

Thor Power Tool Co. v. Commissioner
　………………………………6, 17, 60

索引　225

た行

代替ミニマムタックス …………40, 114
Tax Executives Institute（TEI）…100, 124, 126
タックス・クッション ………155, 183
タックス・シェルター ……………97
タックス・シェルター取引 ………164
単一帳簿 ……………………………40

帳簿一致要件 ………………………4
帳簿純利益（損失）………………119
帳簿利益税 …………………………41

追加税費用 ………………………197
追加の税費用 ……………………196

Decision, Inc.判決 …………………20
適用予定の会計基準 ……………202
テクニカル・メリット ………158, 176

当期所得税費用 ……………160, 180

な行

内国歳入庁 …………………………17
内国歳入庁長官の権限 ……………65
内国歳入法典 ………………………2
内国歳入法典（1954年）…………35
南北戦争所得税 ……………………84

認識時期の操作性 …………………66
認識の境界 ………………………177

納税者情報の秘匿性 ……………101

納税者のプライバシー …………91, 100

は行

発生主義 …………………………14, 15
Patchen v. Commissioner訴訟 ………5
Publication 542……………………117

引当金 ………………………………37
ビッグバス …………………………48
秘密の法人タックス・シェルター　115
費用収益対応原則 …………………55
費用収益の対応 ……………………29
標準的会計方法 ……………………35
ピンクスリップ ……………………86

FIN48 ………………10, 147, 171, 189
Form 10-K ……………………92, 200
Form 10-Q …………………………202
Form 1120 ……………………96, 116
Form 1120 L………………………127
Form 1120 PC ……………………127
不確実性の重要な変動に関する情報 …176, 183, 199
Brown v. Helvering判決 ……………64
Flint v. Stone Tracy Co.判決 ………87
フレキシビリィティー ……………122
プロバブル ………………………192
プロバブルな境界 ………………161

法人税申告書公開論 ………………88
法人税申告書情報公開論 …………94
法人税申告書へのアクセス ………90
法人免許税 …………………………84
法定税率 …………………………198

保守的 …………………………………150
保守的な税法解釈 …………………150
保守的な税ポジション ……………151

ま行

前受収益 ………………………………36
前受所得 ………………………………71

見積費用 ………………………………36
未認識税便益 …………159, 184, 199, 200

無形資産の償却 ……………………191

more likely than not…10, 161, 177, 195

や行

United States v. Anderson ……16, 62

ら行

濫用防止の価値 ………………………56

Research Institute of America ……125
立法的規則 ……………………………29

レベニュー・プロセジュアー71-21…68

ロードマップ ………………………164

初 出 一 覧

序章　書き下ろし
第1章　「アメリカにおける税務会計と財務会計の関係」『経営情報学部論集』（常葉学園浜松大学）第8巻第1号，1995年6月，pp.63-72，加筆修正．
第2章　「GAAP税の論理と会計」『法政研究』（静岡大学）5巻3・4号，2001年3月，pp.660-678，加筆修正．
第3章　「対応原則と所得税の価値」『経済研究』（静岡大学）7巻3・4号，2003年3月，pp.49-67．
第4章　「法人税申告書公開論の台頭とその方向」『経済研究』（静岡大学）8巻2号，2003年10月，pp.1-23．
第5章　「法人税申告書明細書（Schedule M-3）導入の意義」『経済研究』（静岡大学）10巻2号，2005年10月，pp.23-50．
第6章　「税金負債の認識―FASB解釈案と実務の齟齬―」『経済研究』（静岡大学）11巻4号，2007年2月，pp.363-379．
第7章　「FIN48公表の意義」『同志社商学』（同志社大学）第58巻第6号，2007年3月，pp.86-105，改題．
第8章　「偶発税損失負債から税金負債へ―FIN48適用後の税情報―」『経済研究』（静岡大学）12巻4号，2008年2月，pp.219-234．

著者略歴

永田守男（ながた・もりお）
1963年12月　愛知県に生まれる
1986年3月　同志社大学商学部卒業
1988年3月　同志社大学大学院商学研究科博士課程（前期）修了
1992年3月　同志社大学大学院商学研究科博士課程（後期）中退
1992年4月　常葉学園浜松大学（現 浜松大学）経営情報学部専任講師
1997年4月　静岡大学人文学部経済学科助教授
2002年10月　バージニア工科大学（米国）客員研究員（2004年3月まで）
2008年4月　静岡大学人文学部経済学科教授（現在に至る）

かいけいりえき　かぜいしょとく
会計利益と課税所得

2008年10月31日　初版第1刷発行

著者　Ⓒ　永田守男
発行者　菅田直文
発行所　有限会社　森山書店　東京都千代田区神田錦町1-10林ビル（〒101-0054）
TEL 03-3293-7061　FAX 03-3293-7063　振替口座 00180-9-32919

落丁・乱丁本はお取りかえします　　印刷／製本・シナノ

本書の内容の一部あるいは全部を無断で複写複製することは，著作権および出版社の権利の侵害となりますので，その場合は予め小社あて許諾を求めてください。

ISBN 978-4-8394-2069-7